布哈林社会主义建设
思想研究

A Study on Socialist Construction
Thoughts of Buckharin's

李先灵◎著

中国社会科学出版社

图书在版编目（CIP）数据

布哈林社会主义建设思想研究／李先灵著．—北京：中国社会科学出版社，2015.10

ISBN 978-7-5161-6973-5

Ⅰ.①布… Ⅱ.①李… Ⅲ.①布哈林(1888~1938)—社会主义建设—思想评论 Ⅳ.①B512.59 ②D095.12

中国版本图书馆 CIP 数据核字（2015）第 251137 号

出 版 人	赵剑英
责任编辑	王 茵
特约编辑	王 琪
责任校对	胡新芳
责任印制	王 超

出　　版	中国社会科学出版社
社　　址	北京鼓楼西大街甲 158 号
邮　　编	100720
网　　址	http://www.csspw.cn
发 行 部	010-84083685
门 市 部	010-84029450
经　　销	新华书店及其他书店
印刷装订	三河市君旺印务有限公司
版　　次	2015 年 10 月第 1 版
印　　次	2015 年 10 月第 1 次印刷
开　　本	710×1000　1/16
印　　张	20.5
插　　页	2
字　　数	326 千字
定　　价	75.00 元

凡购买中国社会科学出版社图书，如有质量问题请与本社营销中心联系调换
电话：010-84083683
版权所有　侵权必究

序

左亚文

布哈林是马克思主义发展史上难以绕开的一位重量级人物，曾被列宁誉为"党的最可贵和最大的理论家"。他的卓越才华和理论建树不仅在当时引人注目，即使在今天也不失其时代价值。李先灵的博士论文《布哈林社会主义建设思想研究》，专门选取布哈林在十月革命后对如何在一个落后国家进行社会主义建设的理论思考展开具体和全面的研究，具有重要的理论和现实意义。

追根溯源，我国在20世纪70年代末期所开启的社会主义改革和现代化建设的历史新时期，与列宁和布哈林晚期的社会主义建设思想存在着密不可分的联系。邓小平曾说："社会主义究竟是什么样子，苏联搞了很多年，也并没有完全搞清楚。可能列宁的思路比较好，搞了个新经济政策。但是后来苏联的模式僵化了。"为了解决新生的苏维埃政权所遇到的前所未有的危机和挑战，列宁晚年不仅毅然决定改行新经济政策，而且对于究竟什么是社会主义这个根本问题进行了初步探讨。但因列宁逝世过早，许多问题还来不及做更深层次的探索。列宁逝世之后，布哈林忠实地继承了列宁新经济政策的思想，由于他亲身经历了苏俄20余年的社会主义建设实践，积累了正反两方面的经验；再加之其是一位善于思考和富于创新的人，因而对新经济政策的实质进行了更多的思考，并为解决社会主义建设过程中出现的一些棘手问题提出了有价值的观点。

现在回过头来看，当年列宁实行新经济政策的起因是为了应对所要面临的巨大危机，但却提出了一个对社会主义建设本身来说带有根本性的问题，这就是社会主义的本质问题。社会主义究竟是什么？列宁曾明确指出，那种从书本上谈论社会主义的时代已经结束了，而且一去不复返了，现在只能自己找出路。"现在一切都在于实践，现在已经到了这样一个历史关头：理论在变为实践，理论由实践赋予活力，由实践来修正，由实践来检验。"正是在实践中，列宁进一步认识到，那种所谓的"纯社会主义的经济形式和纯社会主义的分配"是不存在的，所存在的只能是由人民群众在实践中所创造的具体的和现实的社会主义。离开正在进行的具有其特殊形态的社会主义，那种所谓"纯社会主义"不过是一个空洞的和虚幻的概念。列宁是辩证法家，当经历了痛苦的挫折和失败之后，在社会主义存在形式的问题上，对于其共性和个性的辩证关系达到了极其深刻的认识。

作为列宁新经济政策的宣传者、继承者、捍卫者和发展者，布哈林的可贵之处就在于，他从苏联当时的具体国情出发理解社会主义，认为"玩弄凭空臆造的'定义'、'原理'和死板的'分类'和公式等等"是与马克思主义"格格不入和水火不相容的"，他勇敢地提出"我们恰恰要通过市场走向社会主义"，强调市场关系"规定了新经济政策的实质"，市场关系是一定历史阶段经济运行的内在机制和存在方式。在社会主义初级阶段，如果离开市场关系，经济的发展就会严重背离其自身的客观规律。只有市场，才能解决小生产者之间的交换问题，才能把国家的计划建立在可靠的基础之上，才能在小生产者的私人利益和社会主义建设的总利益之间建立起正确的结合，才能充分调动广大劳动者的积极性和主动性。此外，布哈林还提出了著名的"和平长入社会主义"的思想，认为在无产阶级专政的前提下，执政的共产党领导的社会主义国家应以经济建设和政权巩固为基本任务，以和平的组织方式为治理手段，多方提高民众的政治文化和技术水平，通过大力发展社会生产力满足人民群众的合理需求，逐步达到社会主义的高级阶段……这些都是布哈林对如何在新的历史条件下进行社会主义建设提出的开创性见解。

李先灵的博士论文《布哈林社会主义建设思想研究》，以对布哈林社会主义总体观的理解为逻辑起点，在深入研究原始文献以及近年来俄罗斯公开的档案资料的基础上，对其关于社会主义经济、政治和文化建设等思想进行了全面而系统的分析，既阐明了其独特的理论贡献，又指明了其历史的局限；既对其构成要素和具体观点做了细致的剖析，又对其内在联系和总体特征做了科学的概括。论文着重对布哈林关于社会主义建设的理论贡献进行了研究，并对其进行了高度的概括。作者认为，布哈林作为一位博学的思想家和政治家，在社会主义建设上的主要理论贡献是：提出对于一个马列主义执政党来说，强有力的思想意识形态工作就是它凝聚党心、凝聚民心、率领自己的党员和人民，统一步伐、迈步前行的理想、意志和号角，共产党只有团结在马克思列宁主义这一思想政治的轴心周围，才能把事业进行到底，因此，必须在党内保持并加强布尔什维主义意识形态的继承性，坚持和发展马克思列宁主义；强调坚持共产党的领导是无产阶级专政巩固和发展的基本保证和首要前提，要取得社会主义建设事业的胜利必须依靠共产党的领导，因为共产党是无产阶级的最先进部队，是工人阶级中最坚决、最有觉悟、最先进和最英勇的分子，能够高瞻远瞩，最清楚地看到各种社会矛盾，及时觉察各种危险，并善于在解决诸多矛盾的过程中，使次要的东西服从根本的和基本的东西，正是共产党的这一先进性质决定了社会主义建设必须坚持和完善共产党的领导这一基本原则；提出社会主义建设是行动中的科学，共产党领导下的无产阶级是为国家命运负责的社会领导者，苏维埃国家应加强执政党建设，培养出众多优秀的共产党员领导干部，提高治理国家能力，为社会主义的前途和命运负责；指出官僚主义等"无产阶级专政的对立物"是苏维埃政权健康肌体上的可怕赘瘤，应通过学习革新国家机关，通过学习普及教育，防止领导干部蜕化变质，同时运用舆论这个有力杠杆来帮助苏维埃机关同自己的疾病做斗争，用舆论这把刀子切除国家机构上的官僚主义赘瘤，从各方面根除机构臃肿、形式主义、文牍主义、经营不善、物质浪费、阿谀奉承、巴结逢迎等一切邪门歪道；"富有历史意义的行动的规模愈大、范围愈广，参加这种行动的人数便愈多，反过来说，我们所要实行的改造愈深刻，就愈要唤起人们对这种改造的兴趣和采取自觉的态度，使千千万万的人相信这种改造的必要性"，布哈林坚持列宁的这一重要观点，坚决反对在所谓"纯无产阶级意识形态"和"纯无产阶级政策"的幌子下剥夺农民，强调在工农联盟的基础上进行社会主义建设是一项无产阶级领导下的"和平组织"工作，执政的共产党"要有耐心，不要赶忙，不要冒险妄为"，应运用科学的手段，千方百计组织和全力支持群众参与文化建设，帮助农民提高他们的文化素质,引导他们改造自己的本性,帮助他们成长起来,认识到走向新生活和亲自参加建设新生活的必要性,养成为担当管理国家的事务所必需的习惯,走上一种新的、积极的和自觉的社会主义生活轨道;强调在循序渐进地逐步推进社会主义文化建设的过程中,无产阶级要在精神文化领域尽快"为自己建筑起房舍",做到从政治的高度认识文化工作,不能对所有的文艺观点放任自流,必须对错误的观点予以及时驳斥,无产阶级作家应按照服务于社会主义的政治原则,在作品中表达人民群众的喜怒哀乐和悲欢离合,在表达文艺观点的时候要重视政治考虑,注重用健康的意识形态倾向引导读者,同时采用丰富多彩的表达方式,创作出具有强大感染力的文学艺术,为群众提供适合他们口味的"意识形态食品";坚持和发展新经济政策,以利益吸引群众参与社会主义建设,通过合作社、市场等途径满足群众的多样需求,解决"吸引农民参加社会主义建设事业"这一根本问题;强调进行社会主义建设"应该正视事情的真相",指出"普遍贫困和贫穷的平等"不是社会主义,社会主义建设就是"向贫穷和困苦开战","社会主义应以满足群众日益增长的需求为目的",社会主义的任务是"最大限度地发展生产力,满足广大群众的需要,不懈地努力扩大生产",通过大力促进生产力的顺畅发展、以和平组织的方式理顺生产关系,以法制的方法开展城乡经济活动,多方并举推进民主进程,在动态平衡中实现国家强盛富足与社会良性发展,增加社会和群众的物质财富,提高工农群众的生活福利和科学文化素质,减少各种矛盾达到社会平衡;提出社会主义建设是一件很复杂的事情,他以苏俄"落后的社会主义"现状为出发点,以"一个稳定成长中的社会,其各个组成部分应保持有效的、持久的、动态的平衡"为指导理念,认为有计划地满足社会需要的增长是社会主义发展的动力,发展社会生产力、提高生产效率是社会主义发展的根本途径,提出社会主义建设应依托共产党领导下的无产阶级专政力量,以减少社会矛盾、缩小阶级差距、实现城乡一体、改造全国居民为任务,在政治、经济、文化等领域走和平改良、进化发展之路,实现国民经济和社会建设的平衡发展,最终"和平长入"民富国强、文明平衡的"真正完全的"社会主义。

  同时,作者强调指出,布哈林的社会主义建设思想中交织着渴望实现社会主义理想与艰难处置现实社会主义实践的困扰。由于历史的原因和诸多因素的制约，布哈林关于社会主义建设的思想存在不少错误、缺陷和不足之处，特别是他经常从经济学的角度提出和分析问题，很少将当时严峻的政治环境因素考虑进去，而经济问题与政治问题从来都是相互制约和影响的，故其建设方案在当时国内外背景的客观形势下实际上是难以落实的，因此，对之我们应当以历史的、辩证的眼光进行审视，把布哈林的社会主义建设思想同他当时所处的苏联国内外历史条件结合起来，进行客观的研究、分析和评价，尽可能避免夸大和苛求，努力探寻布哈林在他的社会主义建设思想中提供了哪些"新东西"，具有哪些合理因素，在当时和现在具有什么样的意义；分析思考其思想中存在的局限性及错误，同时发掘这些局限性及错误出现的原因。我认为，这种评析是准确和全面的。

  以史为鉴，可以知兴替。恩格斯曾指出："社会主义自从成为科学以来，就要求人们把它当作科学看待，就是说，要求人们去研究它。"历史是最好的教科书。布哈林的社会主义建设思想犹如一面历史之镜，折射出苏联自1917年十月革命胜利至20世纪30年代社会主义建设实践的经验和教训。今天，我国正在进行中国特色社会主义建设，在"什么是社会主义、怎样建设社会主义"的问题上，我们应该重视苏联"用很高的代价换来的经验"，尽量避免重犯历史性的错误。特别是应该加强对布哈林等马克思主义先行者对社会主义建设思想的研究，从他们的思想观点中去发现和开掘社会主义国家在"幼年时期"开拓的宝贵理论资源，只有深入地研究这些理论资源，我们才有可能从源头上查明和认清社会主义建设曲折行程中正反两方面的经验教训，从而把握其内在的本质及其发展规律。

2015年6月6日于武汉大学珞珈山麓

中文摘要

近代以来，在世人的心目中，"社会主义"就是一种美好社会的象征。正是源于那份对美好社会的深切向往和不懈追求，几百年来，无数志士仁人前赴后继，勇敢探索，跋涉于"什么是社会主义、怎样建设社会主义"的思考和实践之程。正如有一千个读者就有一千个哈姆雷特一样，人们对"什么是社会主义、怎样建设社会主义"这一问题给出的是各自不同的答案，演奏出的是各自不同的乐章，描绘出的是各自不同的图画。其中既有大量的经过实践检验的真知灼见，也有囿于时代条件局限而产生的荒谬言行。尽管瑕瑜互见，却折射出人民群众创造历史、探寻社会发展规律的无限艰辛。

20世纪80年代末，苏联解体和东欧剧变，社会主义运动历经如磐风雨，科学社会主义的光辉在西方遭到遮蔽。历史的曲折性向人们展示出这样一种社会现象并说明了这样一个道理：在历史上，许多先进的、科学的、正确的东西，有时是通过某种间接的、扭曲的方式表现出来、发展起来的。无疑，如果事物的表现形式和事物的本质会直接合而为一，一切科学就都成为多余的了。理论思想，也是在历史的颠簸中行进和发展起来的。"青山缭绕疑无路，忽见千帆隐映来。"在世界风云急剧变幻的今天，中国特色社会主义的建设步伐稳健、凯歌高奏，其原因固然主要是由于中华儿女在马克思列宁主义、毛泽东思想和中国特色社会主义理论的正确指引下，为着振兴祖国一直拼搏奋斗、开拓创新，同时，中国对世界各国关于"什么是社会主义、怎样建设社会主义"这一问题探索成果的借鉴吸收也是一个不可忽视的重要原因。这其中，就包含着布哈林的社会主义建设思想。如何以史为鉴，从布哈林的社会主义建设思想中汲取对中国特色社会主义建设有益的元素，避免其中的偏差和错误，尽可能理性而智慧地缩短现实社会主义与理想社会主义之间的距离，是本书选题的缘由。

尼古拉·伊万诺维奇·布哈林（以下简称为布哈林），曾被列宁誉为"党的最宝贵的"马克思主义理论家、"一位学识卓越的马克思主义经济学家"，是苏联早期积极探索"什么是社会主义、怎样建设社会主义"这一问题的马克思主义先驱者之一。尽管有过曲折反复，犯过一些错误，也曾被污水泼身，但瑕不掩瑜，布哈林在20世纪20—30年代——苏联"难题成堆的时代"，为解答"什么是社会主义、怎样建设社会主义"做出的不懈努力，足以证明他是一位坚持真理、勇于探索、敢于创新、富于创见的马克思主义理论家。列宁去世后，对于"在第一个无产阶级革命胜利不久、脱胎于落后基础的社会主义大国，在极端错综复杂的国际国内环境下，究竟应该如何从俄国当时的具体条件出发，探索一条更好的社会主义建设路径"这个重大的理论和实践问题，布哈林提出了很多令后人称道的开创性、系统性见解，反映出他对社会主义的政治、经济、文化、社会等领域建设的深刻认识，为世界社会主义建设提供了宝贵的理论借鉴。

在实行军事共产主义思想建设社会主义的"幻想破灭"后，1921年苏俄开始推行列宁倡导的新经济政策。布哈林的社会主义建设思想也由此逐渐从激进转为现实，接受并宣传、坚持和发展新经济政策。以此为界，布哈林开始脚踏实地，清醒而深刻地认识到，要做好巩固、建设和发展社会主义这一"非常复杂的事情"，必须把生产力的顺畅发展、生产关系的理顺、民主法制的推进、群众需要的满足、阶级差别的消除等，统筹纳入衡量社会主义建设成效的重要指标。布哈林认为，社会主义建设理论不能僵化地"从头脑中产生出来"，不能以对马克思主义理论的片面理解指导社会主义建设，社会主义建设必须从具体的国情、本国的特点出发，不能与世隔绝、妄自空想，需要严肃认真地调查研究客观现实社会的经济生产和生活状况，在政治的、经济的、社会的、文化的、意识形态的等众多领域，探寻适合本国国情、民众乐于接受、具有"民族面貌"的社会主义建设方法。

透过散见于布哈林诸多论著中关于社会主义和社会主义建设的言

论，我们可以发现，在激进的战时共产主义思想阶段，"俄国战时统制经济的实际，决定了布哈林可能有的理论视野"①。当时的布哈林过多地囿于马克思、恩格斯基于西欧先进资本主义国家的社会条件而做出的对共产主义的设想，忽视苏俄当时的落后现实，对"社会主义"做出的是带有乌托邦式的理解，对"社会主义建设"的方式方法带有浓厚的"左"倾空想主义色彩，打上了深刻的教条主义烙印。1921年新经济政策实施后，布哈林的社会主义建设思想逐渐发展成为一个比较科学的、系统的有机整体。它以苏俄"落后的社会主义"现状为出发点，以"一个稳定成长中的社会，其各个组成部分应保持有效的、持久的、动态的平衡"为指导理念，认为有计划地满足社会需要的增长是社会主义发展的动力，发展社会生产力、提高生产效率是社会主义发展的根本途径，提出苏俄社会主义建设应依托共产党领导下的无产阶级专政力量，以减少社会矛盾、缩小阶级差距、实现城乡一体、改造全国居民为任务，坚持和发展新经济政策，采用"改良主义"的方法，在政治、经济、文化等领域走和平改良、进化发展之路，实现国民经济和社会建设的平衡发展，最终"和平长入"民富国强、文明平衡的"真正完全的"社会主义。

当然，由于历史原因和诸多因素的制约，布哈林的社会主义建设思想中具有很多的缺陷和不足之处。对布哈林的社会主义建设思想，我们应当以历史的、辩证的眼光进行审视，做出实事求是的评析。特别需要指出的是："纵观20世纪20年代末30年代初的政治形势，国际政治环境十分险恶，帝国主义疯狂扩军备战和歇斯底里地叫嚣战争，不断对新生苏维埃发动武装干涉，稍事歇息又挑起残酷的战争。在这种形势下，虽然布哈林所阐述的发展方案在理论上更接近于列宁晚年思想，是以市场经济为取向的、国民经济较为综合平衡发展的方案，但是要使布哈林方案在当时的苏联顺利地实施下去却不是一件容易的事情。实际上，经济问题与政治问题从来都不是截然分开，而是相互制约和影响的。布哈林的方案仅仅是从经济学的角度提出和分析问题，没有将当时严峻的政

---

① 顾海良、张雷声：《20世纪国外马克思主义经济思想史》，经济科学出版社2006年版，第249页。

治环境因素考虑进去。有时在历史的关键时候,即使将政治问题和经济问题同等看待也要犯错误。早在1921年列宁就批评过布哈林,说他把从政治上看问题和从经济上看问题等同起来,在理论上堕落到折中主义立场上去了。'一个阶级如果不从政治上正确地看问题,就不能维持它的统治,因而也就不能完成它的生产任务。'"①

以史为鉴,使人明智。研究历史终究是为了服务现实。恩格斯在1874年曾经指出:"社会主义自从成为科学以来,就要求人们把它当作科学看待,就是说,要求人们去研究它。"② 在研究"什么是社会主义、怎样建设社会主义"的过程中,人们的认识不断深化和发展。历史已经证明:各国社会主义事业的建设和发展是一项必须胸怀共产主义远大理想又必须立足本国国情、一切从实际出发的伟大征程。在布哈林的论著中,存在着很多与我们目前正在思考和进行的社会主义建设问题的解决办法相类似的元素。本书努力以历史的、辩证的眼光客观审视布哈林的社会主义建设思想,遵循布哈林提出的"精心思考,该作怎样的结论就作怎样的结论"的理念,把布哈林的社会主义建设思想同他当时所处的苏联历史条件结合起来进行客观研究,尽可能避免夸大和苛求。本书从整体视角出发,以布哈林的社会主义政治建设思想、经济建设思想、文化建设思想和社会建设思想为切入点,系统探究了布哈林的社会主义建设思想。著作对1917—1929年苏俄社会主义建设征程中的经验教训进行客观总结,努力探寻布哈林在他的社会主义建设思想中提供了哪些"新东西",具有哪些合理因素,在当时和现在具有什么样的意义;分析思考布哈林的社会主义建设思想中存在的局限性及错误,同时发掘这些局限性及错误出现的原因,以从中汲取对中国特色社会主义建设有益的经验和元素、避免其中的偏差和错误。作者结合对布哈林社会主义建设思想的研究,对如何从中国国情出发,建设中国特色社会主义提出了一些思考和认识,希望能为推进中国特色社会主义建设事业提供一些参考。

前事不忘,后事之师。布哈林的社会主义建设思想犹如一面历史之

---

① 顾海良主编:《马克思主义发展史》,中国人民大学出版社2009年版,第319页。
② 《马克思恩格斯选集》第2卷,人民出版社1995年版,第636页。

镜，折射出苏联自1917年十月革命胜利到20世纪30年代社会主义建设实践的经验和教训。今天，我国正在进行中国特色社会主义建设，我们必须从我国的国情出发，深化对"社会主义"和"社会主义建设"的理解，对"做什么"和"不做什么"有清醒的认识，重视借鉴和利用苏联"用很高的代价换来的经验"，避免和改正苏联"当时往往无法避免的那些错误"，从而以史为鉴，进一步深化对中国特色社会主义建设的认识，探求推动中国特色社会主义建设更好更快发展的路径，尽可能理性而智慧地缩短现实社会主义与理想社会主义之间的距离。正如1874年恩格斯在分析德国工人运动时指出的："德国的实践的工人运动也永远不应当忘记，它是站在英国和法国的运动的肩上发展起来的，它能够直接利用英国和法国的运动用很高的代价换来的经验，而在现在避免它们当时往往无法避免的那些错误。"[①]

关键词：布哈林；社会主义；政治；经济；文化；建设

[①] 《马克思恩格斯选集》第2卷，人民出版社1995年版，第636页。

Abstract

After modern times, socialism is a symbol of a glorious society in people's heart. For hundreds of years, just for yearning for the heartfelt dream and unremitting pursuit, innumerable people step into the breach as another fall, bravely probe into the thought and practice of "What is Socialism and How to construct Socialism", but different people reach different answers to that. In which there are a great quantity of real knowledge and deep insight and penetrating judgment, and a host of incredible statements and actions constrained by age and condition. In spite of they have both strong and weak points, they reflect the immeasurable fortitude people have committed in the course of creating the history and pursuing the laws of social development.

In the late 1980s and early 1990s, the Soviet Union disintegrated and several socialist countries in the East Europe took place tremendoud change, socialist movement suffered severe trials, the brilliance of scientific socialism was sheltered in the West. From this the tortuous history tells us that, the advanced and scitific thing sometimes develop through an indirect and distort way. Undoubtedly, the course of the development of the theory and thoughts present the same situation. Today, in China, socialist construction is advancing amidst songs of triumph . The main reason for socialist China's success is the Chinese nation hold high the great banner of Marxism and Linism, the Maozedong Thought and theories of socialism with Chinese Charactristics, and fears no risks to forge ahead with determination. At the same time, China draws precious experience of other countries' socialist construction, which including Bukharin's thoughts of socialist construction. How to draw the valuable essence from Bukharin's thoughts of socialist construction and avoid its fraud, and how to shorten the distance from the reality to ideal rationaly, is a significant task.

Bukharin, a Marxist pioneer of Soviet Russia who positively pursue the question of "What is Socialism and How to construct Socialism". In spite of committing a lot of errors, in spite of being defiled, the history has proved that Bukharin is a Marxist theorist and economist, who has an inquiring mind, adheres to the truth, bravely creates new theory, works hard for trying to get the answer for that important question in the tough age (1920 - 1930). After Lenin passed away in 1924, Bukharin put forward some creative and systematical views about how to start the socialist construction from the reality of the Soviet Russian which bases on a backward condition and is confronted with complicated situation, which reflects he expounds profoundly the socialist construction on the political, the economic and cultural fields.

After the reality smashed theillusion of building socialism through military communist approach, in 1921, the Soviet Russia began to apply the New Economic Policy which was put by Lenin. The thoughts of socialist construction of Bukharin's changed from radical to practical. He came to realize deeply that consolidate and develop socialism is a very complicated thing, he raised that develop productive forces and deal with production relations smoothly, put forward democracy and legality, meet the people's necessary need, eliminate class difference, etc, should be taken into consideration when dealing with construction. Bukharin considered that the theory of socialist construction should not be created from the mind, people should not understand Marxism in a uncomprehensive view, socialist construction should consider concrete condition of a country and its characteristics, should seriously investigate and research reality and try to find out an appropriate way that suit to the nation's state and people take delight in following it.

Through the statements of Bukharin's articles and workswhich were written after the New Economic Policy put into effect in 1921, we can find that his thoughts of socialist construction has grown into a systematic entirety. Its starting point is the Soviet Russia's backward condition, its guiding idea is that a steady and developing society should keep its parts keep an effctive and dynamic balance. Bukharin recognized that the government should make a safe plan to meet people's need which is the important impetus of the development of the society, promoting productive forces and raise efficiency is the fundamental channel to develop socialism. He put that the socialist construction in the Soviet Russia should rely on the strength of dictatorship of the proletariat led by the Communist Party, implement the task of decreasing social contradiction and class disparity, remould the residents and reduce the gap between the city and country. Bukharin stuck to and developed the New Economic Policy, he appealed that the leader should in a balanced and peaceful way, apply a reformist approach to construct socialism, and reach the ideal socialist society in which the country is rich and civilized and the people are prosperous and cultured.

Of course, because of the restrict of the historical factors and other reason, Bukharin's thoughts of socialist construction has some flaws and defects. We should in a historical and dialectical view to examine it and draw a realistic comment based on facts.

People will become sensible if he can drawlessons and learn experience from the history. We research the history just for giving service to the reality. There are a lot of things in Bukharin's thoughts of socialist construction which are similar to the questions that we are facing when we carry on the socialist construction with Chinese Charactristics now. In this dissertation, along Bukharin's thought of "think painstakingly and draw the conclusion that should be made", I combine Bukharin's thoughts of socialist construction and the historical condition of the Soviet Russia, try my best to avoid exaggerating and being overcritical. From the perspective of entirety, this dissertation keeps to the subject of Bukharin's thoughts of socialist construction on politics, economy, culture and society field, systematically researches it and sum up its experience and lessons objectively, works hard to find out the "new things" that it has and the significance and the limits of it and try to examine its cause. Doing all this is just for serving for the socialist construction with Chinese Charactristics forging ahead in a better way.

Past experience, if not forgotten, is a guide for the future. The socialist construction thoughts of Bukharin's is just like a mirror of history, reflecting the experience and the lesson that can be drawn from the Soviet Russia's socialist construction from 1920 to 1930. Today, China is in the progress of socialist construction with Chinese Charactristics, we must set off from our reality, understand profoundly the question of "What is Socialism and How to construct Socialism", recognize soberly to the things which should be done and which should not be done, use the costly experience of the Soviet Russia for reference and avoid the weakness of it in our socialist construction, shorten the distance from the reality to ideal rationally. Just as Engels referred to people when he analysed the workers' movement in Germany: "The workers' movement in Germany should not ever forget that it grows from the shoulder of the workers' movement in England and France, it can utilize the costly experience of them and avoid the wrong which couldn't be avoided at that time."

Key words: Bukharin; Socialism; politics; economy; culture; construction

目 录

导 论 …………………………………………………………… (1)
  一　研究目的及意义 ………………………………………… (1)
  二　国内外研究综述 ………………………………………… (4)
  三　逻辑结构与创新之处 …………………………………… (13)
  四　研究方法 ………………………………………………… (16)

第一章　布哈林社会主义建设思想的背景分析 ………… (18)
第一节　国际背景 ……………………………………………… (18)
  一　帝国主义国家对苏维埃俄国的敌视和封锁 …………… (18)
  二　国际共产主义运动进入低潮 …………………………… (20)
第二节　国内背景 ……………………………………………… (21)
  一　未能实施的建设计划 …………………………………… (21)
  二　战争带来的严酷困境 …………………………………… (24)
  三　列宁提出新经济政策 …………………………………… (26)
  四　新经济政策的理论扩展和曲折行进 …………………… (29)

第二章　布哈林社会主义建设思想的形成和发展历程 …… (37)
第一节　激进的战时共产主义思想阶段 …………………… (38)
  一　在巨大困难中建设共产主义 …………………………… (40)

二　运用"国家强制"建设共产主义 …………………………（41）
　　三　经济建设思想 ……………………………………………（43）
　　四　政治建设思想 ……………………………………………（49）
　　五　文化建设思想 ……………………………………………（54）
第二节　坚持和发展新经济政策阶段 ………………………………（56）
　　一　社会主义建设思想的转变 ………………………………（56）
　　二　对新经济政策的坚持和发展 ……………………………（62）

第三章　布哈林社会主义建设思想的总体思考（1921年后） …（65）

第一节　苏联社会主义的特点 ………………………………………（66）
　　一　"一种落后的社会主义" …………………………………（66）
　　二　"进化发展的类型" ………………………………………（69）
　　三　在一个农民国家内建设社会主义 ………………………（70）
第二节　苏联社会主义建设的任务 …………………………………（72）
　　一　克服不平等现象，减少社会矛盾 ………………………（72）
　　二　逐步缩小阶级和阶层差距 ………………………………（74）
　　三　改造全国居民 ……………………………………………（75）
第三节　苏联社会主义的建设路线 …………………………………（77）
　　一　建设社会主义必须执行发展生产力的路线 ……………（77）
　　二　沿着"新经济政策"的轨道发展社会生产力 …………（77）
第四节　苏联社会主义建设的动力 …………………………………（79）
　　一　满足人民群众日益增长的需求 …………………………（79）
　　二　维护和保障人民群众的利益 ……………………………（81）
第五节　苏联社会主义建设的方法和方式 …………………………（81）
　　一　"改良主义"的方法 ………………………………………（82）
　　二　"和平长入社会主义"的方式 ……………………………（83）
第六节　苏联一国能够建成社会主义 ………………………………（87）
　　一　对"苏联建不成社会主义"言论的批驳 ………………（87）
　　二　苏联一国能够建成社会主义的原因 ……………………（89）

第四章　布哈林的社会主义政治建设思想 …………………（90）
第一节　正确认识国内的阶级状况和阶级斗争 …………（91）
　　一　国内的阶级状况 ………………………………（91）
　　二　过渡时期阶级斗争的特点 ……………………（92）
第二节　巩固和发展共产党领导的无产阶级专政 ………（95）
　　一　布哈林的无产阶级专政理论 …………………（95）
　　二　坚持和完善共产党的领导 ……………………（101）
　　三　坚持和完善共产党领导下的无产阶级专政 …（107）
第三节　必须消除"无产阶级专政的对立物" ……………（112）
　　一　"无产阶级专政的对立物"的表现及其存在的
　　　　原因 ……………………………………………（113）
　　二　消除"无产阶级专政的对立物"的措施 ………（115）
第四节　巩固和发展工农联盟 ……………………………（123）
　　一　马克思、恩格斯、列宁、斯大林的工农联盟思想 …（123）
　　二　布哈林的工农联盟思想 ………………………（128）

第五章　布哈林的社会主义经济建设思想 …………………（140）
第一节　经济建设思想的主旨 ……………………………（141）
　　一　经济在国家管理中"具有主要的意义" ………（142）
　　二　在"新经济政策"的轨道上发展生产力 ………（143）
第二节　经济建设的宏观战略 ……………………………（148）
　　一　经济建设的目的要有利于社会主义 …………（148）
　　二　经济建设的方针 ………………………………（149）
　　三　经济发展的形式和管理方法 …………………（151）
　　四　经济发展的调节手段：计划和市场 …………（156）
　　五　遵循按比例的劳动消耗规律发展经济 ………（164）
第三节　经济发展的关注焦点 ……………………………（166）
　　一　满足群众需求 …………………………………（167）

二　尊重群众利益 …………………………………………(168)
第四节　保持经济建设的"动态平衡" ………………………(169)
　　一　保持国民经济基本成分的动态平衡 ……………………(169)
　　二　保持经济平衡必须处理好的几组关系 …………………(170)
第五节　工业建设：经济建设的"重中之重" ………………(176)
　　一　组织国有化大工业：经济建设的主要任务 ……………(176)
　　二　保证工业发展的资金充足 ………………………………(177)
　　三　保持适当的工业发展速度 ………………………………(178)
　　四　用"物理存在"建造"现实的"工厂 …………………(181)
第六节　农业："全部经济的基础" …………………………(181)
　　一　发展农业的重要意义 ……………………………………(182)
　　二　布哈林的农业建设思想 …………………………………(183)
第七节　正确处理两制关系，参与世界经济运行 ……………(193)
　　一　正确处理两制关系 ………………………………………(193)
　　二　积极参与世界经济运行 …………………………………(195)

第六章　布哈林的社会主义文化建设思想 …………………(197)
第一节　坚持马列主义在意识形态领域的指导地位 …………(197)
　　一　列宁主义是建设时期的马克思主义 ……………………(199)
　　二　坚持和发展马克思列宁主义 ……………………………(202)
　　三　布哈林对马克思列宁主义的发展 ………………………(204)
第二节　苏联社会主义文化建设的必要性和紧迫性 …………(206)
　　一　无产阶级"先天不足"的文化缺陷 ……………………(206)
　　二　无产阶级摆脱"两大困境"的必然选择 ………………(207)
　　三　工人阶级在社会"锥体"中的矛盾地位 ………………(207)
　　四　落后的文化阻滞民主进程 ………………………………(208)
　　五　与西方国家发达科技水平的强大反差 …………………(209)
　　六　预防无产阶级由"胜利的野蛮民族"变成
　　　　"战败者" …………………………………………………(209)

第三节　苏联社会主义文化建设的伟大意义 …………… (210)
　　一　掀起波澜壮阔的群众文化运动潮流 ……………… (211)
　　二　在广泛领域"带动实践的飞轮转动" ……………… (211)
　　三　人民群众成为文化工作的中心 …………………… (212)

第四节　社会主义文化建设的原则和任务 ……………… (212)
　　一　社会主义文化建设的原则 ………………………… (212)
　　二　社会主义文化建设的任务 ………………………… (214)

第五节　吸收借鉴西方文化遗产，学习利用西方
　　　　先进科技 ………………………………………… (223)
　　一　社会主义文化建设必须吸收、借鉴西方文化遗产 … (223)
　　二　社会主义文化建设必须学习、利用西方先进科技 … (225)

第六节　社会主义文化建设需要循序渐进 ……………… (227)
　　一　反对急躁冒进，提倡循序渐进 …………………… (227)
　　二　在精神文化领域尽快建筑起无产阶级的房舍 …… (228)
　　三　在广泛的战线上逐步培育"新人" ………………… (228)

第七节　做好新时期的舆论宣传工作 …………………… (229)
　　一　宣传舆论工作的重大意义 ………………………… (229)
　　二　营造"学科学、用科学、普及科学"的社会氛围 … (230)
　　三　反对"空喊口号"，提倡"有说服力"的宣传 ……… (231)
　　四　填补"漏洞"，消除"剪刀差" ……………………… (232)
　　五　关注国际局势，促进国际联系 …………………… (233)

第八节　重视发挥知识分子的作用 ……………………… (233)
　　一　知识分子在社会主义建设中的作用 ……………… (233)
　　二　坚持原则与关心知识分子并重 …………………… (235)

第七章　布哈林社会主义建设思想的总体特征与当代价值 …… (238)
　第一节　布哈林社会主义建设思想的总体特征 ………… (238)
　　一　战时共产主义时期布哈林社会主义建设思想的
　　　　总体特征 ……………………………………………… (238)

二 新经济政策实施时期布哈林社会主义建设思想的
  总体特征 ……………………………………………（239）
第二节 布哈林社会主义建设思想的当代价值 ……………（240）
一 布哈林社会主义建设思想的理论贡献 ……………（242）
二 布哈林社会主义建设思想的认识局限性及其原因
  分析 …………………………………………………（258）
三 布哈林社会主义建设思想对中国特色社会主义建设的
  启示 …………………………………………………（264）

参考文献 …………………………………………………………（287）
致　谢 ……………………………………………………………（301）

导 论

一 研究目的及意义

近代以来，在世人的心目中，"社会主义"就是一种美好社会的象征。正是源于那份对美好社会的深切向往和不懈追求，几百年来，无数志士仁人前赴后继，勇敢探索，跋涉于"什么是社会主义、怎样建设社会主义"的思考和实践之程。但是，正如有一千个读者就有一千个哈姆雷特一样，人们对"什么是社会主义、怎样建设社会主义"这一问题给出的是各自不同的答案，演奏出的是各自不同的乐章，描绘出的是各自不同的图画。其中既有大量的经过实践检验的真知灼见，也有囿于时代条件局限而产生的荒谬言行。尽管瑕瑜互见，却折射出人民群众创造历史、探寻社会发展规律的无限艰辛。特别是20世纪80年代末90年代初，苏联解体和东欧剧变，社会主义运动历经如磐风雨，科学社会主义的光辉在西方遭到遮蔽。"青山缭绕疑无路，忽见千帆隐映来。"在世界风云急剧变幻的今天，中国特色社会主义的建设步伐稳健、凯歌高奏，其原因固然主要是由于中华儿女在马克思列宁主义毛泽东思想和中国特色社会主义理论的正确指引下，为振兴祖国一直拼搏奋斗、开拓创新，同时，中国对世界各国关于"什么是社会主义、怎样建设社会主义"这一问题探索成果的借鉴吸收也是一个不可忽视的重要原因。这其中，就包含着苏联20世纪20—30年代著名的马克思主义理论家尼古拉·伊万诺维奇·布哈林（以下简称为布哈林）的社会主义建设思想。

我国研究苏联历史的专家郑异凡曾对布哈林写有一段详尽的介绍：

"布哈林是列宁以后杰出的马克思主义理论家之一,是马克思主义发展史上不多的几个百科全书式的人物之一,他的著述涉及马克思主义的哲学、政治经济学、文学艺术、历史学、新闻学等多个领域,在这些方面他都作出了自己的独特贡献。他先于列宁对世界经济、帝国主义、国家学说进行了研究,并提出自己的独创的见解。他首先对过渡时期进行了系统的研究,写出了《过渡时期经济学》。他在缺乏历史唯物主义教科书的情况下,挤时间编写了体系独特的《历史唯物主义理论》,论证了他的著名的平衡论,其中闪耀着10多年以后才为世人所知的系统论思想。为理论宣传的需要,他同普列奥布拉任斯基合作,撰写了解释俄共(布)新纲领的《共产主义ABC》。他在同斯大林争论中发表的《一个经济学家的札记》是社会主义经济学说史上的一篇重要文献,其中还提出了'短缺经济学'的基本概念。当法西斯在欧洲露头的时候,布哈林立即敏感地觉察到它的危险性,此后不断地予以揭露和谴责。他在'自己的'监狱里给我们留下的《哲学短篇集》,更是值得后人仔细研究的一份重要的思想遗产。在马克思主义发展史上,布哈林是列宁以后对马克思主义理论的发展作出贡献的为数不多的理论家之一,不研究布哈林的理论遗产,马克思主义发展史的研究将是不全面的、不完整的,国际共产主义运动史缺了布哈林的名字就会留下难以解释的空白。布哈林对社会主义建设问题的探索尤其值得我们注意。"[1]

布哈林,苏俄早期积极探索"什么是社会主义、怎样建设社会主义"这一问题的马克思主义先驱者之一。尽管有过曲折反复,犯过一些错误,也曾被污水泼身,但瑕不掩瑜,布哈林在苏联"难题成堆的时代"(20世纪20—30年代)为解答"什么是社会主义、怎样建设社会主义"做出的不懈努力,足以证明他是一位坚持真理、勇于探索、敢于创新、富于创见的马克思主义理论家,"一位学识卓越的马克思主义经济学家"(列宁),是"创造性地接受《资本论》作者遗产的布尔什维克理论家",他"使马克思主义一系列老论点更明确了,提出了不少新问题,推进了政治经济学的马克思主义方法论的研究"[2]。

---

[1] 参见郑异凡《布哈林论》,中央编译出版社2006年版,序言第1—3页。
[2] 《苏联大百科全书》,1927年版,参见郑异凡《布哈林论》,中央编译出版社2006年版,序言第411—412页。

在列宁去世后，对于"在第一个无产阶级革命胜利不久、脱胎于落后基础的社会主义大国，在极端错综复杂的国际国内环境下，究竟应该如何从苏联当时的具体条件出发，探索一条更好的社会主义建设路径"这个重大的理论和实践问题，布哈林提出了很多令后人称道的开创性、系统性见解，反映出他对社会主义在政治、经济、文化、社会等领域如何建设的深刻认识，为世界社会主义建设提供了宝贵的理论借鉴，给予中国特色社会主义建设诸多有益的启迪。当然，布哈林的社会主义建设思想中交织着渴望实现社会主义理想与艰难处置现实社会主义实践的困扰。由于历史原因和诸多因素的制约，布哈林关于社会主义建设的思考具有诸多错误、缺陷和不足之处，特别是他经常从经济学的角度提出和分析问题，很少虑及当时严峻的政治环境因素，不免陷入形而上学和政治幼稚的泥潭。

　　在布哈林的众多论著中，存在着大量与我们目前正在思考和进行的中国特色社会主义建设问题相关的东西。如何以历史的、辩证的眼光客观审视布哈林的社会主义建设思想，对其做出实事求是的评析，为中国特色社会主义建设伟大事业提供镜鉴作用，是笔者学习马克思主义基本原理、马克思主义发展史以来，经常思考的一个问题，也是本书在写作中关注的重点。布哈林曾提出："精心思考，该作怎样的结论就作怎样的结论。"本书正是遵循布哈林的这一实事求是的思想，把布哈林的社会主义建设思想同他的理论和实践，同他当时所处的苏联历史条件结合起来，进行客观的研究和分析，尽可能避免夸大和苛求，努力探寻布哈林在他的社会主义建设思想中提供了哪些"新东西"，具有哪些合理因素，在当时和现在具有什么样的意义；分析思考其思想中存在的局限性及错误，同时发掘这些局限性及错误出现的原因。

　　恩格斯在1874年曾经指出："社会主义自从成为科学以来，就要求人们把它当作科学看待，就是说，要求人们去研究它。"[1]本书从整体视角出发，以布哈林的社会主义政治、经济、文化、社会建设思想为切入点，系统探究了布哈林的社会主义建设思想，对苏俄社会主义建设征程中的经验教训进行客观总结。笔者希望学以致用，在以史为鉴、系统研

---

[1]《马克思恩格斯选集》第2卷，人民出版社1995年版，第636页。

究布哈林社会主义建设思想的过程中，深化对"社会主义"和"社会主义建设"的理解，从中汲取对中国特色社会主义建设有益的经验和元素、避免其中的偏差和错误，探寻如何尽可能理性而智慧地缩短现实社会主义与理想社会主义之间的距离，推动中国特色社会主义建设更好更快地发展。

　　前事不忘，后事之师。研究历史终究是为了服务现实。人们对"什么是社会主义、怎样建设社会主义"的认识是一个不断深化和发展的过程，社会主义国家建设实践的兴衰成败已经证明：各国社会主义事业的建设和发展是一项必须胸怀共产主义远大理想又必须立足本国国情、一切从实际出发的伟大征程。笔者在文中阐述了自己对从中国国情出发，建设中国特色社会主义的思考和认识，希望能以自己的理论研究成果为推进中国特色社会主义建设服务。但是，由于笔者对苏联20世纪20—30年代的历史研究远未透彻，因此，要完全做到以历史的、理性的眼光，以辩证的、科学的尺度正确审视和辨析布哈林社会主义建设思想中的具体观点，对其做出十分客观、恰当的评价，还有很长的路要走。

　　以史为鉴，使人明智。布哈林的社会主义建设思想犹如一面历史之镜，折射出苏联20世纪20—30年代社会主义建设实践的经验和教训。今天，我国正在进行中国特色社会主义建设，我们必须对"做什么"和"不做什么"有清醒的认识，重视直接利用苏联"用很高的代价换来的经验"，避免和改正苏联"当时往往无法避免的那些错误"。正如1874年恩格斯在分析德国工人运动时指出的："德国的实践的工人运动也永远不应当忘记，它是站在英国和法国的运动的肩上发展起来的，它能够直接利用英国和法国的运动用很高的代价换来的经验，而在现在避免它们当时往往无法避免的那些错误。"[①]

二　国内外研究综述

（一）国内的研究概况

　　中国对布哈林的了解，开始于1926年新青年社出版的《共产主义

[①]《马克思恩格斯选集》第2卷，人民出版社1995年版，第636页。

ABC》，它是当时广大知识分子和共产党员学习马克思主义的教材。布哈林和普列奥布拉任斯基合作编著了这本在中国革命史和马克思主义传播史中起过重要作用的著作。出于革命的需要，20世纪20年代的下半期和30年代初，中国思想界和学术界掀起了一个出版和研究布哈林的高潮。1929—1930年，上海江南书店、上海泰东图书局、上海现代书局、北平东亚书局、上海水沫书店等书店陆续翻译介绍了布哈林的主要著作：《历史唯物主义理论》《食利者政治经济学》《过渡时期经济学》《到社会主义之路和工农联盟》和《世界经济和帝国主义》等。在这些翻译著作的后语中，很多翻译人员对布哈林做出了很高的评价。同一时期，我国的很多报刊上发表了布哈林的部分著作和发言报告，结合当时苏联联共（布）党内的斗争情况，有些报刊发表了多篇对布哈林的思想观点进行评价分析的文章，它们大都属于新闻述评性质的文章。1938年3月，苏联对布哈林等人举行了所谓"右派和托派反苏联盟案"的审讯，中国各报对这一审讯做了广泛的报道。在布哈林被苏联当局定为"人民公敌"以后的40年间，布哈林的著作没有在我国出版过。在这一阶段，布哈林在我国国内的报刊论著中或被描述为"右倾机会主义分子"，或被称为"外国间谍"，这种状况在1959—1976年最为明显。

党的十一届三中全会以来，我国学界对布哈林的研究出现了两次高潮。第一次出现在20世纪80年代初，主要的推动因素是由于人们思想的解放而引发的对历史的反思；第二次出现在20世纪80年代末，其主要推动因素是1988年苏联为布哈林平反昭雪，恢复名誉。21世纪以来，学界更多地把关注点集中在布哈林的社会主义经济建设思想、政治建设思想和科学社会主义思想上。学者们从多个层面、多个视角对布哈林的思想观点进行了深入的研究和评价，取得了很多具有重要学术价值和现实意义的理论成果。现对其中的代表性观点和权威性成果进行梳理。

1. 关于布哈林的政治思想

（1）关于布哈林的国家观点。学者郑异凡认为，布哈林提出在革命过程中"炸毁"的是资产阶级国家，并没有否定过渡时期的国家，没有否定无产阶级专政的必要性。

（2）关于布哈林的"阶级斗争熄灭论"。学者郑异凡认为，布哈林的阶级斗争熄灭论指出了阶级斗争发展的总趋势，是符合历史发展趋势的，是马克思主义的理论；认为布哈林正确地指出了过渡时期阶级斗争不再是工作重心，阶级斗争在"一定时期的尖锐化"过程中逐步缓和，最终消亡。

（3）关于布哈林的"长入社会主义"理论。赞同布哈林"长入社会主义"理论的学者郑异凡、张镇强认为，布哈林的"长入社会主义"是指无产阶级夺取政权后，利用国家杠杆改变经济关系，其实质是在无产阶级专政下，主要通过经济斗争达到彻底消灭阶级，过渡到社会主义和共产主义社会的目的，走的是一条和平、渐进的向社会主义过渡的道路，是符合马克思主义的理论。持相反意见的学者周耀明则认为，布哈林的"和平长入社会主义"理论完全违背了马克思主义的不断革命论，绝不是马克思主义理论。

（4）关于布哈林的社会主义观。学者林莹、国平等认为，布哈林把从无产阶级夺取政权到进入共产主义这段时期分为三个阶段：过渡时期、社会主义时期、共产主义时期，又把社会主义分为"落后的"和"真正完全的"两个阶段。学者苏戎安、梁承碧分析了布哈林的"落后的社会主义"理论，认为布哈林"通向社会主义之路"的理论基础是"平衡论"，新经济政策是具体尝试，走的是一条"民族类型"的社会主义道路。在分析布哈林的社会主义建设思想时，学者马裕兴、蒲国良认为，布哈林建设社会主义的方案就是"以乌龟速度爬行""长入"社会主义，其社会主义建设观点主要是关于阶级斗争、新经济政策、农业社会主义改造和工业化问题；布哈林提出的"必须保持国民经济平衡发展、注意积累和投资的界限、坚持计划经济和利用市场调节、反对官僚化机构"等思想有利于社会主义建设。

2. 关于布哈林的经济思想

很多学者对布哈林的经济思想进行了述评。学者顾海良、张雷声认为，布哈林详尽论述了社会主义国家经济发展中一再遇到的三个主要理论问题：关于社会主义经济发展周期的问题、关于社会主义工业发展和农业发展的关系问题、关于社会主义经济高速增长和稳定发展的关系问题；认为布哈林对帝国主义、帝国主义的特征、世界经济、资本主义体系等问题做了较为深刻的研究，其中尽管有着某些失误，但仍不失为马克思主义经济思想史上的宝贵的理论遗产；面对战时共产主义的现实，布哈林难能可贵地对社会主义建设中经济管理的形式和管理经济的必要性做出论述，尽管其很多论述是从逻辑的推论中得出来的，难免掺杂一些主观的臆测，但其中的许多论述仍然是相当出色的，许多构想至今仍能给人以启迪。学者郑异凡指出，布哈林先于列宁对世界经济、帝国主义、国家学说进行了研究，并提出自己的独创见解；布哈林首先对过渡时期进行了系统的研究，写出了《过渡时期经济学》，布哈林在同斯大林争论中发表的《一个经济学家的札记》是社会主义经济学说史上的一篇重要文献，其中还提出了"短缺经济学"的基本概念。学者罗卫东把布哈林的经济思想归结为三个方面的内容：关于帝国主义及其消亡的理论、关于社会主义过渡时期的经济问题及新经济政策理论、社会主义经济发展理论。学者胡健认为，布哈林的一大贡献是第一次在社会主义经济思想史上提出社会主义经济中存在经济失衡的波动，并揭示了其原因；认为布哈林模式以平衡论为基础，强调在二元经济的共同增长中实现国家工业化，其中心是提高农业生产和再生产能力。学者吴兴科、邢素军认为，布哈林关于过渡时期的经济思想可以概括为"通过市场关系走向社会主义"。学者刘凤岐认为，布哈林提出了社会主义经济应有不同的民族类型，对社会主义国家以"短缺"为特征的"颠倒的危机"产生的原因进行了可贵的探索。学者陈其人认为，除了创建世界经济理论和国家资本主义托拉斯理论，布哈林对马克思主义经济理论的伟大贡献是：总结了马克思以后的资产阶级经济学，将社会学的、方法论的和理论逻辑的批判结合起来进行，为批判资产阶级经济理论树立了榜样；对奥地利学派的批判，以及对调和根本对立的马克思经济理论和奥地利学派的理论种种做法的批判，具有深刻的现实意义。

学者们对布哈林经济思想中的以下观点论述较多：

（1）关于布哈林的帝国主义论和世界经济观。学者尚伟认为，布哈林的帝国主义论是对马克思、恩格斯关于经济全球化的本质要素的继承和发展，对分析和认识当代资本主义的发展阶段、认清当代新帝国主义的本质，具有重要的现实意义和科学的方法论价值。学者徐新民认为，布哈林从世界经济发展的总趋势探讨了帝国主义，丰富发展了马克思主义的国际贸易理论体系；认为布哈林的帝国主义理论对列宁形成其帝国主义理论产生了一定影响。

（2）关于布哈林的平衡论。学者曾天雄认为，布哈林的平衡论是对马克思、恩格斯关于平衡理论的丰富和发展，包含了丰富的唯物辩证法思想。学者赵成文认为，布哈林的平衡运动论是将自然科学中的平衡理论和黑格尔的辩证法进行批判结合的产物。学者孙国徽认为，布哈林的平衡论是建立在系统理论之上的系统之动态平衡思想。学者赵新文认为，布哈林平衡论的实质是非平衡论，是开放系统论。学者蔡恺民认为，布哈林平衡论是布哈林社会发展理论的核心，旨在通过国民经济平衡的发展缓和国内阶级斗争。学者林英认为，布哈林的经济平衡发展的思想就是处理好计划与市场、工业与农业、轻工业与重工业、积累与消费、经济与政治的关系。学者涂瓒虎指出，布哈林的平衡论犯了机械性的错误。

（3）关于布哈林的市场观。学者胡健认为，布哈林是系统探讨市场关系在社会主义经济中地位的第一人，他提出可以通过市场关系走向社会主义，而不是走向社会主义就一定要消灭市场关系，第一次对社会主义市场经济进行了初步理论建构的尝试。对此，学者赵郫方、侯文富持不同观点，认为在布哈林的思想中，社会主义经济并非商品经济，其目的是利用市场经济走向计划经济。学者曹英伟强调，布哈林提出了市场是过渡时期沟通、繁荣城乡经济的渠道，是调节和平衡工农关系的机制，是向社会主义过渡的出发点。学者蔡恺民指出，布哈林重视农民的市场容量在社会经济发展中的作用。

3. 关于布哈林的文化思想

学者马龙闪认为，布哈林是从社会主义生产关系不能再从资本主义社会内部产生这一特点出发观察无产阶级文化问题的。学者安延明、吴晓明指出，布哈林认为"社会主义的文明需要有强大感染力和丰富多彩的艺术"，"文化任务"是过渡时期"整个革命的中心问题"。学者赵新文概括了布哈林的文化思想：布哈林主张无产阶级对科学文化的领导权，但反对对科学文化的行政干预。学者田国良强调，布哈林是想"通过文化革命创造政治民主的必要前提，通过提高人民群众的科学文化水平来发展民主法制"。学者任思明认为，布哈林将群众视为文化工作的中心和重心。学者汪太理认为，布哈林文化观的理论基础是列宁的

"重心转移"学说,他的文化观着眼于人的素质的提高、人的本质的改造。

很多学者对布哈林与列宁主义、布哈林的政治思想、劳动消耗规律、生产力观、科学观、世界历史思想、多样化思想、合作化思想等进行了研究,对布哈林悲剧产生的根源进行了剖析,对布哈林与中国革命等问题进行了探讨。还有学者将国外学术界对布哈林思想的研究成果进行了译介。

(二) 国外的研究概况

1938年3月15日,布哈林被苏联当局处决。此后,很少有人关注他的著作。从20世纪40年代末和50年代初开始,布哈林的政治、经济和学术思想开始进入世界各国学者的研究视野。其中,英国学者亚历山大·厄里奇是研究布哈林的代表。20世纪60—70年代,大量关于布哈林著作的新版本和研究布哈林思想的著述在国外出版问世。1980年,意大利共产党葛兰西学院组织了"关于在苏联和国际共运史上的布哈林"国际学术讨论会,布哈林日益成为众多学者的研究主体,出现了大量关于布哈林与列宁、斯大林、托洛茨基、普列奥布拉任斯基的比较研究,布哈林的社会学理论、哲学思想、历史唯物主义观点、帝国主义理论、经济发展理论和社会主义建设理论是学者们研究的重点。这些研究成果为后人积累了宝贵的学术资料。

总的来说,由于各自的社会政治背景和政治立场的不同,国外研究布哈林的专家学者的学术见解差异很大。特别是在布哈林的祖国——苏联,不同年代的学者对布哈林的评价褒贬不一,几经反复,带有明显的时代色彩和政治印记。由于布哈林在1921年新经济政策实施后的思想相对温和,法制治理倾向明显,对此,西方学者的论著更多地显示出对布哈林的欣赏和赞许。笔者已经阅读的与本书关联较大的论著主要有:

匈牙利马克思主义哲学家乔治·卢卡奇在《技术装备和社会关系》中,对布哈林的《历史唯物主义理论·马克思主义社会学通俗读本》做出如下评价:布哈林的新著是符合长期以来对一部关于历史唯物主义的系统的马克思主义解说的需要的。自从恩格斯的《反杜林论》以来,在马克思主义内部还不曾有过这种尝试(普列汉诺夫的薄薄一卷除外)。这种理论解说一直听任马克思主义的敌人去写,他们一般对马克思主义只有很肤浅的理解。因此，布哈林的尝试是值得欢迎的，尽管方法和结论都应予以批评。应当说，首先，布哈林把马克思主义的一切有意义的问题归纳到一种完整的、系统的解说中去，这方面是成功的，这部解说是马克思主义的；其次，阐述清晰易懂。所以，作为一部教材，这本书可喜地达到了它的目的。

意大利共产党创始人之一、马克思主义理论家安东尼奥·葛兰西在《对一种通俗的社会学的尝试的批评性札记》中指出，布哈林的《历史唯物主义理论·马克思主义社会学通俗读本》本质上是面向非专业知识分子广大读者的。他指出《通俗读本》从下列假设出发：人民群众原始的哲学的创立，是与传统哲学的巨大体系以及教士领袖的宗教，即知识分子和高度文化的世界观相对立的。葛兰西认为这种假设是错误的。葛兰西还指出，布哈林一头栽入了教条主义和形而上学，在书中没有讨论历史运动是怎样在结构基础之上形成的；只是以非常肤浅的方式把辩证法作为前提，但却没有进行解释；其形而上学的最明显的痕迹之一，就是企图把任何事物都归结到一个终极的或最终的原因。葛兰西批评布哈林犯了方法上的反历史主义，批评布哈林把全部过去的哲学估价为梦呓和胡话，提出了颠倒时代的要求，企图使过去的人也像我们今天这样思想，认为某种教条主义的思想方式对一切时代和一切国家都是有用的，这就不仅是反历史主义的错误，而且还是形而上学的真正残余。

意大利哲学家吉诺·皮奥维查纳在《历史唯物主义者布哈林》中提出，布哈林是苏联20世纪30年代之前历史唯物主义的正统代表。他提出，俄国只有极少数曾经受过经济学和社会学方面的科学教育的革命家，布哈林就是其中的一个。他认为，布哈林的历史观带有非常浓厚的历史社会学的色彩，从理论上看，布哈林的辩证法和俄国古典马克思主义者的辩证法之间没有多大差异，可以通过研究布哈林是如何讲辩证法的飞跃即量变向质变的转化来证明布哈林辩证法的正统性质。他指出，从纯理论上看，布哈林的新东西就是关于平衡的观点即"平衡论"，是布哈林把马克思主义从黑格尔辩证法的障碍中拯救出来的尝试，在这个尝试中，有着反映社会经济关系的所有哲学所具有的价值。

日本学者岭野修就德国学者彼得·克尼尔施《布哈林的经济观点》一书，分方法论、帝国主义和苏联社会主义建设理论几个部分全面地述评了布哈林的经济理论，认为引人注目的和代表布哈林方法论特点的就是平衡论，认为布哈林从自然科学、力学中采用平衡这个概念，并转用于社会现象；指出布哈林的辩证法的基本特点是把事物与体系的运动，用环境与体系之间的关系所带来的平衡的破坏来加以解释。

俄国学者伊·努·温达瑟诺夫在《苏联20年代关于社会主义模式和发展阶段的议论》中指出，布哈林认为俄国要建立的社会主义，是一种"落后的社会主义"，"亚细亚形式"的社会主义，这种社会主义的特点是发展速度较慢，过渡时期较长，必须集中精力解决农民问题，吸引广大农民参加建设事业；但是这种落后性并不是固定不变的，随着生产力的发展，随着各国革命的胜利，类型上的差别将会缩小以至消失。

日本学者日向健在《斯大林和布哈林的经济发展论》中指出，由于战时共产主义受到挫折转入新经济政策体制时，布哈林变成了典型的新经济政策拥护者，布哈林对新经济体制的俄国过渡到社会主义的设想是通过市场走向社会主义。日向健认为布哈林过于乐观地提出，分散的个体农民经济的汪洋大海与社会主义工业的有机结合，便是市场关系，苏维埃的制度也依赖于这种关系。

苏联科学院历史学博士什卡林科夫在《尼古拉·伊万诺维奇·布哈林》中指出，布哈林在苏俄国内战争的艰难年代，展现出一个科学共产主义和党的事业的杰出宣传家的良好风范；布哈林强调了过渡时期（从资本主义向社会主义过渡）的社会同时是某种矛盾的统一体，人们应该参照《资本论》第2卷来规定再生产的图式即规定生产和消费的各个领域以及生产的各个领域互相正确协调一致的条件进行建设。

苏联学者T.斯米尔诺夫在《难题成堆的时代——20—30年代历史和当前社会思想》中指出，布哈林曾在《消息报》上发表了他对社会主义经济核算的原则的理解，认为布哈林在对待进行粮食收购、建立集体农庄和粉碎富农问题上强调，不应采用非常的行政强迫措施，指出布哈林已经预见到试图担负市场调节职能的行政命令制度的危险性。

美国的斯蒂芬·科恩教授是近年来对布哈林思想研究较为深入、影响较大、论著颇丰的一位学者。科恩在《布哈林的幽灵为什么还在莫斯科游荡》一书中分析了布哈林事件的根源，认为布哈林是新经济政策的解释者和最大的捍卫者,认为布哈林维护的新经济政策是一种建设的政策,是他所称呼的"社会主义人道主义",布哈林提出的经济建设原则是"我们的经济是为消费者存在,不是消费者为经济存在"。科恩在《布哈林和布尔什维克革命》一书中指出,布哈林把历史唯物主义视为社会学,是"社会的一般理论,社会进化的法则",认为社会是"一架庞大的工作机器",生产关系就是"人们在空间和时间中的劳动关系";布哈林强调社会冲突的意义,但也认识到社会和谐因素所起的重要作用;布哈林认为任何一个稳定成长中的社会,其各个组成部分至少有一种最低限度的和谐,而社会主义革命会最终导致和谐的、有效的、持久的平衡,这种观点贯穿于布哈林整个20世纪20年代的政策思想中。科恩认为,斯大林第一个提出了一国可以建成社会主义,但对这个问题给予理论说明的是布哈林,布哈林从理论上阐明了在欧洲不爆发革命的条件下,俄国可以通过新经济政策建成社会主义。科恩认为,布哈林在1926年已经形成了他的经济纲领和政治纲领,并把两者同俄国社会主义建设总的战略目标联系起来。

以上资料表明,学术界对布哈林及其思想的研究取得了丰硕的成果,同时表明,对布哈林的研究还存在着进一步深化拓展的学术空间。总的来说,国内外关于布哈林的论著很多是描述布哈林的生平和与其相关的历史事件,大多数论文是就布哈林某一方面的思想进行重点探讨,研究主题比较分散,特别是系统研究布哈林社会主义建设思想的论著很少,是零散的、不系统的,没能从整体性角度进行历史纬度的和系统的梳理。

笔者在认真研读布哈林著作的过程中,发现其中存在着大量与我们目前正在思考和进行的中国特色社会主义建设问题相关的东西。因此,本书着力以历史的、辩证的眼光客观审视布哈林的社会主义建设思想,从整体视角出发,以布哈林的社会主义政治、经济、文化、社会建设思想为切入点,系统探究了布哈林的社会主义建设思想,主要对1917—1929年苏俄社会主义建设征程中的经验教训进行客观总结,努力探寻布哈林在他的社会主义建设思想中提供了哪些"新东西",具有哪些合理因素,在当时和现在具有什么样的意义;分析思考布哈林的社会主义建设思想中存在的局限性及错误,同时发掘这些局限性及错误出现的原因，以从中汲取对中国特色社会主义建设有益的经验和元素、避免其中的偏差和错误。笔者在书中阐述了自己对从中国国情出发，建设中国特色社会主义的思考和认识，希望能以自己的理论研究成果为推进中国特色社会主义建设服务。

三 逻辑结构与创新之处

（一）逻辑结构

本着以布哈林在20世纪20—30年代的社会主义建设思想为中国特色社会主义建设提供镜鉴作用的逻辑思路，本书从整体上对布哈林的社会主义建设思想进行系统研究，旨在深化对"社会主义"和"社会主义建设"的理解，进一步提高对中国特色社会主义的认识，提高对中国特色社会主义建设过程中"做什么"和"不做什么"的清醒认识；从布哈林社会主义建设思想中汲取对中国特色社会主义建设有益的元素，避免其中的偏差和错误，以更好地从我国的国情和特点出发，重视借鉴和利用苏联"用很高的代价换来的经验"，避免和改正苏联"当时往往无法避免的那些错误"；探求推动中国特色社会主义建设更好更快发展的路径，尽可能理性而智慧地缩短现实社会主义与理想社会主义之间的距离。

遵循上述思路，笔者以1921年3月新经济政策的实施为界，把布哈林的社会主义建设思想分为前后两个阶段：激进的战时共产主义思想阶段、坚持和发展新经济政策阶段。本书对布哈林1917年十月革命胜利后至1921年新经济政策实施前的激进共产主义思想，结合文献资料予以历史的分析。本书的写作重点是从整体的视角出发，把布哈林在1921年新经济政策实施后的社会主义建设思想视为一个系统的有机整体，从政治、经济、文化三个层面切入，分析布哈林对社会主义的再认识和他在"幻想破灭"后提出的社会主义建设思想，尤其是对布哈林提出的"一些以前没有人说过的新看法"进行深入解读、客观评析。

本书认为，1921年新经济政策实施后，布哈林遵循列宁"革命理论不是教条，而是行动的指南"的教导，努力把马克思列宁主义的理论与苏俄的社会主义建设实践统一起来，创立了具有"布哈林特色"的社会主义建设理论。布哈林的社会主义建设思想以苏俄"落后的社会主义"现状为出发点,以"一个稳定成长中的社会,其各个组成部分应保持有效的、持久的、动态的平衡"为指导理念,认为有计划地满足社会需要的增长是社会主义发展的动力,发展社会生产力、提高生产效率是社会主义发展的根本途径;提出苏俄的社会主义建设应该依托共产党领导下的无产阶级专政力量,以减少社会矛盾、缩小阶级差距、实现城乡一体、改造全国居民为任务;坚持和发展新经济政策,把国家政权变为进行经济社会管理和发展社会主义文化的工具;采用"改良主义"的方法,在政治、经济、文化等领域走和平改良、进化发展之路,实现国民经济和社会建设的平衡发展、广大民众文明素质的提升和生活水平的提高,最终实现苏俄社会主义建设的目标——"和平长入"民富国强、文明平衡的"真正完全的"社会主义。

全书共分七章:第一章,介绍布哈林社会主义建设思想的国内背景和国际背景。第二章,分析布哈林社会主义建设思想的形成和发展历程。第三章,从整体上论述布哈林在1921年新经济政策实施后提出的社会主义建设构想。第四章,从布哈林正确认识国内的阶级状况和阶级斗争的特点、巩固和发展共产党领导的无产阶级专政、消除"无产阶级专政的对立物"、巩固和发展工农联盟等方面论述布哈林的社会主义政治建设思想。第五章,从布哈林提出的社会主义经济建设思想的主旨、经济建设的宏观战略、经济发展的关注焦点、经济建设的"动态平衡"、工业建设是经济建设的"重中之重"、农业建设是"全部经济的基础"、正确处理两制关系、参与世界经济运行等方面论述布哈林的社会主义经济建设思想。第六章,从布哈林注重意识形态建设、坚持马克思列宁主义在意识形态领域的指导地位,从苏联社会主义文化建设的必要性和紧迫性,从苏联社会主义文化建设的伟大意义,从社会主义文化建设的原则和任务,从社会主义文化必须吸收借鉴西方文化遗产、学习利用西方先进科技,从循序渐进地进行社会主义文化建设,从做好新时期的舆论宣传工作,从重视发挥知识分子在社会主义建设中的作用等方面论述布哈林的社会主义文化建设思想。第七章,分析布哈林社会主义建设思想的总体特征、当代价值及其对中国特色社会主义建设的启示。

（二）创新之处

本书重点从整体上系统探讨布哈林关于社会主义建设的思想，创新点主要体现在以下两个方面。

（1）本书将布哈林的社会主义建设思想放置于当时的历史大背景中进行客观分析和探讨，在尊重布哈林本来意旨的基础上，系统地提出一个整体研究格局。就目前笔者已查阅的资料而言，关于布哈林的论著很多是描述布哈林的生平和与其相关的历史事件，大多数论文是就布哈林某一方面的思想进行重点探讨，研究主题比较分散，特别是系统研究布哈林社会主义建设思想的论著很少。本书遵循辩证唯物主义和历史唯物主义的立场，以对布哈林社会主义总体观的理解作为研究的逻辑起点，通过运用历史分析和比较研究的方法，坚持主客观相统一的原则，对有关布哈林的文献资料，特别是近些年来俄罗斯公开的最新档案资料进行深入的研究。本书联系当时苏俄国内党、国家、社会以及历史传统的整体状况和国际关系格局、国际形势的变化对布哈林思想发展的影响，从整体上对布哈林的社会主义建设思想进行全面而系统的分析，既深刻阐述布哈林社会主义建设思想的理论贡献和历史局限，又力争把握其社会主义建设思想各个组成部分的有机联系，对其总体特征进行科学概括。

（2）本书本着求实精神，以自己的视角解读研究布哈林关于社会主义建设的思想，深刻阐述布哈林社会主义建设思想中独特的理论贡献，分析总结这些独特贡献对我国改革开放和社会主义现代化建设伟大事业的启示。理论研究应该积极回应时代提出的课题并服务于现实实践。在布哈林的论著中，存在着与我们目前正在思考和进行的中国特色社会主义建设问题的解决办法相类似的元素。本书努力探寻布哈林在他的社会主义建设思想中提供了哪些"新东西"，具有哪些合理因素，在当时和现在具有什么样的意义；分析思考其思想中存在的局限性及错误，同时发掘这些局限性及错误出现的原因。目的是从中汲取对中国特色社会主义建设有益的经验和元素、避免其中的偏差和错误，积极寻找理想社会主义和现实社会主义之间的契合点，为探寻"保持社会主义建设中科学与价值、理想与现实之间的适度张力，实现二者有机统一"的实现路径做出自己的学术努力。

但是，由于笔者对苏联20世纪20—30年代的历史研究远未透彻，加之搜集整理的资料非常有限，对文献资料的把握尚未达到完全准确的地步。因此，要完全做到以历史的、理性的眼光，正确审视布哈林社会主义建设思想中的具体观点，做到以辩证的、科学的尺度对布哈林的社会主义建设思想进行辨析，做出十分客观和恰当的评价，笔者还有很长的路要走。

四　研究方法

本书遵循辩证唯物主义和历史唯物主义所提供的世界观和方法论原则，主要采用以下三种方法进行研究写作。

（一）文献研究法

文献研究法是探讨布哈林社会主义建设思想的一个基本方法。从事布哈林社会主义建设思想研究，需要认真研读有关布哈林的基本文献资料，需要梳理和再认识学术界对布哈林的相关研究成果。只有加强对布哈林相关著述的研究和理解，才能真正明确布哈林的社会主义建设思想发生的条件和发展的历程，把握布哈林社会主义建设思想的基本内容，科学评价其历史贡献与局限性。同时，列宁、托洛茨基、斯大林等和布哈林同时代的苏联领导人关于社会主义建设的一系列论述，都为理解和评析布哈林的社会主义建设思想提供了参照物，有关他们的文献资料也需要仔细研究分析。在尽可能详细地搜集、整理和消化有关布哈林、列宁、斯大林、托洛茨基等相关人员的文献资料，特别是注意参考近年来俄罗斯公布的解密档案的基础上，笔者运用辩证唯物主义和历史唯物主义的眼光，依凭国内外的相关文献资料，对布哈林的社会主义建设思想进行认真而深入的研究，做出尽可能客观而公正的评析。

（二）比较研究法

从一定意义上说，布哈林的社会主义建设思想也是在和他人的思想交锋、观点论战中萌生发展的。本书在辩证唯物主义和历史唯物主义的视角下，依凭布哈林及其同时代的列宁、斯大林、托洛茨基等相关人员的文献资料，运用比较研究的方法，对布哈林的社会主义建设思想深入探讨。通过比较分析布哈林与列宁、斯大林、托洛茨基等人的社会主义建设思想和观点的差异，对布哈林的社会主义建设思想进行客观研究和辩证评析，探寻布哈林的社会主义建设思想继承坚持了哪些观点，发展创新了哪些观点，和他人相比，布哈林社会主义建设思想中的独特之处表现在哪里，出现了哪些偏差和错误，并分析其理论的薄弱环节和错误之处产生的原因，尽可能避免夸大和苛求。

（三）历史分析法

历史分析法即从分析历史人物、历史事件中总结规律。任何历史人物都是在一定的历史环境和时代背景下活动的，他们的言辞和行为都烙印着当时社会历史的痕迹。因此，要对布哈林的社会主义建设思想进行客观公正的分析和评价，就必须穿越时空的限制，联系当时苏俄党、国家、社会以及历史传统的整体状况，研究当时的国际关系格局和国际形势的变化和影响，即从相关历史的发展过程中，从布哈林的历史活动中寻求证据和规律，而后加以科学分析和研究，得出尽可能客观的结论。

客观、辩证地再认识苏联的社会主义建设实践，是历史赋予中国的马克思主义理论工作者义不容辞的职责，也是顺利推进我国改革开放伟大事业和完成新时期面临的新任务、实现中国特色社会主义建设更好更快发展的需要。做好这项工作，需要详细地占有相关历史资料。囿于笔者不懂俄文，在资料运用方面，不能直接阅读布哈林俄文版论著的第一手资料，只能借鉴吸收国内外学者研究布哈林的第二手和第三手资料。好在国内外研究布哈林及其思想的资料很多，笔者重点参考了国内外著名的布哈林研究专家的论著，查阅了大量20世纪20—30年代前后的苏俄历史资料，请教了国内多位谙熟苏联历史和研究苏联经济发展历程的知名专家学者。在请教学习的过程中，渐渐地，笔者对有关布哈林文献资料的理解不断深化，对布哈林的社会主义建设思想有了更多自己的思考，初步形成本部著作。

需要说明的是，布哈林一生著述很多，涉及马克思主义的哲学、政治经济学、军事、文学艺术、历史学、新闻学等多个领域，他的社会主义建设思想就蕴含在他的众多论著里。由于篇幅所限，布哈林社会主义建设的部分思想，本书未能展开阐述，以待今后继续研究。

第一章 布哈林社会主义建设思想的背景分析

> 新生的苏维埃政权的外部困难达到了无以复加的地步。国内在进行深入的斗争。党被各种矛盾分散了力量。
>
> 布哈林

1917年爆发的俄国十月革命是人类历史上最早、最伟大、最深刻的社会主义革命,它打破了旧世界的漫漫长夜,向全世界宣告了伟大的社会主义制度的诞生,使社会主义由理想变为现实,开创了人类历史的新纪元。由于触动了世界资本主义的既得利益,新生的苏维埃政权在国内外都面临着众多复杂的挑战和严峻的考验,国内的社会情势极端复杂、"难题成堆"、"外部困难达到了无以复加的地步",[①]"我们的对手用各种各样的武器同我们作斗争,我们的对手还在意识形态战线上同我们作斗争。"[②] 布哈林的社会主义建设思想就是在这样的历史背景中产生和发展的。

§ 第一节 国际背景

> 我们的对手用各种各样的武器同我们作斗争,我们的对手还在意识形态战线上同我们作斗争。
>
> 布哈林

一 帝国主义国家对苏维埃俄国的敌视和封锁

苏维埃俄国自建立之日起就处于帝国主义国家的敌视、包围和封锁

[①] 《布哈林文选》中册,人民出版社1981年版,第367页。
[②] 同上书,第241页。

之中，受到险恶的国际环境的影响。第一次世界大战后，帝国主义国家"虽然暴露出日益增长的内部腐朽的症状，虽然在资本主义体系内部越来越强烈地表现出寄生倾向，但是在一系列资本主义国家里，特别是在最近时期内，强大的生产力毕竟在发展，技术在成长"①。西方世界那些经济和军事强势的帝国主义国家，出于对社会主义国家的敌视，施行对新生的苏维埃俄国遏制打击的政策。它们在外交上不承认新生的苏维埃政权，在经济上对苏维埃俄国进行封锁，在舆论上散布苏维埃俄国"破产、失败"论，"对布尔什维克党和俄国革命进行无穷无尽的谴责"，②在军事上悍然入侵苏俄进行武装干涉。为了将新生的苏维埃政权扼杀在摇篮中，从1918年3月起，英、法、日等14个帝国主义国家勾结俄国国内的反革命势力，从四面八方对苏俄发动大规模的军事进攻，占领了苏俄四分之三的土地，形成了对苏维埃新生政权的包围圈，很多苏俄管制的重要城市被截断了石油、煤炭和粮食的供应，城乡饥荒和瘟疫严重。

在俄共（布）的坚强领导下，苏俄人民不得不用红色武装镇压白色恐怖，进行了顽强不屈、艰苦卓绝的英勇抗争，于1920年扑灭了燃烧的战火，把帝国主义驱除出境。代价是悲壮的，在反对白卫军和外国武装干涉者的残酷战争中，在捍卫新生的苏维埃政权过程中，至少有1300万人悲壮牺牲。③

此后，至20世纪20年代中期，许多帝国主义国家尽管承认了苏联的国际地位，和苏联进行了经贸往来，但他们依然对苏联怀有敌意，在政治、经济、文化等诸多领域，对苏联进行不同程度的封锁和压制，使苏联处于帝国主义列强"进行财政封锁的企图和迁延性的军事危险"中。④例如，在有苏联代表出席的战后第一批国际会议——热那亚、海牙、洛桑会议上，帝国主义国家对苏联显示出浓厚的敌意。1917—1933年，美国一直拒绝同苏联建立外交关系。在20世纪的整个20年代，西

---

① 参见《布哈林文选》下册，人民出版社1981年版，第386页。
② 参见《论布哈林和布哈林思想（译文集）》，贵州人民出版社1982年版，第476页。
③ 郑异凡、殷叙彝主编：《布哈林问题国际学术讨论会论文集》，黑龙江人民出版社1993年版，第29页。
④ 《布哈林文选》中册，人民出版社1981年版，第300页。

方帝国主义国家在国外仍然保持白卫的武装力量,在很长时间内一直从国外派遣人数众多的匪帮和恐怖小组袭击苏联,谋杀苏联的全权代表沃罗夫斯基、沃伊柯夫。帝国主义国家组织规模庞大的反苏宣传,发出各种各样的最后通牒和恶意挑衅,直到1929年的中东铁路军事冲突。①

二 国际共产主义运动进入低潮

十月革命胜利后,欧洲许多国家受其鼓舞相继爆发了无产阶级革命。与此同时,东方各国被压迫民族也掀起了反对帝国主义的民族解放斗争的新高潮。"1918年芬兰爆发革命,1月间无产阶级夺取了政权,宣告成立芬兰社会主义工人共和国。同年11月,德国爆发了革命,建立了巴伐利亚苏维埃共和国。1919年匈牙利无产阶级革命取得了胜利,成立了苏维埃政权。"② 那一时期,包括列宁在内的各国共产党组织的领导人,对世界范围内社会主义革命的胜利抱着极其乐观的态度,认为世界资本主义面临着总危机,世界无产阶级社会主义革命的条件已经成熟,认为国际苏维埃共和国的建立已经为期不远了,欧洲很快就会成为共产主义的欧洲。③

但是,从20世纪20年代起,国际形势发生重大变化,资本主义国家出现战后经济复兴的局面,国际共产主义运动由于帝国主义的镇压、社会党人的背叛、共产党人的错误,逐渐进入低潮,世界革命的前景没有像当时苏俄领导人预想的那样乐观。欧洲无产阶级革命遭到帝国主义列强的联合镇压,工人运动开始进入缓慢而艰难的低潮,几近平息。"1920年秋,意大利无产阶级占领工厂的运动遭到失败;1921年德国三月事件遭到挫折;英国矿工的斗争也以失败告终"。④孤立无援的苏俄布尔什维克盼望的无产阶级世界革命没有胜利,也得不到欧洲无产阶级的及时支援,到1923年,俄国成为世界上唯一的社会主义国家,处在国际帝国主义的包围之中。伴随着帝国主义国家颠覆苏维埃俄国政权企

---

① 郑异凡、殷叙彝主编:《布哈林问题国际学术讨论会论文集》,黑龙江人民出版社1993年版,第31页。
② 顾海良主编:《马克思主义发展史》,中国人民大学出版社2009年版,第320—321页。
③ 顾海良主编:《斯大林社会主义思想研究》,中国人民大学出版社2008年版,第346页。
④ 同上。

图的落空，世界上开始出现社会主义苏俄和西方资本主义国家两种对立的力量在矛盾中共存的局面，"呈现一种本质上对立却又不能不和平共处的关系"①。

§第二节 国内背景

一个掌握了国家政权的年青的阶级，不可能想象到它必须经历的道路上的全部复杂情况。

布哈林

一 未能实施的建设计划

伴随着苏维埃政权的建立，苏俄社会主义在成堆的难题中独自艰难地探索前行。"我们是孤立无援的。我们过去和现在都得不到任何借款"。② 如何在基础落后、孤立无援的苏俄进行社会主义建设这一重大的理论和实践问题被列入苏俄国家领导人的重要议事日程。1918年初，列宁拟订了以经济建设为中心，在苏俄开展社会主义建设的计划。1918年4月，列宁在《苏维埃政权的当前任务》一文中，提出了社会主义建设的初步设想。但是，由于外国武装力量的强悍干涉和国内反革命势力的频繁叛乱，这一计划未能实施。对此，布哈林后来总结说："在俄国，我们不是从'战时共产主义'开始的，而是从所谓新经济政策开始的。以后出现了武装干涉，阶级斗争激烈尖锐化，具有国内战争的形式，于是出现了'战时共产主义'，以后又回到了新经济政策。"③

在这一未能实施的、以经济建设为中心在苏俄开展社会主义建设的计划中，列宁提出了如下思想：

第一，要进行社会主义建设，为社会主义奠定经济基础，就应该实现党的工作重心的转移，把"组织对俄国的管理"作为苏维埃政权的重要任务。列宁强调："我们布尔什维克党……已经夺取了俄国——为

---

① 顾海良主编:《马克思主义发展史》,中国人民大学出版社2009年版,第321页。
② 《列宁选集》第4卷,人民出版社1995年版,第721页。
③ 《布哈林文选》下册,人民出版社1981年版,第395页。

了穷人，为了劳动者，从富人手里，从剥削者手里夺回了俄国。现在我们应当管理俄国。"①

第二，对产品的生产和分配实行全民计算、统计和监督，是解决当时苏俄社会经济困难的紧急措施，是苏俄向社会主义过渡的"中间站"，是实现向社会主义过渡的一种尝试。按照马克思、恩格斯对未来社会主义特征的论述，社会主义是由许多生产和消费公社所构成的体系，没有货币和市场，没有商品生产和商品交换，社会通过统计和监督掌控全部生产和分配。列宁认为，建立在大生产基础上的联合劳动和产品经济是社会主义经济的特点，只有按照统一的计划对生产、分配和消费实行严格的管理和有计划的调节，才能消除生产资料资本主义私人所有制带来的种种弊端，才能有效地动员人力、物力进行社会主义经济建设，建立社会主义制度赖以存在的物质基础。他提出，小生产"无论走向国家大资本主义或者走向社会主义，都是经过同一条道路，都是经过同一个中间站，即我们所说的对产品的生产和分配实行全面计算和监督"②，统计和监督是向社会主义过渡的中间站，没有这一站，就不能过渡到社会主义；否则，"对产品的生产和分配不实行全面的国家计算和监督，劳动者的政权、劳动者的自由就不能继续维持，重新受资本主义的压迫就不可避免"③。

第三，劳动生产率归根到底是保证一种新的社会制度胜利的最重要、最主要的东西，建设社会主义的根本任务是创造出比资本主义更高的劳动生产率。列宁指出："在任何社会主义革命中，当无产阶级夺取政权的任务解决以后，随着剥夺剥夺者及镇压他们反抗的任务大体上和基本上解决，必然要把创造高于资本主义的社会结构的根本任务提到首要地位，这个根本任务就是：提高劳动生产率。"④

这一时期，列宁还提出把国家资本主义作为走向社会主义的中间站的思想。早在十月革命前，列宁就强调必须利用国家资本主义，明确提出了国家垄断资本主义是社会主义入口的理论。他在《大难临头，出

---

① 《列宁选集》第 3 卷，人民出版社 1995 年版，第 477 页。
② 同上书，第 527 页。
③ 同上书，第 487 页。
④ 同上书，第 490 页。

路何在?》一文中明确指出:"国家垄断资本主义是社会主义的最充分的物质准备,是社会主义的前阶,是历史阶梯上的一级,在这一级和叫做社会主义的那一级之间,没有任何中间级。"① 1918年5月,他在《论"左派"幼稚病和小资产阶级性》中,进一步阐述了国家资本主义的性质、地位和作用,提出通过国家资本主义这一中间站走向社会主义的思想。"国家资本主义较之我们苏维埃共和国目前的情况,那将是一个很大的胜利,那将极其可靠地保证社会主义在一年以后在我国最终地巩固起来而立于不败之地。"② 这表明,列宁想要在苏俄通过国家资本主义这一中间站走向社会主义。但后来由于国内战争的爆发,这一思想没有得以实现。

简言之,列宁在1918年春制订了向社会主义过渡的规划,这个初步规划的总体思路是:尽快恢复和发展大工业,利用国家资本主义为社会主义奠定物质基础,巩固社会主义制度;工业实行国有化,农业实行集体化,在全国建立无所不包的全民计算和监督体系,逐步用有计划的分配来代替商贸,以便实现列宁当时所构想的那种实现劳动和报酬平等的"大工厂""大辛迪加"式的社会主义。这一思路具有两个显著的特征:其一,它主张工业化和农业集体化同时进行,不是把恢复和发展大工业建立在适应小农经济发展的基础上,而是在恢复和发展大工业的同时,排斥和消灭小农经济和小生产。其二,它力图通过限制和逐步消灭商品、货币和贸易的办法,直接建立起国家计划指导下的统一的生产和分配体系。列宁这时提出利用国家资本主义来建设和巩固社会主义,其目的是为了在全国建立计算和监督体系、建立消费分配网,即利用国家资本主义是为了逐步排挤并最终消灭商品和货币关系。

但是,自1917年底到1920年初,外国敌对势力对苏俄的武装干涉与国内反革命势力的叛乱连续不断。布哈林指出,十月革命胜利后,苏维埃俄国"国内战争连绵不断,极端激烈。捷克兵团和高尔察克发动叛乱。阴谋与暴动四起。白色恐怖猖獗"③。除了骇人听闻的经济破坏,农业减产,"外国资本家也起来反对我们,他们迫不及待地帮助俄国资

---

① 《列宁选集》第3卷,人民出版社1995年版,第266页。
② 同上书,第521页。
③ 《布哈林文选》中册,人民出版社1981年版,第369页。

产阶级。许多强国的资产阶级用一切手段——既有军事政治的，也有财政的——支持我国的资产阶级及其武装力量。我们的苏维埃国家曾不止一次被战火所包围，被敌人的军队从四面八方包围起来。那时苏维埃共和国统共只剩下几个受敌人进攻部队紧紧逼迫的省份了，彼得格勒处于直接的威胁之下，曾不止一次地在好几个月之内被截断了石油、煤炭和粮食的供应。在整整几年当中我们都生活在一个四面八方被包围的要塞里，在这里已经开始出现饥荒和瘟疫"①。

为了保护和巩固新生的无产阶级政权，苏俄不得不和国内外的敌人展开激烈的斗争，列宁在1918年初提出的上述建设社会主义的初步设想并没有得到实施。为了维护社会主义革命胜利的成果，苏维埃俄国很快建立了战时共产主义体制，进行了向社会主义直接过渡的种种尝试。

二 战争带来的严酷困境

苏俄在战时共产主义政策时期——"暴风骤雨般的英雄时代"②，在俄共（布）党的领导下，群众运动高潮迭起，革命热情如火如荼，于1920年取得了国内战争的胜利。但是，国内战争的结束虽然解除了军事危机，但长期累积的经济危机却难以消解，沉重的创伤也难以快速医治。社会生产力遭到了严重破坏，经济文化的落后性更显突出，农民陷于破产和贫困之中，到处是"贫困和愚昧的汪洋大海"。

由于连年的战争（1914—1918年为期4年的帝国主义战争，1918—1920年为期3年的外国武装干涉和国内战争），苏维埃俄国的经济遭受严重破坏，处于崩溃的边缘：农业生产遭到严重破坏，粮食问题极端突出。第一次世界大战期间，俄国大约有40%的工人、农民被强制入伍，许多工厂惨然倒闭，大片的农田无人耕种，交通运输极度紊乱，物价飞涨、食物奇缺，广大民众处于忍饥挨饿的状态。大量工人逃往乡下糊口谋生。国内战争使俄国在经济上几乎倒退到几十年前的水平。在农业方面，全国总播种面积急剧减少、牲畜总头数几乎减少40%、农业的总产量大幅度锐减，1920年的粮食总产量仅占1913年的

---

① 《布哈林文选》上册，人民出版社1981年版，第385页。
② 《布哈林文选》中册，人民出版社1981年版，第372页。

一半。工业破坏严重，工业产值大幅度下降。由于缺少粮食、原料和能源，加之许多铁路和桥梁被破坏，交通运输处于瘫痪状态，几乎所有的工厂都到了难以开工的地步。工业生产大幅度下降，1920年大工业产值比战前几乎减少6/7。1920年煤炭产量为870万吨，比战前减少2/3，只相当于1898年的水平；生铁冶炼量为11.6万吨，比1863年减少1/2，等于1913年的2.4%；钢的冶炼完全陷于停顿，金属生产十分落后。轻工业方面，1920年纺织品产量为1亿1千万公尺，每人平均不到1公尺，棉织品产量只相当于1857年的水平；火柴的产量仅为1913年的16%。[1]

布哈林这样描述了当时的困境：

> 在城市里多数工厂停了工，优秀的工人上前线打仗去了，城市里没有燃料，没有原料，没有粮食。大工厂不开工，商店空空如也，城市迅速消失，人们为了寻求一块面包由城市跑到遥远的农村去，以便更加接近土地，以便好歹挨过光阴，以便在什么地方弄到一块面包或一袋马铃薯。可以说，一切城市都已"四分五裂"，都靠乞讨度日，城市的人都已流离四散，遍及全国。
>
> 苏维埃纸币越来越贬值，人们成俄磅地携带它们，就象携带着一堆堆废纸一样。国库就靠这些可怜的苏维埃纸币来维系。当时的经济和国库已经到了彻底崩溃的边缘。[2]
>
> 那时，我们掌握的工厂不开工，我们发行的大量货币是在市场上几乎没有任何价值的纸片，我们的银行只剩下它们的建筑物，铁路不通车，大企业不具备进行生产的最必要的条件（没有原料，没有燃料，甚至不能供给挨饿的工人以面包）。[3]

战时共产主义政策是战争环境和帝国主义武装干涉苏俄迫使无产阶级采取的政策，它适应了战争条件下对人力、物力、财力集中的需要，

---

[1] 中国人民大学科学社会主义系国际共产主义运动史教研室编：《国际共产主义运动史——从十月社会主义革命胜利到社会主义阵营形成》，中国人民大学出版社1983年版，第35页。
[2] 《布哈林文选》上册，人民出版社1981年版，第390—391页。
[3] 同上书，第433页。

保证了战争的胜利，但它作为一种经济改造政策却严重脱离了苏俄的国情，日益强化的余粮收集制引起农民对革命政权的严重不满。尽管国家要求农民扩大粮食的耕种面积，但是由于对余粮收集制有抵触情绪，农民没有生产积极性，既不愿扩大粮食的种植面积，也不愿加强粮食生产的田间管理，以致粮食产量锐减，城乡到处缺少粮食。由于"当时不得不极其坚决地把所必需的一切统统收集起来，这种沉重的负担曾不止一次两次地使得某些农民阶层发生了动摇。这些农民阶层由于不堪忍受这种沉重负担，而又不理解作出巨大牺牲的必要性"①，农民频繁发生骚动。加之实行了封闭的、堵塞的商品流转制，没有市场，没有贸易，城市和乡村之间的交换渠道完全中断，这更加剧了粮食危机。

1920年战争结束后，由于燃料极端缺乏，工厂停工，铁路行驶车辆减少，苏俄国内的面包、脂油、肉类、食盐、衣服、鞋帽、火柴、柴油等生活必需品严重不足。在战争条件下，人们不得不忍受物品的缺乏，但是进入相对和平的建设时期后，人们感到越来越不能忍受。严重的经济困难在农民中间引起了强烈的不满情绪。从1920年下半年开始到1921年春天，苏俄西伯利亚、乌克兰、顿河等地普遍发生了农民暴动。农民的不满也牵动着工人和士兵，致使城市出现工人怠工、旷工和罢工等抗议行动。在反革命分子的煽动下，1921年2月28日爆发喀琅施塔得水兵暴动，表明当时严重的经济危机招致了同样严重的政治危机，苏俄国内存在的不满情绪已经到了危及革命政权的程度。

三 列宁提出新经济政策

列宁是积极探索在经济文化落后的国家里建设社会主义的伟大先驱，他尊重现实，尊重实践对理论的检验。国内战争结束后，面对农民在战争结束后对苏维埃政权态度的转变，列宁开始认真审视、反思战时共产主义政策，探寻农民在战争结束后对苏维埃政权态度转变的原因。"农村的余粮收集制，这种解决城市建设任务的直接的共产主义办法，阻碍了生产力的提高。它是我们在1921年春天遭到严重经济危机和政治危机的

---

① 《布哈林文选》上册，人民出版社1981年版，第385页。

主要原因。"① 在找到了问题的症结,接受战时共产主义政策负面作用的教训后,列宁及时转变战略思想,提出取消战时共产主义政策,转而实施农民能够接受的、能够促进生产力发展的"新经济政策"。

1921年3月16日,俄共(布)十大一致通过了列宁所做的《关于以实物税代替余粮征集制》的报告并形成决议,颁布《关于以实物税代替余粮和原料征集制》的法令。这是苏俄历史上具有重大意义的事件,它标志着苏俄开始了新时期的社会主义建设尝试:通过推行新经济政策向社会主义过渡。

列宁提出的新经济政策包含以下主要内容:

第一,以粮食税代替余粮征集制。取消作为国家收购粮食、原料和饲料办法的余粮征集制,实行税额低于余粮征集制税额的实物税;作为土地耕种者的农民,可以全权处理支配、自由周转自己在完成纳税义务以后剩余的全部粮食、原料和饲料,有权发展小私有经济。列宁认为,"这种发展在有千百万小生产存在的条件下是不可避免的",如果一个政党堵塞或者禁止这种发展,就是干蠢事,就是自杀,列宁同时认为,这种周转和交换的后果必然是小私有制经济的发展,而小私有经济的发展就是小资产阶级的发展,"也就是资本主义的发展,这是无可争议的真理"。②

第二,必须利用商品和货币关系。刚刚实施粮食税政策时,苏维埃政府所规定的农民对纳税后剩余产品可以自主支配的范围程度是有限的,基本是属于产品交换的范畴。也就是说,农民用纳税后剩下的余粮进行的商品交换,是不通过市场和贸易的方式,而是通过国家粮食机关和合作社进行工业品和农产品之间的直接交换。然而,这种商品交换经过七八个月的实践证明是失败的,表明这种排除货币和市场关系的商品交换是行不通的。列宁因此指出:"现在你们从实践中以及从我国所有的报刊上都可以清楚地看到,结果是商品交换失败了。所谓失败,是说它变成了商品买卖。如果我们不想把脑袋藏在翅膀下边,如果我们不想硬着头皮不看自己的失败,如果我们不怕正视危险,我们就必须认识到

---

① 《列宁全集》第42卷,人民出版社1987年版,第184页。
② 《列宁选集》第4卷,人民出版社1995年版,第503—504页。

这一点。我们应当认识到，现在我们还退得不够，必须再退，再后退，从国家资本主义转到由国家调节买卖和货币流通。"① 这里所说的"国家调节和货币流通"是指国家允许各种非社会主义经济成分在流通领域中进行自由贸易，允许私人的商业资本活动，国家只对这种贸易进行必要调节，以达到由国家监督的目的。可见，列宁认识到国家调节的商业是社会主义大生产和小生产经济相结合的有效的、必不可少的途径。从取消商品货币到利用商品货币的转变，表明列宁尊重经济发展规律和苏俄经济发展的现状。在一个社会主义国家里提出利用商品货币关系，这是列宁对马克思主义理论的一种创新，表现了他可贵的理论勇气和政治勇气。

第三，必须利用国家资本主义。早在十月革命前，列宁就提出了利用国家资本主义的思想。他在《大难临头，出路何在?》一文中就明确提出了国家垄断资本主义是社会主义入口的理论。十月革命以后，列宁在革命实践中发展了国家资本主义理论，想要在俄国通过国家资本主义这一中间站走向社会主义。但后来由于国内战争的爆发，这一思想没有得以实现。实施新经济政策后，列宁的国家资本主义理论更加明确。1921年4月，列宁在《论粮食税》一文中阐明了苏俄可能采用的国家资本主义的四种形式：租让制、租借制、合作制和代购代销。当时，在苏俄普遍采用的是租让制和合作制。租让制是苏维埃政权同国内外资本家缔结的一种合同。苏维埃政权之所以要发展租让制这种国家资本主义，其目的就是为了加强机器生产来反对手工业生产，发展大生产反对小生产，利用先进生产反对落后生产，加强由国家调节的经济关系来对抗小资产阶级无政府状态的经济关系，从而发展社会生产力，在最短的期间增加产品的数量。列宁认为，合作制可以把许多分散的小业主联合起来，在苏维埃制度下，它是国家资本主义的一个变种，会使小农经济发展起来，并且有利于吸引广大人民群众脱离旧的生产关系，在自愿的基础上过渡到大生产。列宁根据苏俄实际，探索了在经济文化落后国家确立社会主义制度后，充分利用资本主义的文明成果，为社会主义建设服务的问题，从而在理论上丰富和发展了马克思主义。

---

① 《列宁全集》第42卷，人民出版社1987年版，第228页。

四 新经济政策的理论扩展和曲折行进

1921年3月，新经济政策在苏俄提出后，逐步进入宣传和推广阶段。在这一过程中，1922年3月至1924年，在新经济政策的基础上，列宁对社会主义建设的探索继续深入，提出了一系列具体指导社会主义建设实践的理论成果。这些在新经济政策基础上扩展的成果和1921年列宁提出的新经济政策的具体内容一起，构成了广义上的"新经济政策"。列宁逝世后，新经济政策在苏联高端领导层的论争中曲折前行，直至1929年被废止。

1922年3月至1924年，列宁在新经济政策的基础上，对社会主义建设理论做出深化和扩展，主要包括以下内容：

第一，发展现代大工业，奠定社会主义的物质基础。列宁提出，苏维埃政权在稳固后必须坚决地、迅速地把工作重心转移到经济建设上来，大力发展生产力，为社会主义建设奠定物质基础。他认为，社会主义的唯一的物质基础就是同时也能改造农业的大机器工业。"没有高度发达的大工业，那就根本谈不上社会主义，而对于一个农业国家来说就更是如此。"[①] 因为现代化大工业不仅是实现国民经济技术改造的根本途径，而且也是推动小农经济进行社会主义改造的物质力量。因此，没有大工业就不能建成社会主义的思想是列宁社会主义建设理论的核心，是列宁思想区别于一切小资产阶级社会主义和一切农业社会主义的基础。列宁是彻底的唯物主义者，一贯强调只有创造出较多的劳动生产率才是新社会制度胜利的保证，社会主义只有创造出高于资本主义的劳动生产率，才能最终战胜资本主义制度，才能堵塞产生资本主义的各种渠道。列宁还认为，社会主义必须建立在更高的科学技术基础之上，建立强大的物质技术基础是实现社会主义的重要条件。没有现代科学技术装备起来的物质基础，社会主义是无从谈起的。仅靠先进的政治制度，建立在落后生产力水平上的社会主义不能战胜资本主义的进攻。资本主义依靠和运用现代科学技术，创造了大量财富。社会主义要取代和战胜资本主义，除了发展更新、更高的科学技术，发展先进的生产技术，别无

[①]《列宁全集》第41卷，人民出版社1986年版，第301—302页。

他途。列宁指出："实现社会主义的两方面的条件：一方面是经济、生产，社会经济条件，另一方面是政治条件。"① 这里所说的经济条件，是指建立强大的物质技术基础；所说的政治条件，是指建立无产阶级的国家政权和先进的政治制度。列宁认为，社会主义政权巩固以后，就要及时地进行社会主义经济建设，努力发展社会主义的物质生产和大力提高科学技术文化水平。否则，就不能完成社会主义的目标任务。基于此，列宁提出一个著名的公式，即共产主义就是苏维埃政权加全国电气化。这个公式说明，共产主义必须是先进的政治制度和先进的科学技术相结合的产物，表明列宁充分肯定先进的科学技术对社会主义建设以及实现共产主义所起的重要作用。

第二，通过合作社建成社会主义。新经济政策时期，苏俄广泛存在着小农经济。小农经济是一种小生产经济，本身是非社会主义经济成分，当时被视为"还不断产生资本主义"的自发经济。因此，如何吸引小农经济走上社会主义道路，在苏俄建成社会主义经济制度，使整个国民经济结构过渡到社会主义，是列宁思考的重要问题。新经济政策实施后，广大农民不愿意立即走上社会主义集体化道路。1923年初，列宁提出通过农民容易接受的合作社这种形式建成社会主义的思想。列宁认为，由于合作社可以实现"私人利益即私人买卖的利益与国家对这种利益的检查监督相结合的合适程度，私人利益服从共同利益的合适程度"②，因此，在政治上，合作社可解决巩固工农联盟、加强对农民领导的问题；在经济上，合作社可解决把小农经济和社会主义经济结合起来的问题；在组织形式方面，合作社可以解决过去许多社会主义者没有解决的如何把小生产的个人利益和社会集体利益结合起来的难题。基于此，列宁提出，合作社是组织千百万小生产者过渡到社会主义的最好形式，是在一个小农国家里引导小农走上社会主义建设的最佳途径。他在《论合作制》一文中指出："在生产资料公有制的条件下，在无产阶级对资产阶级取得了阶级胜利的条件下，文明的合作社工作者的制度就是社会主义制度。"③ 由于合作社占用的土地和使用的生产资料是属于工

---

① 《列宁全集》第34卷，人民出版社1985年版，第279—280页。
② 参见《列宁选集》第4卷，人民出版社1995年版，第768页。
③ 《列宁选集》第4卷，人民出版社1995年版，第771页。

人国家的，因此，这种集体企业就同社会主义企业没有区别了。正是在这个意义上，列宁强调，新经济政策下的合作社就是建成社会主义社会所必需而且足够的一切。列宁提倡创办多种形式的合作社，如供销合作社、消费合作社、生产合作社等，然后通过合作社过渡到社会主义。他在《论合作制》一文中指出："现在我们有理由说，对我们来说，合作社的发展也就等于社会主义的发展，与此同时，我们不得不承认我们对社会主义的整个看法根本改变了。"① 列宁"对社会主义的整个看法根本改变了"至少包括两层含义。一是指列宁对"合作制"的看法根本改变了。1917—1918年和1921年初，列宁曾多次著文谈论国家资本主义是社会主义的入口，国家资本主义是最接近社会主义的阶梯。列宁同时认为，在苏维埃制度下，合作社是国家资本主义的一个变种，它可以把许多分散的小业主联合起来，便于国家监督和订立合同。而在《论合作社》中，列宁强调文明的合作社制度就等于社会主义。可以说，列宁把国家资本主义和合作制看作是进入社会主义的两个入口，从而改变了他在十月革命前直至新经济政策初期社会主义只有一个入口的看法。二是指实现社会主义的道路和方法根本改变了。过去是指望运用政权的力量消灭剥削制度，消灭商品货币，用直接过渡的方法实现社会主义制度，而现在是把重心放在经济文化建设上，通过若干中间环节，以迂回的和平改造的方法实现社会主义。

第三，发展社会主义民主，反对官僚主义。社会主义必须有充分的民主，这是列宁的一贯思想。十月革命胜利以后，俄国劳动人民打碎了旧的军事管理机器，建立起苏维埃国家政权。苏维埃政权是一种新型的无产阶级政权，但是由于封建思想和资产阶级思想残余的影响，在苏维埃国家机关中，仍然存在着官僚主义、滥用职权、拖拖拉拉，甚至压制民主、贪污腐化等旧思想和旧风气，严重影响到社会主义事业的健康发展。对此，列宁强调，必须发展社会主义民主，改善国家机关。他警示说，如果不改善国家机关，那么很可能在社会主义的基础还没有建成之前就灭亡了。改善苏维埃国家机关的关键和基本要求是实行最广泛的社会主义民主，使每一个苏维埃公民能够名副其实地参加国家管理工作，

---

① 《列宁选集》第4卷，人民出版社1995年版，第773页。

只有这样，才能杜绝官僚主义等腐败的东西。列宁指出："只有当全体居民都参加管理工作时，才能把反官僚主义的斗争进行到底，直到取得完全的胜利。"① 列宁同时清醒地认识到，全体居民都参加管理工作是不可能一蹴而就的，发展社会主义民主需要有一个长期的过程。他特别强调指出，在一个农民的又是大伤了元气的国家中，同官僚主义做斗争需要很长的时间，要坚持不懈地进行这种斗争。

在列宁看来，苏维埃国家机关里之所以产生官僚主义的问题，原因在于一方面是散漫性的小生产和萎靡状态的上层建筑，另一方面是无所不包的计划管理体制。因此，列宁在《怎样改组工农检查院》《宁肯少些，但要好些》和《给代表大会的信》等文章中提出了许多改革国家机关、发展社会主义民主的措施。这些措施主要有：发动群众参加管理、监督、改造国家机关，反对官僚主义；从普通工人农民中选拔新的中央监察委员；改组和加强工农检查院，吸收最下层的工人党员参加中央委员会；使国家计划委员会的决定在一定条件下具有立法的性质；吸收优秀的专家参与决策；改革干部制度，要求国家干部必须接受上级机关的考试、检查和人民群众的监督；要求干部通过学习提高综合素质，提高运用科学知识和管理知识的水平。

第四，加强执政党的自身建设。十月革命后，俄国布尔什维克党成为处于执政地位的无产阶级政党。在新的条件下，布尔什维克党应该如何加强自身建设，更好地完成历史使命？对此，列宁提出如下党建思想：其一，坚持集体领导与政党领袖个人负责相结合的原则。坚持集体领导是无产阶级政党领导的最高原则，只有实行集体领导，坚持党的代表大会实行年会制，才能做到决策的民主化和科学化。同时应十分重视无产阶级政党领袖的作用。无产阶级政党如果不培养一批有经验、有极高威信的领袖，无产阶级专政、无产阶级的意志的统一就会成为一句空话。因此，贯彻集体领导原则必须同个人负责相结合，绝不能把集体领导的机关变成空谈的场所，"任何时候，在任何情况下，实行集体管理都必须极严格地——并规定每个人对明确划定的工作所负的个人责任。

---

① 《列宁选集》第3卷，人民出版社1995年版，第770页。

借口集体管理而无人负责,是最危险的祸害"①。其二,正确处理执政党同群众的关系。共产党应该是真正同群众有密切联系的党,并善于领导群众的党。列宁指出,对执政的共产党来说,"最可怕的危险之一,就是脱离群众"②。他严厉地批评了党内存在的官僚主义、特权思想、腐化堕落、违法乱纪、骄傲自满、不负责任等脱离群众的现象。其三,加强对各级党组织和党员干部进行严格的监督。在外国武装干涉和国内战争期间,列宁提出,有必要成立一个同中央委员会平行的监察委员会,监察委员会应"由受党的培养最多、最有经验、最大公无私并最能够严格执行党的监督的同志组成"③。监察委员会的任务是同侵入党内的官僚主义和升官发财思想,同党员滥用自己在党内和苏维埃中的职权的行为,同破坏党内团结、散布毫无根据的侮辱党的个别党员的谣言以及其他破坏党的统一和威信的现象做斗争。为进一步改善党的监督制度,1923年1月,列宁在《怎样改组工农检查院》中提出,将工农检查院和中央监察委员会结合起来。列宁认为,这种结合一方面可以提高工农检查院的威信,另一方面还可以使中央委员会更紧密地联系群众,使它的工作更有条理,而且,"中央委员会里纯粹个人因素和偶然情况的影响会减少,从而分裂的危险也会减少"④。

第五,利用优秀文化遗产服务于社会主义文化建设。十月革命胜利后,苏俄的无产阶级和劳动群众掌握了国家政权,这也为继承和发扬过去的优秀文化遗产创造了条件。列宁认为,社会主义文化不可能脱离过去时代的文化凭空创造出来,必须吸收和改造利用包括资本主义文化遗产在内的人类历史上一切有价值的优秀文化成果,利用它们为建设社会主义文化服务。列宁对当时国内存在的那种认为无产阶级应当抛弃一切以往的文化,创造出自己独特的无产阶级文化的错误观点进行了驳斥,认为对于资产阶级文化不能采取一概排斥的虚无主义态度,而是要研究、要创新,要批判地继承和吸收。为此,一方面,苏维埃俄国必须吸收外国的科学技术成果和先进的管理经验。列宁用一个公式予以说明:

---

① 《列宁全集》第37卷,人民出版社1986年版,第41—42页。
② 《列宁选集》第4卷,人民出版社1995年版,第626页。
③ 《列宁全集》第39卷,人民出版社1986年版,第288页。
④ 《列宁选集》第4卷,人民出版社1995年版,第782页。

"乐于吸收外国的好东西：苏维埃政权+普鲁士的铁路秩序+美国的技术和托拉斯组织+美国的国民教育，等等＝总和＝社会主义。"① 另一方面，必须吸收和团结国内知识分子参加社会主义建设，发挥知识分子和专家的作用。列宁明确指出："如果认为我们只用清白的共产党人的双手，不要资产阶级专家的帮助，就能建成共产主义，那是一种幼稚的想法。"②

第六，加强社会主义文化教育，大力进行文化建设。为了建设社会主义，必须大力发展文化教育事业，普遍提高劳动人民的科学文化水平，培养出各行各业有足够数量的高度熟练的专门人才。这对于原来经济文化十分落后的苏俄来说，是一项亟待解决的问题。列宁指出："在实际上，使被剥削的劳动者能够真正享受文化、文明和民主的福利。这正是苏维埃政权一项最重要的工作，而且今后应当坚定不移地把这项工作继续下去。"③ 为此，列宁从四个方面论述了文化建设的重要性。一是论述了文化建设同经济建设的辩证关系。他认为，经济建设是发展文化事业的物质基础，而文化建设是经济建设不可缺少的重要保证和条件，二者相互联系、相互促进。对于经济建设事业，文化建设不是可有可无的事情，而是不可缺少的事业。列宁因此指出："现在，只要实现了这个文化革命，我们的国家就能成为完全社会主义的国家了。"④ 二是论述了文化建设与政治变革的辩证关系以及文化建设在苏俄的进程。当时，苏维埃俄国的敌人和一些教条主义者，都认为在一个文化不够发达的国家里想要培植社会主义是狂妄的事情，是不可能成功的。列宁对此进行了有力的驳斥，论证了苏维埃俄国由于所处的特殊国际环境和革命的某些特殊性，政治变革和社会变革先于文化变革、文化革命的道理。他指出："既然建立社会主义需要一定的文化水平（虽然谁也说不出这个一定的'文化水平'究竟是什么样的，因为这在各个西欧国家都是不同的），我们为什么不能首先用革命手段取得达到这个一定水平

---

① 《列宁全集》第34卷，人民出版社1985年版，第520页。
② 《列宁全集》第36卷，人民出版社1985年版，第128—129页。
③ 《列宁选集》第3卷，人民出版社1995年版，第724页。
④ 《列宁选集》第4卷，人民出版社1995年版，第774页。

的前提，然后在工农政权和苏维埃制度的基础上追上别国人民呢？"①因为世界历史发展虽然是有规律性的，但这"不仅丝毫不排斥个别发展阶段在发展的形式或顺序上表现出特殊性，反而是以此为前提的"②。这表明，列宁对苏俄后于政治革命的文化革命的艰巨性和长期性的认识是明确的，并没有因为取得了政治革命的成功而忽视文化革命的重要性。三是论述了在落后的苏维埃俄国进行文化建设的重要性和紧迫性。为了改变苏维埃俄国文化落后的状况，必须坚决扫除文盲。文盲的大量存在是沙皇政府留给无产阶级的沉重负担，也是苏维埃俄国建设社会主义的严重障碍。列宁针对苏俄文盲半文盲占全国人口比例较高的现实指出："在一个文盲的国家内是不能建成共产主义社会的。"③ 四是论述了思想道德教育的重要性。列宁一向强调，要大力开展政治思想教育，提倡践行共产主义道德，不能因为实行新经济政策，经济上允许贸易自由和多种经济成分并存而放弃或放松这方面的要求。"应当使培养、教育和训练现代青年的全部事业，成为培养青年的共产主义道德的事业。"④在这里，列宁强调了在社会主义时期向广大党员干部进行共产主义道德教育的重要性，特别是强调向广大青年进行共产主义理想和道德教育的重要性，要求共青团员应当把自己培养成为共产主义者。这样，才能保证社会主义事业朝着共产主义迈进。⑤

上述列宁对社会主义建设的理论探索指导了当时苏俄的社会主义建设，巩固了世界上第一个社会主义制度的国家。列宁这些珍贵的理论思考是对社会主义建设的积极探索，也是对马克思主义理论的极其宝贵的丰富和发展。

列宁逝世后，基于对社会主义建设的不同理解，在很长一段时期内，苏俄领导高层内出现不同派别，围绕是否坚持新经济政策、如何对待农民问题、如何处理农业和工业的关系展开多次论战，未能形成统一

---

① 《列宁选集》第4卷，人民出版社1995年版，第777页。
② 同上书，第776页。
③ 《列宁全集》第39卷，人民出版社1986年版，第309页。
④ 同上书，第302—303页。
⑤ 参见徐艳玲主编《科学社会主义理论与实践》，山东大学出版社2006年版，第76—88页。

的意志。这种状况直至1929年斯大林的社会主义建设思想成为苏联国家建设中的权威统治思想后才消失。在1924—1927年、1928—1929年的关于苏联社会主义建设取向的多次论争中，比较重大的包括：斯大林、布哈林同托洛茨基主义的论争，斯大林、布哈林同新反对派的论争，斯大林和布哈林的论争。在这些论争过程中，布哈林坚决地捍卫新经济政策的基本原则和列宁在逝世前提出的社会主义建设思想，认为这些基本原则和思想观点是从苏联是落后的农民国家这一国情出发的，是应该落实的"一种社会主义建设模式"①。也正是在论战过程中，布哈林深刻阐述并丰富发展了新经济政策，逐渐形成了具有"布哈林特色"的社会主义建设思想。

1929年新经济政策被取消。

---

① 郑异凡：《布哈林论》，中央编译出版社2006年版，序言第2页。

第二章　布哈林社会主义建设思想的形成和发展历程

一个不断思索的有文化教养的人不可能站在政治之外。

布哈林

1917年，俄国无产阶级在十月革命中取得伟大胜利，建立了世界上第一个社会主义国家，从此走上了社会主义道路。这是20世纪世界历史上最重大的事件之一，它开启了巩固无产阶级专政和建设社会主义的伟大乐章。但是，取得政权后如何建设社会主义，对于以列宁为首的苏俄布尔什维克党来说，除了1871年巴黎公社的局部经验可以借鉴参考，苏俄的社会主义建设找不到完整的先例可循，苏俄从此步入了社会主义建设的探索阶段，在任务复杂、难题成堆的征途上奋勇前行。在苏俄历史这一段充满荆棘的征程上，布哈林是一位不应忽视的探索社会主义建设理论的重要思想家。

本书所研究的布哈林的社会主义建设思想，是指布哈林从1917年十月革命胜利到1938年3月离世这一期间有关社会主义建设的思想言论。笔者以1921年3月新经济政策的实施为界，把布哈林的社会主义建设思想分为前后两个阶段：激进的战时共产主义思想阶段、坚持和发展新经济政策阶段。在这两个阶段里，布哈林发表了多篇文章著作，对什么是"社会主义"和怎样进行"社会主义建设"有过详细论述。在这些论述中，既有对社会主义的正确理解和对社会主义建设有益的可行之策，也有对社会主义的不清醒认识和盲目乐观、激进追求社会主义建设速胜的急躁、片面或错误的观点。这些论述组成的理论轨迹反映出布哈林对社会主义的认识逐渐从书本回归现实的过程，也反映出他对社会主义建设由军事激进手段转向和平组织方式的思想历程。

本书从整体的视角出发，对布哈林在前后两个阶段，在政治、经济、文化三个层面，就如何认识和建设社会主义所阐述的理论观点进行研究。由于战时共产主义时期较短，布哈林在其间提出的社会主义建设思想较少，故本书对布哈林激进的战时共产主义思想进行简要处理。本书的行文重点是深入研究布哈林在1921年后坚持和发展新经济政策阶段时提出的社会主义建设思想，特别是对布哈林在此期间提出的"一些以前没有人说过的新看法"进行仔细解读、客观评析。①

§第一节 激进的战时共产主义思想阶段

> 从大的历史范围的角度来看，无产阶级的各种形式的强制，从枪毙到劳动义务制，不管听起来多么离奇，都是一种把资本主义时代的人改造成为共产主义的人的方法。
>
> 布哈林

从1917年十月革命胜利到1921年新经济政策实施前的这一时期，属于布哈林的激进战时共产主义思想阶段。布哈林的激进战时共产主义思想源于他早期的生活及革命经历。

从一名懵懂无知的孩童成长为一名坚定的共产主义者，布哈林的思想发展历程几经变化。19世纪末期，在俄国杰出的革命民主主义者、唯物主义哲学家、文艺批评家皮萨列夫·德米特涅等进步思想家的影响下，年幼的布哈林开始接受民主和革命思想。特别是在那些抨击俄国黑暗的农奴制和揭露资本主义制度弊病、宣传民主主义、主张改革社会的著作的引导下，布哈林逐渐倾向革命，摆脱小资产阶级流派的影响。后来，布哈林被"社会民主党人的马克思主义理论具有的异乎寻常的逻辑严整性"所吸引，归属到马克思主义阵营。布哈林坚决地认为："一个不断思索的有文化教养的人不可能站在政治之外"，他满怀激情地积

---

① 《布哈林文选》上册，人民出版社1981年版，第163页。

极参与当时的政治运动。还在中学毕业之前,布哈林已经是莫斯科市布尔什维克的学生团体的组织者了。他还勇敢地投入反对沙皇制度的革命群众运动之中,同工人一起进行街垒战斗,散发革命传单,向群众宣传马克思主义理论。

1905年革命使布哈林把他所接受的革命理论同群众的革命运动开始结合在一起,从而确立了共产主义的世界观,开始为实现共产主义信念而身体力行。1906年,不满18岁的布哈林正式加入俄国社会民主工党,成为一名优秀的无产阶级职业革命家,开始从事党的地下工作,包括在莫斯科市和郊区进行秘密的组织和宣传工作,尤其是从事学生运动。1905年斯托雷平反动统治时期,俄国社会民主工党内部出现"取消派"和"召回派"两种错误倾向,列宁对它们进行坚决斗争。布哈林站在列宁一边,同两种错误倾向进行斗争。1911年,布哈林在被捕押送入狱的路上,机智地逃脱警吏并历尽周折逃至国外。在流亡国外的7年时间里,布哈林不顾反动派的迫害和艰苦的生活条件,除了积极参加各国工人运动以外,还经常去图书馆,抓紧时间,认真学习,刻苦钻研马克思主义理论,尤其是悉心研究经济学。尤为可贵的是,布哈林在此期间做了大量的理论宣传工作。他以举办报纸杂志为活动阵地,宣传马克思主义理论,反对帝国主义的政策,同各国社会民主党内的错误思潮进行斗争。在维也纳期间,他协助列宁出版《真理报》、《启蒙》杂志,并在这些刊物上经常发表批判资产阶级经济学派、宣传马克思主义理论的文章。

布哈林的上述思想发展历程和革命生活经历奠定了他激进战时共产主义思想的基础。在激进的战时共产主义思想阶段,布哈林对什么是"共产主义(社会主义)"和怎样进行"共产主义(社会主义建设)"的言论主要体现在《共产主义ABC》和《过渡时期经济学》这两本著作中。其中虽不乏布哈林对"社会主义"的某些清醒理解和对"社会主义建设"的某些闪光思想,但整体上明显带有希望加速前进、快速跃进到共产主义社会的急躁情绪,还有一些是我们今天应当摒弃的片面、偏激和错误的观点。

一　在巨大困难中建设共产主义

激进的战时共产主义思想阶段，布哈林对苏俄国情的认识在一定程度上是相对清醒的。他认为，苏俄工人阶级在1917年夺取政权以后接收的是一份"破烂不堪的遗产"，经济、文化等基础条件极为落后和薄弱。布哈林把苏俄的落后国情同苏俄的社会主义建设联系起来进行探索，认为苏俄落后的经济和文化状况，将加剧苏俄社会主义建设的艰难，苏俄的社会主义建设必须在巨大的困难中进行。

这一时期，布哈林对社会主义革命和社会主义建设之间的关联做出了比较符合实际的分析。他清醒地指出：落后国家易于开始革命，但是要完成这个革命却难得多。当初诸多促成俄国无产阶级革命胜利的因素，在无产阶级胜利之后就辩证地转变成产生巨大困难的根源了，特别是社会中大量存在的小私有者的分散零碎的劳动，将成为组织有计划的社会化劳动的强大阻力。对此，布哈林在《共产主义ABC》中做了具体阐述。俄国革命比在其他国家开始得早，是由于俄国资产阶级和地主同其他帝国主义国家一起在1914年挑起世界战争，加之它们本身的虚弱涣散，以致早早地瓦解崩溃。正是在这种条件下，俄国无产阶级能比较容易地战胜自己的敌人，第一个取得革命胜利，建立无产阶级专政。但是，这绝不是说，"资本主义越不发达就越革命，国家就越接近共产主义。"① 这里，必须分清两个问题："一个是革命的开始，另一个是它的性质、它的'完备性'。革命在我国开始得早，是由于我国资本主义的发展薄弱。但是正由于这种薄弱，由于我国是落后的国家，无产阶级占少数，有很多的小商贩等等，我们组织公有的共产主义经济就很困难。"相反地，例如在英国，革命来得晚，但无产阶级一旦取得胜利，组织共产主义就会快一些，因为那里无产阶级占绝大多数，生产无比集中。英国的革命要比俄国的"更高一些，更完备一些"②。在《过渡时期经济学》里，布哈林重申了这一思想，认为国家的经济落后状态，大量存在的同真正社会化劳动相对立的分散零碎的小私有者的劳动，都

---

① [苏]尼·布哈林、叶·普列奥布拉任斯基：《共产主义ABC》，生活·读书·新知三联书店1982年版，第126页。
② 同上。

是组织有计划的社会经济体系的巨大障碍。此外，布哈林认为，农民是建设共产主义生产关系时最大的阻力，这种观点显然是错误的。在新经济政策实施后，布哈林改正了这一错误思想，提出农业是全部经济的基础，社会主义建设离不开农民，强调了工农联盟在社会主义建设中的重要意义，要求无产阶级必须吸引和领导农民参加社会主义建设。

二 运用"国家强制"建设共产主义

（一）国家强制：建设共产主义社会的方法

战时共产主义时期，由于受到战争的深刻影响和认识的局限性，布哈林强调运用"国家强制的方法"建设共产主义。他迷信强制的作用，把苏维埃俄国为保卫自身生存而同国内外反革命势力斗争所采取的极端措施、在特殊时期为解决当时紧迫任务而采取的非常措施看作是具有普遍意义的、规律性的现象，提出"国家强制是建设共产主义社会的方法"[①]，认为"从更广的角度来讲，即从大的历史范围的角度来看，无产阶级的各种形式的强制，从枪毙到劳动义务制，不管听起来多么离奇，都是一种把资本主义时代的人改造成为共产主义的人的方法"[②]。

布哈林通过对过去的资产阶级、非富农的农民群众和无产阶级的分析，做出了如下对"强制"的认识："总之，对过去的资产阶级集团来说，无产阶级专政实行的强制是对异己阶级所实行的强制，这个阶级同它所强制的对象进行着阶级斗争；对非富农的农民群众来说，无产阶级所实行的强制，就农民是私有者和投机者而言，是一种阶级斗争，就农民不是剥削者，而是劳动者和资本主义的反对者而言，它则是从劳动上组织农民，团结、教育农民和吸引农民参加共产主义建设的手段；最后，对无产阶级本身来说，强制是工人阶级自己规定的组织方法，即加快强迫自我组织的方法。"[③]

（二）强制的对象

布哈林认为，强制不仅适用于过去的统治阶级，在过渡时期也适用于"劳动人民本身，适用于统治阶级本身"。他把强制的对象分为两

---

① ［苏］尼·布哈林：《过渡时期经济学》，人民出版社1976年版，第93页。
② 同上书，第127—128页。
③ 同上书，第127页。

种：对非无产阶级及其阶层的强制和对无产阶级自身以及接近它的社会集团的强制。

被列入强制范围的非无产阶级及其阶层包括：寄生阶层、商业资本家、投机商、交易所经纪人、银行家；行政贵族；企业主；熟练的官僚（包括文职的、武职的和教会的）；军官；富裕的大农；城市中的中产阶级及部分小资产阶级；僧侣。由于对新政权不理解，十月革命后，某些知识分子消极怠工。布哈林因此把"技术知识分子和一般知识分子（工程师、技术员、农艺师、动物学家、医生、教授、律师、记者、教师等等）"也列入反对无产阶级政权的敌对力量，这种观点体现了当时急于求成、指望一步到位把"资本主义时代的人改造成为共产主义的人"的"左"倾激进色彩。尽管他随后提出要吸收"这些对新制度也有用的人员"，对这些阶层"不断进行再教育"。①

被列入强制范围的无产阶级以及接近它的社会集团包括：工人和农民。布哈林认为，在过渡时期工人阶级的主动精神是同强制同时并存的，这种强制是作为自为阶级的工人阶级为自己的各部分规定的。无产阶级并不具有完全的单一性，其内部存在不同的阶层，如工业无产阶级的核心，工人贵族，季节工人，拥有私人财产的工人，有时经营农业的工人，战时来自市民、手工业者、商人等等的工人，由资本主义国家根据社会政治特征选拔出来的工人，农业工人，纯雇工和半雇农，等等。这些社会集团中有"完全被资本主义腐蚀了的集团，甚至工人阶级中比较广泛的阶层也都带有商品资本主义的印记。这是实际存在的事实"。因此，对工人阶级强制性的纪律是完全不可避免的，甚至无产阶级的先锋队——共产党内部也应为自己规定强制性的纪律，尽管由于这种纪律同内在的动机是一致的而感觉不到这种纪律的存在。

关于对农民的强制，布哈林认为，农民不是一个整体，应加以区分。对待反对无产阶级专政的富农，必须予以坚决的反击。中农以及部分贫农是"不断动摇的"，对地主资本家剥削的仇恨把他们推向共产主义，而私有者（在饥荒时期还有投机者）的感情又把他们推向反动派的怀抱。其表现就是"反抗国家的粮食垄断，追求自由贸易（这就是

---

① [苏]尼·布哈林：《过渡时期经济学》，人民出版社1976年版，第122页。

投机活动）和追求投机活动（这就是自由贸易），反抗劳动义务制和整个地反抗国家制止经济上的无政府状态的任何形式"。因此，对他们的落后性实行强制也是无条件的和绝对必要的。到1920年为止，苏俄从禁止自由买卖到强迫农民加入公社等命令，依靠的都是强制性的行政命令手段。

值得一提的是，布哈林并没有把强制永恒化，他认为随着社会主义的发展，不再需要极端的军事管理形式，强制将随之逐步消除。无产阶级专政"作为组织成为国家政权的阶级的制度，它在为一切国家的死亡做准备工作"，因为在没有阶级、没有国家的共产主义社会中，"任何形式的强制都一去不复返地消失了"。①

三 经济建设思想

战时共产主义时期，布哈林的经济建设思想主要包括以下几个方面。

（一）重视发展生产力

从外部自然界汲取物质能量是人类社会存在和发展的必不可少的条件，人类社会从自然界汲取并吸收的能量愈多，就愈能适应自然界；只有在这方面数量有所增长，社会才能发展。因此，社会的发展取决于生产力的发展水平，取决于社会的劳动生产率，即生产的产品数量和耗费的劳动数量之间的比例。生产力是社会发展的动力，是最终决定社会发展的因素，社会主义建设应重视发展生产力。布哈林多次提出："工人阶级掌握政权以后，基本的任务是发展生产力，主要任务是建立新秩序，增加生产，提高工作效率"②；"全力发展生产力应该成为我们全部政策的基础"③；"基本路线当然是组织生产和发展生产力"④；"应该从一个观点出发，围绕着一个目标行动，这就是要提高整个国家的生产力"⑤。

---

① [苏]尼·布哈林：《过渡时期经济学》，人民出版社1976年版，第128页。
② 参见[苏]尼·布哈林、叶·普列奥布拉任斯基《共产主义ABC》，东方出版社1988年版，第270页。
③ 同上。
④ 同上书，第272页。
⑤ 同上书，第271页。

布哈林强调技术装备在社会生产中的重要作用，提出社会和自然界相互关系的精确的物质标志，是该社会的劳动工具的系统，即技术装备。在这种技术装备中反映出社会的物质生产力和社会劳动生产率。包含了科学技术的社会技术装备，指的不是某一件工具，也不是一堆各种各样的工具，而是这些工具的系统、整个社会中的工具的总和，应通过改进技术装备提高生产力和劳动生产率。

(二) 实行总的国家计划

这一时期，布哈林从本本出发，忽视当时落后的国情，在1918年春夏间，提出采取立即改变生产关系的办法，通过实行总的国家计划实行彻底的社会化，向共产主义过渡。即"根据一个总的国家计划把所有的经济活动统一起来，把全国的生产力保持在一个水平上；制订出总的国家计划把工业统一起来，并在全国实行这个计划"①，实施路径是彻底消灭生产关系中的资本主义和封建主义的残余；争取农业中的共产主义经济、"和各苏维埃共和国结成紧密的经济联盟，实行统一的经济计划。实现经济上的无产阶级国际范围的生产集中"②。由于把"社会主义"和"计划经济"相等同，布哈林主张把大大小小的工厂统统收归国有，取消商品货币和市场关系，以便"立即实行计划经济"。

(三) 关于商业和货币

在《共产主义ABC》中，布哈林把未来的社会分成社会主义和共产主义两个阶段，提出"社会主义是建设中的共产主义，是未建成的共产主义"③，把社会主义视为由资本主义向共产主义的过渡时期。

布哈林认为，社会主义社会仍将部分存在商品经济，原因是农民仍是商品的制造者，还存在私人商业，存在货币。但是随着社会主义建设成就的扩大，货币一定会逐步停止使用。关于货币问题，《共产主义ABC》中指出，由于社会主义国营企业无须货币买卖，可用非现金结算；在农民中间商品交换将提到首位；货币贬值等于其自行消亡；将采

---

① [苏] 尼·布哈林、叶·普列奥布拉任斯基：《共产主义ABC》，东方出版社1988年版，第273—274页。
② 同上书，第281—282页。
③ [苏] 尼·布哈林、叶·普列奥布拉任斯基：《共产主义ABC》，生活·读书·新知三联书店1982年版，第346页。

用预算手册和用产品来偿付工作者的劳动,所以,在过渡时期货币将逐步停止使用。作者设想取消货币流通的先后次序为:国有化企业内部产品交换领域;国家同社会主义国家的工作者之间的结算;国家与小生产进行交易时取消货币,而代之以商品交换;小经济内部商品交换中取消货币;货币与小经济一起同归于尽。① 由于在社会主义制度下,不存在雇佣劳动,因而作为劳动力价格的工资也不存在,工资只留下它的外壳——货币的形式,而这种形式也将同货币体系一起自行消失:"在无产阶级专政体系下,'工人'领得的是社会劳动份额,而不是工资";"工资变成没有内容的虚假的值"。② 这些经济观点是布哈林把马克思、恩格斯关于共产主义的理论设想作为具体参照得出的推论,具有明显的局限性。

(四)建设共产主义社会的力量

在经济方针上,布哈林坚持激进的观点,认为决不能对资产阶级让步,更不允许同资产阶级勾结,而只能靠无产阶级本身的力量去完成社会主义建设。因此,他主张在苏俄实行彻底的社会化,把大大小小的工厂全部收归为国家所有,彻底消灭生产关系中的资本主义和封建主义残余,彻底打倒资产阶级,彻底粉碎资产阶级的怠工。这些主张归结起来就是用立即改变生产关系的办法向共产主义过渡。不久,布哈林开始认识到自己的错误,他在自传中写道:"在我的政治生涯的最主要阶段中,我认为有必要指出布列斯特时期,那时我领导了'左派共产主义者'集团,犯了极大的错误。"③ 1918年7月,在苏维埃第五次代表大会共产党党团会议上,奥新斯基曾代表左派共产主义者发表声明,承认错误,宣布解散左派共产主义者集团。布哈林本人也多次公开承认错误。

(五)经济建设的方式和方法

战时共产主义时期,布哈林在强调运用超经济强制的方法加速经济发展的同时,提出经济管理的方法和形式必须因时而变。

一方面,布哈林强调运用超经济强制的方法加速经济发展:其一,

---

① [苏]尼·布哈林、普列奥布拉任斯基:《共产主义ABC》,生活·读书·新知三联书店1982年版,第346—347页。
② [苏]尼·布哈林:《过渡时期经济学》,人民出版社1976年版,第116页。
③ 参见郑异凡《布哈林论》,中央编译出版社2006年版,第6页。

把强制与经济发展联系起来，运用超经济强制的方法，即运用强制性的行政命令手段，加速经济发展，这是布哈林在《过渡时期经济学》中提出的观点。其二，实行"一长管理制"，通过保持工作的"军事"速度加速经济发展。在资本的统治下，生产是为剩余价值而进行的，而社会主义生产则是为了满足社会的需要。布哈林因此提出，在无产阶级任务的重心转移到经济建设领域之后，重要的是要寻找能保证有最高办事效率的管理形式，实行"一长管理制"这一"无产阶级管理工业的紧凑的、压缩的形式，适合于快速工作、即工作的'军事'速度条件的形式"。① 而作为经济管理的领导人，必须具有技术和行政工龄、专业知识、坚强果断等条件。

另一方面，布哈林强调经济管理的方法和形式必须因时而变：其一，一个阶级的统治不会只有一种管理形式，经济管理的方法和形式不是一成不变的，必须根据不同的条件采用不同的方法和形式。"任何一个社会阶级都可能处于不同条件之下，管理的方法和形式必须适应这种条件。"在一定的所有制关系和国家政权的一定阶级性质业已确定的情况下，"管理的方法和形式是由技术合理性的标准所决定的"。② 在工业管理领域，技术合理性的需要决定经济管理的形式。布哈林把经济管理的方法和形式同国家政权的性质区分开来，这样的观点在今天仍具有重要的现实意义：可以在社会主义建设中探索试行不同社会制度里的管理形式和方法，借鉴吸收国外先进的经济管理方法和形式，使经济管理更好地服务于提升经济效益，更好地满足广大人民群众的需要。

其二，"委员制"和"一长制"都是无产阶级国家管理经济的形式。"一长制"是无产阶级管理工业的紧凑的、压缩的形式，适合于快速工作的军事速度条件，是能保证有最高办事效率的管理形式。"一长制"没有改变生产关系，领导工厂的管理人员由无产阶级专政的经济机关挑选和任命，同时也由工人组织提出和推荐，具有毫无疑义的优越性，"但也有由强制纪律所造成的某些巨大的缺点"。随着社会经济的发展，"一长制"这种"对人的管理"形式将消失，它将和"委员制"

---

① ［苏］尼·布哈林：《过渡时期经济学》，人民出版社 1976 年版，第 102 页。
② 同上书，第 97 页。

一起被发达的管理体系取代,最终在共产主义社会,被"对物的管理"的最高形式所取代。

布哈林还认为,全部苏维埃体系的最重要任务之一是吸收最广大的群众直接参加管理。而要做到这一点,就要注意"管理方法"和"管理的培训方法"之间的关系。在社会主义经济建设初期,由于工人阶级本身的文化水平不高,必须边管理边学习管理,管理的培训和管理本身融为一体,管理的培训不得不以不断发生管理的错误为代价。但在社会主义经济建设的以后阶段中,越来越多的群众能有更多机会去接触和学习工业行政管理。随着社会主义经济建设的发展,将会聚集越来越多的能够管理和善于管理的人才,而极端的军事管理形式也就不再存在了。

(六) 保持经济的动态平衡

布哈林强调,应以动态平衡规律分析社会经济。他把动态平衡规律看作是经济学的基本问题,提出:"找到这种平衡的规律,也就是理论经济学的基本问题。"①

布哈林论述的动态平衡理论,主要内容包括:平衡是社会生产关系体系的常态现象,任何社会生产关系体系,只要存在,就必然包含着平衡结构,尽管现实过程中可能出现各种体系的摇摆和不稳定的现象,但从整个体系的进化和发展看,平衡是一种常态;既然平衡是常态现象,就应当研究为什么能出现平衡,平衡是怎样被破坏,它又是如何恢复的,从而寻找出平衡的规律,就是理论经济学的基本问题。由于这时的布哈林认为过渡时期并不是"一个极长的过程",而只是一个短期内处于不正常状态的、走向新的平衡之前的不平衡过程,所以他错误地指出:"把适用于平衡状态的范畴、概念和规律移用于过渡时期,是根本不正确的。"②

布哈林提出的运用动态平衡的方法分析经济,为他以后主张建立起平衡增长的经济发展模式奠定了方法论基础,也为今天的经济不发达国家确立经济发展的战略和调整不同经济成分之间的关系提供了有益的启

---

① [苏]尼·布哈林:《过渡时期经济学》,人民出版社1976年版,第109页。
② 同上书,第114页。

示。由于布哈林的这一理论在新经济政策实施后才得以付诸实践，本书将在第四章对其进行详细论述。

（七）对世界经济的认识

在1918年出版的《世界经济和帝国主义》一书中，布哈林对世界经济理论做出精辟的论述。这些理论在国内战争时期未有机会运用于实践，但在新经济政策实施后，布哈林依此强调应正确认识客观存在的世界经济，提出发展对外贸易以建设苏俄社会主义。今天，这些论述中的很多观点仍闪烁着理性的光彩，值得我们关注。

布哈林指出，经济生活的国际化是世界经济发展的主要趋向。"世界经济是全世界范围的生产关系和与之相适应的交换关系的体系"[1]，它是一般社会经济的种类之一。但世界经济与社会经济都是一个没有组织的、不存在有意识的集体管理的经济体系，在这个体系内发生作用的经济规律是市场的基本规律和从属于市场生产的基本规律。每个"国民经济有机体"都囊括在世界经济体系之中。由于各"国民经济有机体"生存的自然环境不同、各国文化程度不同、经济结构不同和生产力发展的水平不同，各国民经济之间存在着国际分工。国际分工的表现是国际交换，国际交换是必需的、经常的过程，已成为社会继续发展的一个必要条件，已成为受一定规律支配的社会经济生活的一种过程，而且是一种经常性的过程。

在商品交换领域里已经形成了商品的世界市场，同样地，在货币资本领域里也已经形成了货币资本的世界市场。布哈林把国际分工与国际交换看作世界市场和世界价格存在的前提，认为国际交换的基础并不完全在于以生产不同的使用价值为前提的国际分工，而且还在于生产成本的差异。因此，"商品交换过程已经把各国多么紧密地联结在一起了"。布哈林指出：金融资本是最富有渗透性而无孔不入的资本形态。这种形态的资本，像自然界害怕真空一样，它不管什么地方，不管是"热带""亚热带"或"南北极"地方，只要有充分的利润流出，它就涌去填补一切"真空"。金融因素也显示了一个趋向——促进以世界市场条件取代单个国家市场条件的趋向。世界金融资本主义和银行在国际上有组织

---

[1] [苏]尼·布哈林：《世界经济和帝国主义》，中国社会科学出版社1983年版，第8页。

地进行统治,是经济现实中不容否认的一个事实。① 在货币资本领域里已经形成的货币资本的世界市场,其表现就是利息和贴现率在国际上的均等化。

布哈林还从生产力与生产关系的相互关系方面,考察了世界经济发展变化的过程。他认为,世界经济是在广度和深度上同时并进的,而带来这一发展的原因就是世界资本主义生产力的空前提高,其直接表现就是技术的进步和世界资本主义经济结构的变化。"这样,我们就看到,以生产力发展为基础的世界经济的发展,不仅使各国的生产关系进一步紧密结合起来,不仅扩大并加深着整个资本主义相互关系,而且产生新的经济组织——资本主义发展历史中从未有过的新的经济组织。"② 世界经济的发展不仅产生了资本的国际化过程,同时也导致了经济均等化,产生了资本的民族化过程。金融资本渗透进世界经济的每个孔隙,同时造成了一个强有力的趋势——使国民经济有机体与外界隔绝,以经济上自给自足作为加强各自资本家集团垄断地位的手段。于是,与经济的国际化与资本的国际化同时发展的,还有一个资本的"民族的"缠结过程,即资本"民族化"的过程。布哈林预测了世界经济的未来:"至于世界经济的未来,只要它还是资本主义经济,就不会克服它内在的不适应性。相反,它将在愈来愈大规模的基础上继续再生产这种不适应性。这些矛盾将在社会有机体的另一种生产结构中,通过社会主义有计划地组织经济活动,得到真正的解决。"③

四 政治建设思想

(一) 世界资本主义必然崩溃、共产主义必然胜利

布哈林在《世界经济和帝国主义》《过渡时期经济学》等论著中论证了世界资本主义崩溃和共产主义胜利的必然性。

在考察了世界经济中有关帝国主义的基本事实后,布哈林把帝国主义看成"一个整体,看成极其发达的资本主义的一定的发展阶段"④。

---

① [苏] 尼·布哈林:《世界经济和帝国主义》,中国社会科学出版社 1983 年版,第 3 页。
② 同上书,第 32 页。
③ 同上书,第 113 页。
④ 同上书,第 Ⅱ 页。

他认为帝国主义是一个历史范畴，帝国主义的产生是历史限定的现象，是历史发展的必然。由于帝国主义时代是金融资本统治的一个特定时代，是工业资本主义时期的历史继续，工业资本主义时期的那些矛盾不仅没有消失，反而更加尖锐了。在帝国主义时代，社会经济表现为通过交换才相互联系的经济体系。在这个体系中生产是无政府状态的，各个企业按照自己的意愿从事生产和经营，从而带来相互间的斗争和竞争。随着竞争者力量的增强，竞争愈演愈烈，最终就形成了垄断。垄断资本的形成，大托拉斯的出现，使竞争发展到最高阶段，在工业和银行业中形成了垄断同盟。工业资本垄断与银行业垄断同盟的联合统一了国民经济，又形成了国家资本主义托拉斯之间在世界范围的竞争。

布哈林认为，世界大战就是国家资本主义托拉斯间的一种竞争手段，世界大战必将引起无产阶级革命斗争，最终加速资本主义的崩溃和社会主义的胜利。他指出："金融资本主义是工业资本主义时期的历史继续，就象工业资本主义是商业资本主义阶段的继续一样。正因为如此，所以资本主义发展进程中不断扩大再生产的那些资本主义的基本矛盾，现在发展到了极其尖锐的程度。"[①] 世界金融资本体系必然会引起帝国主义战争者之间的武装斗争，帝国主义是战争的根源。帝国主义战争造成了生产力的破坏和世界资本主义体系内的资本集中，从而使阶级之间的矛盾大大尖锐化。当这两个因素达到某种结合时，就会使资本主义出现崩溃。他指出："修正主义在理论上的特点，是尽力指出资本主义适应环境变化而出现的一切因素，却无视资本主义的矛盾。而在一个坚定不渝的马克思主义者看来，资本主义的全部发展过程，不过是资本主义的各种矛盾在愈来愈扩大的基础上继续不断的再生产过程罢了。"[②]

（二）共产主义建设的一般前提

布哈林认为，共产主义建设需要具备一般前提，他提出了三个主要的一般前提。

前提一：建立无产阶级专政是共产主义建设的首要前提。只有实行无产阶级专政，才能瓦解和破坏资本主义生产关系，才能使无产阶级掌

---

① [苏] 尼·布哈林：《世界经济和帝国主义》，中国社会科学出版社1983年版，第89页。
② 同上书，第113页。

握经济上的战略枢纽。关于无产阶级专政的必要性及其发展趋势，布哈林指出："这种专政之所以需要，是为了剥夺资产阶级的自由，捆住它的手脚，使它不能进行反对革命无产阶级的斗争。资产阶级的反抗越强烈，它越疯狂地施展自己的力量，它越危险，那么，无产阶级专政就应当越严厉和无情，甚至必要时采取恐怖手段也在所不辞。只有彻底镇压了剥削者，当他们不再反抗的时候，只有当他们不再有任何可能来祸害工人阶级的时候，无产阶级专政才会日益缓和下来，那时从前的资产阶级将渐渐地同无产阶级溶合起来，工人国家逐渐消亡；而整个社会就将变为没有任何阶级的共产主义社会。"①

布哈林在1918年4月27日第2期的《共产主义者》（第12—13页）上发表题为"无政府主义和科学共产主义"的文章，其中一个明确的目标就是反驳认为无产阶级一夺得政权，国家就过时的观点。相反，他认为无产阶级应当执掌国家政权，直到"按照自己的面貌"完成对社会的改造为止。"在此之后，并且只有在此之后，无产阶级才能解散国家组织，国家才会消亡。"同年稍后，布哈林在同左派共产主义者决裂之后，又强调了无产阶级专政存在的必要性，着重指出，"在整个历史时代"都需要无产阶级国家。②

布哈林认为，资本主义的最高阶段——金融资本主义是全球性的，资本主义的矛盾和革命的社会力量也同样是全球性的。"由于资本主义的崩溃和共产主义革命的发展过程是一个完整的历史阶段，是包括一系列无情的阶级战争（更不必说国内战争了）的整个时代，所以很清楚，国家在这种情况下是不能消亡的。"③ 直到每一个资本主义国家都被无产阶级接管，全球处在世界无产阶级的全球性专政之下。

在1920年出版的《过渡时期经济学》中，布哈林第一次提出过渡时期的进化的道路。他把过渡时期看作是有机体的生长过程，指出："无产阶级专政通过进化的道路'成熟'成共产主义，同社会的国家组

---

① 参见[苏]尼·布哈林、普列奥布拉任斯基《共产主义ABC》，生活·读书·新知三联书店1982年版，第70—71页。
② 参见郑异凡《布哈林论》，中央编译出版社2006年版，第65页。
③ [苏]尼·布哈林：《过渡时期经济学》，人民出版社1976年版，第137页。

织一起消亡。"① 只有在世界范围内建立无产阶级专政之后,临时的过渡国家才会消亡。苏联过渡国家存在的必要性并不随着本国资本主义的最后投降而消失,因为在一国和国际范围内仍然需要有国家政权,以调节新社会,平息社会冲突,为建立全球性的共产主义铺平道路。社会主义要积极借助于国家的有组织的强制力量才能建成。一旦这些任务得到成功解决,"无产阶级国家制度的增长曲线就开始急剧下降"。首先消失的是权威和强制的规定,"外部的强制规定开始消亡:首先消亡的是陆军和海军,这是最尖锐的对外强制工具;其次是惩罚和镇压机关、系统;然后是劳动的强制性质,等等"。② 只有在共产主义得到充分发展的时候,国家政权的最后遗迹才会消失;在此之前仍要保存过渡国家,保留其强制的和调节的权力。

针对当时正在进行的保卫苏维埃政权的战争,布哈林论述了战争和生产力发展的关系,论证了苏维埃政权保卫战的必要性和重要意义,指出国家和战争本身尽管都是"超经济"的因素,但就其本质而言,却是"经济过程中最强有力的杠杆之一"。因此,无产阶级专政国家进行的革命战争,实质上也只是扩大和巩固社会主义生产关系的最强有力的手段。布哈林把生产力发展状态和社会再生产联系起来,提出生产力的发展同扩大再生产相适应,生产力的停滞同简单再生产相适应,而生产力的下降则同消极的扩大再生产相联系。由于战争只是单纯地消耗生产资料和劳动力,因此,它总是和消极的扩大再生产相联系。根据战争和生产力发展状况的这种关系,在无产阶级夺取政权和无产阶级专政时期的内战中,同样会出现生产力的下降,会出现消极的扩大再生产。但是由于通过这种性质的战争,生产关系按照新的方法进行了改造,使得生产力的暂时下降为以后生产力的巨大发展打下了基础。

前提二:技术知识分子加入无产阶级专政新体系,实现技术知识分子和新的社会形式的结合,发展社会生产力和进行技术变革。布哈林提出,共产主义建设的特殊问题,不在于缺乏社会性劳动的基础,而在于各个分裂了的社会阶层的新的结合,首先在于技术知识分子加入新的体

---

① [苏]尼·布哈林:《过渡时期经济学》,人民出版社1976年版,第93页。
② 同上书,第137页。

系。作为同旧的社会形式相联系的技术知识分子，一开始会对这种新的结合持反抗态度，因而只有通过无产阶级的强制，使技术知识分子隶属于无产阶级，才能实现技术知识分子和新的社会生产形式的结合。这种结合的步骤及技术知识分子对共产主义建设的意义在于：其一，技术知识分子在资本主义社会中执行着生产过程组织者的职能，从社会角度来看，就是榨取剩余价值的"传动机制"。但是，随着无产阶级专政的建立，知识分子的技术职能也就由资本主义的职能转化为社会劳动的职能，创造剩余价值的职能则转化为创造用于扩大再生产基金的剩余产品的职能。其二，技术知识分子由于清除了和旧的社会关系的联系和旧的意识形态，而辩证地"复归"为获得新生的知识分子。其三，在无产阶级专政下建立起来的工人阶级组织中，如在苏维埃、工会、执政的工人阶级政党，工厂委员会、各种专门的经济组织中，也有技术知识分子在起作用。其四，在这种体系中，技术知识分子开始失去自己原来的社会阶层性质，因为在无产阶级中间一批又一批新的懂技术的知识阶层成长起来了，它们逐渐同"旧的"技术知识分子并肩而立。

前提三：建立无产阶级国家政权的行政经济和行政技术机构，即建立和巩固工人阶级的组织形式和生产管理体系。布哈林指出，随着无产阶级专政的建立，工人阶级各种组织的职能都发生了辩证的转化，掌握着国家政权的工人阶级必然成为一种生产组织者的力量，工人阶级要成为生产组织者。

（三）预防工人阶级蜕化

在《历史唯物主义理论》中，布哈林指出了工人阶级蜕化的可能性及其危险，并提出预防的办法，这是对社会主义政治建设理论的一个重要贡献。布哈林认为，在过渡时期，由于工人阶级不是在它成为单一成分时取得胜利的，而是在生产力衰退和广大群众生活没有保障的情况下取得胜利的，"因此'蜕化'的倾向即分化出一个作为阶级的萌芽的领导阶层的倾向，是必然存在的"。要预防工人阶级蜕化，就必须发展生产力，普及教育，使之被另两种相反的倾向所抵消："第一，生产力的发展；第二，教育垄断的消灭。从整个工人阶级中扩大再生产出技术人员和组织者，将动摇可能发生的新的阶级分化的根基。"至于斗争的最后结局，将取决于何种倾向更为强大。①

（四）平衡城乡之间的关系

布哈林认为，在资本主义社会向共产主义社会过渡时期必须比在其他任何时候都要更多地注意城乡之间的关系。因为在过渡时期，体现着社会劳动的无产阶级要实行国家计划，而体现着分散的私有制和市场自发势力的农民却要保持商品的无政府状态，而"简单商品经济无非是资本主义经济的胚胎"，因而，上述两种趋势的斗争"实质上就是共产主义和资本主义之间斗争的继续"。② 在过渡时期要取得城乡之间的新的平衡，必须借助于无产阶级国家采取的多种强制手段，如没收农民的余粮、实行实物税等。尽管这是一个缓慢而痛苦的过程，但是，"工业中再生产恢复得愈快，无产阶级开始实行最深刻的任务——技术革命愈迅速，这个过程进行得就愈快，技术革命彻底改变着经济的保守形式，并给农业生产的社会化以强有力的推动。"③ 布哈林对过渡时期城乡关系所做的论述可以说是瑕瑜互见：一方面，当他囿于苏俄当时特殊的战时共产主义政策，把"国家的强制"当作社会主义建设的普遍规律时，显然是错误的；另一方面，当他强调发展生产力对实现社会主义农业改造的重要作用时，显然是正确的。

五 文化建设思想

如何在落后的国家发展社会主义文化事业？布哈林的认识经历了一个曲折的发展过程。革命之初，他把希望寄托在西方无产阶级革命立即取得胜利上，指望西方无产阶级在革命胜利后给予落后的苏俄以文化技术上的援助。所以他坚决反对签订1918年《布列斯特—立托夫斯克和约》，而把希望寄托在世界革命上。不久，在列宁和社会现实的教育下，布哈林承认了错误，改而到国内寻找出路，把发展国内的经济文化提到首要地位。

总而言之，十月革命胜利后的苏俄，举国上下都梦想着马克思、恩格斯所描绘的美好的共产主义理想社会早日实现，沉浸在一步跨入共产

---

① [苏]尼·布哈林：《历史唯物主义理论》，人民出版社1983年版，第369—370页。
② [苏]尼·布哈林：《过渡时期经济学》，人民出版社1976年版，第71页。
③ 同上书，第72页。

主义社会的美好憧憬中。在激进的战时共产主义思想阶段，布哈林努力进行社会主义建设的探索，但"俄国战时统制经济的实际，决定了布哈林可能有的理论视野"①。从总体上说，布哈林也属于那些忽视了苏俄经济文化落后国情的激进乐观主义者中的一员。他们从"本本"出发，对什么是社会主义和苏俄社会主义建设的构想过多地囿于马克思、恩格斯对共产主义的理论设想，忽视苏俄当时的落后现实，对"社会主义"做出的是极具乌托邦色彩的僵化理解："全民占有生产资料，逐步取消商品、货币、市场，在全国范围内实行有计划有组织的产品分配"，并以此作为实施战时共产主义经济政策的根据。布哈林在《过渡时期经济学》一书中提出"在过渡时期商品生产在很大程度上正在消失"，认为社会主义社会的经济运行"不是由市场和竞争的盲目力量来调节的，而是由自觉实行的计划来调节的"②。因此，他赞同用剥夺剥夺者、余粮收集制等战时共产主义政策去进行社会主义建设。这些观点表明，布哈林这一时期的社会主义建设思想带有浓厚的"左"倾空想主义色彩，打上了深刻的教条主义烙印。

值得肯定的是，在战时共产主义阶段的某些时候，布哈林认识到了苏俄的落后国情，而且认识到了这种落后的国情会导致苏俄社会主义建设的相对困难，因而提出了一些颇具创建性，闪烁着难得的理智和清醒色彩的社会主义建设思想。例如，布哈林主张大力发展生产力，强调人是"最宝贵和最重要的生产力"③，提倡切实提高工农群众的福利待遇和社会的保障水平……同时，布哈林对于党在无产阶级取得胜利以后所面临的诸如民主与专政、民族、宗教、军事、法院、银行、货币、工农业生产组织等这样一些极为重要的问题，做了理论上的论证，丰富了马克思主义的社会主义建设理论。

---

① 顾海良、张雷声：《20世纪国外马克思主义经济思想史》，经济科学出版社2006年版，第249页。
② [苏]尼·布哈林：《过渡时期经济学》，人民出版社1976年版，第200—201页。
③ [苏]尼·布哈林、叶·普列奥布拉任斯基：《共产主义ABC》，东方出版社1988年版，第363页。

§第二节　坚持和发展新经济政策阶段

抛开幻想，不掩饰实际的关系和矛盾。

布哈林

一　社会主义建设思想的转变

从1917年十月革命到1921年春，在接受了血与火的洗礼和国内战争的种种磨难，观察到战时共产主义政策在争取战争胜利方面发挥巨大作用的同时所暴露出来的诸多弊端后，布哈林对社会主义和社会主义建设的看法发生了彻底的变化，意识到"走向社会主义的道路，它不在，或者确切地说，不完全在我们过去所探求过的地方"①。

由于战时共产主义经济政策在某种程度上超出了广大农民群众的实际承受能力，在国有化、社会化的工厂和国营农场中建立起来的经济没有同农民经济结合起来，以致出现了工农"不是自觉地而是本能地在情绪上反对"苏维埃政权的"极不愉快的情况"。②"整个战时共产主义经济政策是同农民的利益存在矛盾的。1920年底，战争结束后，经济和政治上的危机就爆发出来了。从经济上看，战争使得原本就很落后的俄国经济更加混乱，1920年的工业产值比战前几乎减少了6/7，谷物总产量减少了45%。1921年发生了全国性的饥荒，当时，列宁估计喀山、乌法和阿斯特拉罕等地灾民，成年人达800万，儿童达700万。在政治上，工人不满，农民暴动，特别是1921年3月发生了喀琅施塔得水兵的叛乱。……列宁提出：'向纯社会主义形式和纯社会主义分配直接过渡，是我们力所不及的，如果我们不能实行退却，即把任务限制在较容易完成的范围内，那我们就有灭亡的危险。'③"④

在历经了艰难痛苦的反思后，布哈林指出："胜利的无产阶级，由

---

① 《布哈林文选》上册，人民出版社1981年版，第441页。
② 《列宁选集》第4卷，人民出版社1995年版，第720页。
③ 同上。
④ 顾海良主编：《马克思主义发展史》，中国人民大学出版社2009年版，第293页。

于面临的任务复杂、新颖、独特、困难，使它在实践中产生了许多错误、幻想、不正确的估计和目标错误的尝试。然而由此也产生了冷静的自我批评，从这种自我批评中得出正确的行动路线。幼年时期的幻想在这种自我批评的烈火中烧尽，并且消失得毫无踪迹，现实关系以其全部冷静的真实面目展现出来，而无产阶级的政策有时从外表看来是不太激动人心的，但却是比较正确的、牢固的、与现实紧密结合的，因而它改变这种现实也是有把握得多的。从这个观点看来，向新经济政策的过渡是我们幻想的破灭。"[1] 根据战时共产主义政策实施的经验教训，布哈林明确提出，"光靠一般原理是活不下去的"[2]，应该"抛开幻想，不掩饰实际的关系和矛盾"[3]，即应该放弃战时共产主义政策，转而实施新经济政策。

布哈林的以下论述集中代表了他在这一时期的社会主义建设思想：

> 俄国的社会主义同其他国家的社会主义相比，将具有亚细亚的形式。[4]

> 我们正在建设的社会主义不可避免地是一种社会主义建设的落后的形式，对此我们丝毫也不应当感到难为情。这不是我们的过错；我们可以满怀信心，我们现在具备种种可能性以便不断地向前迈进，以便使这些形式臻于完善，以便消灭我们的落后，以便更加迅速地过渡到真正完全的社会主义社会类型。[5]

> 我国的发展中的社会主义，在它还没有达到充分的繁荣昌盛以前，在某种程度上将具有自己的特点，我认为，——如果可以这样说的话——它在其发展的长时期内将是一种落后的社会主义，就是说，是具有这样一些特点的社会主义，这些特点在某种程度上是由

---

[1]《布哈林文选》上册，人民出版社1981年版，第107页。
[2] 同上书，第288页。
[3]《布哈林文选》中册，人民出版社1981年版，第36页。
[4]《布哈林文选》上册，人民出版社1981年版，第64页。
[5] 同上书，第475—476页。

它以前的资本主义发展的类型决定的。不过，它将毕竟是社会主义。①

我们的国家是一个非常落后的国家，其中农民如汪洋大海，它面临着由于这种情况而产生的许多困难，——那么，我们当然应当非常明确地认识到，我国的社会主义在自己的发展中，具有许多特点。②

从商业合作社组织开始的组织农民经济的过程，将通过在农产品加工方面组织生产，逐步发展到直接意义的农业生产本身。这个过程随着向电气化的过渡而彻底完成。越来越成为有组织的农民经济的体系就这样增长着，农民经济由单个的、分散的单位变成一个有组织的整体。农民经济逐渐改造自己固有的本性，同国营工业结合在一起，组成一个更大的整体。而这样一个由各个部分构成的经济链条，实际上就是社会主义。③

社会主义（和资本主义相比）是更高的、更有效益的社会劳动组织。④

我们必须达到社会主义，即计划经济。⑤

在严格和准确的意义上讲，社会主义这个概念指的是整个经济，即全部经济成份都被组织起来的时候。⑥

国营经济的增长就是社会主义的增长！⑦

---

① 《布哈林文选》中册，人民出版社1981年版，第24页。
② 同上书，第22页。
③ 《布哈林文选》上册，人民出版社1981年版，第420页。
④ 同上书，第434页。
⑤ 同上书，第362页。
⑥ 同上书，第497页。
⑦ 同上。

我们现在的社会沿着社会主义方向发展的保证是：工人阶级掌握着政权，我们有工人阶级的革命专政。①

经济普遍合理化即社会主义。②

任务是最大限度地发展生产力，满足广大群众的需要，不懈地努力扩大生产。③

我们恰恰要通过市场关系走向社会主义。④

农民……通过合作社逐渐长入社会主义关系的体系。⑤

社会主义建设本身就是行动中的科学。⑥

社会主义建设要求对整个农业和全国的居民进行根本的改造。我们的任务在于：不仅要改造整个工人阶级，使之走上新的、有文化的、社会主义的轨道，而且要使这个占统治地位的、在不断改变和改善自己的本性的工人阶级，加强和扩大对基本的人民群众的越来越强有力的影响，使他们不断地和彻底地改变自己的阶级本性。在这个意义上，占统治地位的无产阶级乃是这样一个创造的和领导的力量——它应当改造旧世界和创造新世界。⑦

现在……在巩固了无产阶级专政之后，我们工作的重心就是要进行和平的组织活动。⑧

---

① 《布哈林文选》上册，人民出版社1981年版，第443页。
② 同上书，第309页。
③ 同上书，第321页。
④ 同上书，第441页。
⑤ 同上书，第375页。
⑥ 《布哈林文选》中册，人民出版社1981年版，第131页。
⑦ 同上书，第22页。
⑧ 同上书，第16—17页。

我们整个计划计算的轴心,我们全部经济政策的轴心,应当是对日益展开的国家工业化的关怀。从任何角度(发展生产力,发展农业,扩大社会主义的比重,加强国内的结合,提高我们的国际经济比重,加强国防能力,群众需要的增长等等)来看,苏联工业化是我们的法律。①

我们建设的最基本的问题,即工农联盟问题。②

"工农联盟"是"币制改革、价格问题、机关工作人员问题、'剪刀差'问题、党内民主问题、'计划'问题和'商品干涉'问题、不断革命论、对我国革命动力的估计、对我国革命前途的总的估计……所有这些本身极重大的问题所围绕的轴心"。③

工农联盟问题是个中心问题,这是所有问题中的核心问题。④

以工业和无产阶级为一方,而以农民为另一方的相互间经济关系问题,不论从经济观点还是从阶级观点来看,都是一个极其重要的问题。⑤

我们只有在和仅仅在工农联盟的条件下才能走向社会主义;我们只有在和仅仅在实现工人阶级在这个联盟中的领导的条件下才能走向胜利。⑥

我国社会主义的主要特点就是,它将在一个农民国家内建设起来,因此,吸引农民参加社会主义建设事业在我们这里就特别重

---

① 《布哈林文选》中册,人民出版社1981年版,第290页。
② 《布哈林文选》上册,人民出版社1981年版,第337页。
③ 同上书,第215页。
④ 同上书,第285页。
⑤ 《布哈林文选》下册,人民出版社1981年版,第380页。
⑥ 《布哈林文选》上册,人民出版社1981年版,第465页。

要。①

吸引农民来参加由无产阶级领导的社会主义建设。②

劳动群众必须在无产阶级的领导下建设社会主义。③

我们要领着农民并依靠农民走向社会主义。④

我们究竟应当怎样吸引农民来参加我们的社会主义组织呢？只有用使农民关心经济利益的办法。合作社应当用使农民获得直接利益的方法来吸引他们。⑤

社会……需要的增长是社会的经济发展的直接动力，生产成为手段。⑥

社会主义应以满足群众日益增长的需求为目的。⑦

现在我们党的任务就是要使我们国家的财富增加到空前的高度，增加全体人民、全体劳动者的财富，我们应当成为最优技术、最优耕作方式、最优劳动组织方法的传播者，总之，现在，已经夺取了政权的我们的作用，我们的使命首先就是要充当一切经济改进措施的承担者。⑧

需要我们的全体干部每小时，每分钟，每秒钟都考虑劳动群众

---

① 《布哈林文选》中册，人民出版社1981年版，第25页。
② 《布哈林文选》下册，人民出版社1981年版，第384页。
③ 《布哈林文选》中册，人民出版社1981年版，第310页。
④ 《布哈林文选》上册，人民出版社1981年版，第282页。
⑤ 同上书，第375页。
⑥ 《布哈林文选》中册，人民出版社1981年版，第276页。
⑦ 《布哈林文选》下册，人民出版社1981年版，第416页。
⑧ 《布哈林文选》上册，人民出版社1981年版，第413页。

的需要和要求，考虑如何正确地满足这些需求，包括当前的需求和长远的需求，主要的需求和具有决定意义的需求。正确地满足这些需求，其实就是更快地、更顺利地和尽可能平稳地沿着社会主义建设的道路前进。①

尽管我国在技术上落后，尽管我国有许多农民，尽管技术和经济还极其落后，我们还是能够一步一步地建设社会主义，如果资本主义列强不用武装干涉来进行阻碍的话，我们就会把社会主义彻底建成。②

以上布哈林对社会主义和社会主义建设的论述表明，1921年后，抛弃了本本主义、剔除了头脑中的虚妄后，布哈林开始从苏俄当时"漂浮在没颈的贫困与文盲的海洋之上"的社会现实出发，③ 对"社会主义"和"社会主义建设"有了更多现实的理解，虽然其中不乏某些因囿于当时历史条件限制而做出的片面或错误观点，但更多的是那些启迪后人、闪烁着理性光彩的比较客观正确的论述。

二 对新经济政策的坚持和发展

1921年后，布哈林发表了很多关于社会主义和社会主义建设的文章和著作，特别是1922—1929年间在研究社会主义建设理论方面取得了较大成就。从当时苏俄落后的社会现实情况出发，在审慎思考和调查研究的基础上，布哈林认真思考苏俄社会主义建设中遇到的理论与实践问题，在坚决捍卫、完整阐释、不懈宣传、坚持推行列宁新经济政策的基础上，对苏俄过渡时期的社会主义建设规律进行了不懈探求，对如何在新的历史条件下进行社会主义建设提出了自己的主张和观点，进行了系统的分析和论述，在马克思主义发展史上对社会主义建设理论做出了深刻而卓越的贡献。

纵观1921年3月以后布哈林的文章论著中关于社会主义和社会主

---

① 《布哈林文选》中册，人民出版社1981年版，第321页。
② 同上书，第42页。
③ 同上书，第257页。

义建设的论述，可以发现：在历经了艰难痛苦的反思后，布哈林抛弃了以往对马克思主义理论的片面、僵化和错误理解，告别了激进的狂热与盲目的乐观，对社会主义有了相对清醒和客观的认识。他把苏俄的社会主义建设视为一种在带有浓郁民族面貌特色的农民国家里进行的、具有进化发展特征的"亚细亚的形式"，他从苏俄社会主义"在发展的长时期内将是一种落后的社会主义"出发，积极探寻共产主义美好理想与现实社会主义建设之间的契合点，努力提供广大民众乐于接受、易于施行的社会主义建设方法。无产阶级掌握政权后，运用改良主义的方法与"和平长入社会主义"的方式，实现经济和社会的动态平衡是布哈林对社会主义建设思想的独特贡献。布哈林社会主义建设思想中对发展生产力的强调、对先进科技文化的重视和对人民群众的真切情怀永远闪烁着真理的光辉。

布哈林把巩固和发展工农联盟、实现社会主义工业化视为社会主义建设的两大"轴心"。他多次强调，在取得政权的无产阶级领导下，在农民占人口很大比例的苏联进行社会主义建设，工业化是"全部经济政策的轴心"[1]，他把在苏联实现工业化视为国家的法律。[2] 农民问题是布哈林关注的焦点，他把农民问题视为社会主义建设的基本问题。他多次强调，苏联社会主义"建设的最基本的问题，即工农联盟问题"[3]，"工农联盟"是社会主义建设中"所有这些本身极重大的问题所围绕的轴心"[4]，"工农联盟问题是个中心问题，是所有问题中的核心问题"[5]，应以最小心谨慎的态度处理好工农关系这一最重要的基本问题[6]。

由于清醒地认识到苏联在"发展的长时期内将是一种落后的社会主义"[7]，围绕上述"轴心"和"基本问题"，布哈林提出，苏联无产阶级在夺取政权后，在工农联盟的基础上进行的社会主义建设是一种无产阶级领导下的和平组织工作，应运用改良主义的方法和科学组织的手

---

[1] 《布哈林文选》中册，人民出版社1981年版，第290页。
[2] 同上。
[3] 《布哈林文选》上册，人民出版社1981年版，第337页。
[4] 同上书，第215页。
[5] 同上书，第285页。
[6] 《布哈林文选》中册，人民出版社1981年版，第359页。
[7] 同上书，第24页。

段，以利益吸引群众参与社会主义建设，通过合作社、市场等途径满足群众的多样需求，解决"吸引农民参加社会主义建设事业"这一根本问题。布哈林提出，普遍贫困和贫穷的平等不是社会主义，社会主义建设就是向贫穷和困苦开战，增加社会和群众的物质财富、提高广大工农群众的福利和素质，减少各种矛盾达到社会平衡，从而走向社会主义、长入社会主义、彻底建成社会主义。布哈林提出的这种具有"亚细亚的形式"①、属于"进化发展的类型"② 的社会主义建设模式，在一定程度上保持了落后国家社会主义建设中科学与价值、理想与现实之间适度的张力，维系了政治、经济、文化等领域诸多关系的平衡。

由于布哈林在1921年新经济政策实施后提出的社会主义建设思想是本书写作的重点，故做出如下行文安排：在第三章，整体分析布哈林在1921年后对苏俄社会主义建设的整体思考，在第四章至第六章，从政治、经济、文化三个层面详尽阐述布哈林的社会主义政治建设思想、社会主义经济建设思想和社会主义文化建设思想。

---

① 《布哈林文选》上册，人民出版社1981年版，第64页。
② 《布哈林文选》中册，人民出版社1981年版，第205页。

第三章　布哈林社会主义建设思想的总体思考（1921年后）

光用指令是建不成社会主义的。

布哈林

在实行军事共产主义建设社会主义的"幻想破灭"后，布哈林深刻地认识到，巩固、建设和发展社会主义是"一件非常复杂的事情"，"光用指令是建不成社会主义的"。① 他开始把生产力的顺畅发展、生产关系的理顺、民主法制的推进、群众需要的满足、阶级差别的消除等，统筹纳入衡量社会主义建设成效的重要指标。布哈林认为，社会主义建设理论不能再僵化地从头脑中产生出来，不能再以对马克思主义理论的片面理解指导社会主义建设，社会主义建设必须从具体的国情、本国的特点出发，不能与世隔绝、妄自空想，需要严肃认真地调查研究客观现实社会的经济生产和生活状况，在政治领域、经济领域、文化领域和社会领域等众多领域，探寻适合本国国情、民众乐于接受、具有"民族面貌"的社会主义建设方法。

透过散见于布哈林诸多论著中关于社会主义和社会主义建设的言论，我们可以发现，1921年新经济政策实施后，布哈林的社会主义建设思想逐渐发展为一个系统的有机整体。布哈林立足苏联落后的经济状况和低下的文化水平，勇敢地进行思想调整，既不回避退缩，也不粉饰现状，而是坚持和发展新经济政策，提出了很多马克思、恩格斯和列宁没有提出来的、具有"布哈林特色"的关于社会主义建设的"新东

---

① 《布哈林文选》上册，人民出版社1981年版，第111页。

西"。这一时期，布哈林的社会主义建设思想以苏联"落后的社会主义"现状为出发点，以"一个稳定成长中的社会，其各个组成部分应保持有效的、持久的、动态的平衡"为指导理念，认为有计划地满足人民群众需要的增长是社会主义发展的动力，发展社会生产力、提高生产效率是社会主义发展的根本途径。他提出苏联社会主义建设应依托共产党领导下的无产阶级专政力量，以减少社会矛盾、缩小阶级差距、实现城乡一体、改造全国居民为任务，采用改良主义的方法，在政治、经济、文化等领域走和平改良、进化发展之路，实现国民经济和社会建设的平衡发展，最终"和平长入"民富国强、文明平衡的"真正完全的"社会主义。客观而言，这些思想体现了布哈林对社会主义建设理念的创新。

§第一节　苏联社会主义的特点

> 我国的发展中的社会主义，在它还没有达到充分的繁荣昌盛以前，在某种程度上将具有自己的特点，我认为，——如果可以这样说的话——它在其发展的长时期内将是一种落后的社会主义。社会主义建设是很复杂的事情。
>
> 布哈林

一　"一种落后的社会主义"

布哈林提出："对社会发展的任何时期，必须按照它，并且只有它所特有的那些特点来理解。"① 他以马克思、恩格斯关于共产主义理想社会的描述作为评价社会主义的参照系，以是否实现全面的公有制和计划管理为标准，把苏联当时正在进行的社会主义称为"一种落后的社会主义"，认为苏联需要经过很长一段时间的发展，才能到达"真正完全的"社会主义即共产主义。

内战结束后的苏联有何特点呢？如何正确认识这些特点？如何从苏

---

① 《布哈林文选》上册，人民出版社 1981 年版，第 1 页。

联的国情和特点出发,正确地建设社会主义?在转入新经济政策之后,布哈林开始认真分析苏联的国情和特点。"分析具体事物,是进行任何马克思主义概括的首要前提,玩弄凭空臆造的'定义'、'原理'和死板的'分类'和公式等等,都是同这种概括格格不入和水火不相容的。"① 从分析苏联具体的国情和特点出发,布哈林开始重新规划苏联的社会主义建设蓝图。

"向社会主义的发展不是从空地上开始的;向社会主义的发展是在工人阶级夺取政权以后开始的。"② 俄国资本主义的显著特点决定了苏联社会主义的特点,苏联的社会主义具有自己独特的"民族面貌"。由于各国资本主义发展状况不同,脱胎于资本主义的社会主义也必将具有自己的特点。执政后的苏联工人阶级所得到的遗产是沙俄少数先进的资本主义大企业同绝大多数极其落后的经济形式的结合,社会化大生产的工业比重很小,经济技术力量整体薄弱,而农民犹如汪洋大海,小生产比重巨大,占绝对优势。从这种落后的生产力出发进行的苏联社会主义建设,必须重视社会化大工业的发展,必须把小农经济的提高作为社会化大工业发展的必要条件,否则,社会主义建设将寸步难行。由于这种"落后的社会主义"是公有制和非公有制并存、计划和市场调节相结合,不是完备的"全面的公有制和计划管理",因而,这一切必然给苏联正在建设着的、具有"亚细亚的形式"的社会主义打上"落后的"烙印。

夺取政权并不意味着社会主义"现成地产生",布哈林强调,那种认为无产阶级一取得国家政权,社会主义就会取得成就的看法是错误的,因为建设社会主义是很复杂的事情,需要历经一个相当长的历史过程。"在任何一个国家都不存在这样的情况,在共产党人夺取政权以后,社会主义就会毫无例外地从所有方面现成地产生。在每一个国家,甚至在最发达的国家,甚至在美国,情况将会是这样的:将要经过相当长的历史阶段,一直到经济的组织将把全部国民经济的综合体都包括进去。"③ 发达国家的情况尚且如此,基础薄弱的苏联进行社会主义建设,

---

① 《布哈林文选》中册,人民出版社 1981 年版,第 198 页。
② 《布哈林文选》上册,人民出版社 1981 年版,第 475 页。
③ 《布哈林文选》中册,人民出版社 1981 年版,第 161 页。

必将历经一个相当长的历史过程。苏联虽然实现了无产阶级专政，建立了社会主义制度，但发展中的苏联社会主义，在达到充分的繁荣昌盛以前，在某种程度上具有此前俄国资本主义发展类型所决定的特点，它在发展的长时期内"不可避免地是一种社会主义建设的落后的形式"[①]，而苏联经济发展的一切落后的特点——"能够实现国有化的东西和不能实现国有化的东西之间的比例，工业和农业之间的比例等等"都将在社会主义的落后的形式中表现出来。[②]

从社会性质和社会发展程度两个方面衡量，布哈林提出当时的苏联处于"社会主义初级阶段"。他于1922年提出了社会主义初级阶段的概念："在发达的社会主义和资本主义之间是无产阶级统治。无产阶级是统治阶级，也是生产上的指挥者。这种社会主义初级阶段的特点是还存在阶级的等级制，但它不具有通常的性质：居于上层地位的是无产阶级，关于这个阶级当然不能说是靠剥削为生的……"[③] 就苏联的本质来讲，它是社会主义的性质：它以马克思列宁主义为指导，政治上实行共产党领导下的无产阶级专政，工人阶级和广大劳动人民群众成为国家的主人；经济上，社会主义公有制经济掌握着国家的经济命脉。但这种状况距离"完全的"社会主义尚有很长一段路程，苏联还处于"社会主义初级阶段"。从落后的社会主义初级阶段的国情出发，苏联的社会主义建设应该分阶段进行。"社会主义初级阶段"观点的提出，显示了布哈林对社会主义建设相对清醒的认识，为探索社会主义的建设理论做出了有益的贡献。

尽管苏联在发展的长时期内不可避免地是一种社会主义建设的落后形式，但苏联社会主义并不是普遍贫困和贫穷的平等的代名词。布哈林驳斥了那些敌视苏维埃俄国的人散布的"实行社会主义制度的任何企图事实上无非意味着普遍贫困和贫穷的平等"的谬论，指出当时存在于苏维埃俄国的贫穷和破坏现象不是从社会主义和共产主义的本质中产生的，正是由于工人阶级的敌人在国内战争中武力攻击了苏维埃俄国，

---

① 《布哈林文选》上册，人民出版社1981年版，第475—476页。
② 同上书，第64页。
③ [苏]尼·布哈林：《进攻（文集）》，莫斯科1924年版，第197页。参见《布哈林文选》上册，人民出版社1981年版，第43页。

才造成了它的贫穷和破坏。

为尽快改变苏联落后的面貌，社会主义应加快建设，把满足人民群众的需要作为社会主义建设的宗旨。"社会主义的宗旨是全力发展工人的需要。社会主义希望极大地发展人类生活的一切方面，一切人类的需要，扩大和丰富生活。"[1]布哈林热情鼓励农民群众发家致富："应当对全体农民，对农民的所有阶层说：发财吧，积累吧，发展自己的经济吧！只有白痴才会说，我们永远应当贫穷；现在我们应当采取的政策，是要能在我国消除贫穷的政策。"[2] 他强调，苏维埃政权，工人阶级的专政，绝不仅仅是政治权力，更是一个极其强大的经济力量，改造经济的杠杆，是工人阶级的政治力量和经济力量两者联合起来的一种威力，党领导下的无产阶级应该充分利用这个威力，动员多种力量进行社会主义建设，消灭落后、贫困、饥荒、肮脏、愚昧、野蛮和因循守旧，改变国家贫穷落后的面貌，迅速地过渡到真正完全的、国富民强、文明平衡的社会主义，充分展示社会主义的优越性。

二　"进化发展的类型"

按照布哈林的设想，无产阶级从夺取政权到进入"真正完全的"社会主义、共产主义，大体上可以分为三个阶段：第一个阶段是过渡时期，是从通过发动社会主义革命夺取政权到建立无产阶级专政的社会主义制度。第二个阶段是消灭了阶级的社会主义时期。第三个阶段是"真正完全的"社会主义、共产主义时期。苏联在无产阶级专政时期处于"落后的"社会主义阶段，它向高级形态的——"真正完全的"社会主义、共产主义的发展是一种进化改良的过程，属于"进化发展的类型"，需要一步一步地、一个环节一个环节地建设社会主义。

由于苏联社会是存在着不同阶级的"对立的统一体"，社会矛盾不可避免。布哈林提出，由于无产阶级专政是反映整个社会统一的"阶级合作"的外壳，在无产阶级专政时期，社会主义社会强调的是统一的因素，社会主义社会的任务是各种社会矛盾的"缩小再生产"，整个

---

[1]《布哈林文选》中册，人民出版社1981年版，第393页。
[2]《布哈林文选》上册，人民出版社1981年版，第368页。

工人阶级的基本利益和长远利益就是巩固社会，加强它的统一，缓和社会矛盾，通过进化的发展，在日益增大社会主义成分比重的基础上缩小社会矛盾。

三 在一个农民国家内建设社会主义

苏联农民人口众多，犹如汪洋大海，布哈林多次强调，苏联社会主义的主要特点就是，它将在一个农民国家内建设起来，因此，工人阶级夺取政权以后的农民问题是最重要的问题之一，必须高度重视。考虑到苏联是一个非常落后的国家，正在建设的社会主义不可避免地面临着重重困难阻碍，到达完全的社会主义的道路十分漫长，布哈林清醒地指出：作为革命主力军的人民群众，也应该成为苏联社会主义建设的主力军。吸引和动员占人口绝大多数的农民参加社会主义建设事业，苏联的社会主义建设才有可靠的保证。

布哈林对农民问题的看法主要有：

第一，在无产阶级专政时代，工人阶级和农民的关系，乃是同盟的关系、合作的关系，执政的工人阶级需要依靠农民阶级，同时对农民进行社会主义改造和教育。作为无产阶级专政的苏维埃形式，"恰好就是一种适宜的国家组织，一方面可以保障国家之无产阶级性，他方面又能允许农民日多一日参加社会主义建设工作。"[①] 与农民合作，并不是平分政权，必须坚持无产阶级的领导，但在农民实际参加社会主义建设工作的限度内，有必要吸纳农民中最前进分子进入国家机关。更重要的是，无产阶级在改造自己的本性的同时改造农民，对农民进行重新教育，使之走上社会主义轨道，不断地提高他们，使之达到最先进的无产阶级居民阶层所具备的物质、经济和文化政治水平，使之逐渐接近于无产阶级，越来越同城市的工作者溶合，同无产阶级并驾齐驱、混成一体，"变成社会主义社会的同等成员"[②]，从而消灭阶级差异。

第二，因为农民占全国总人口的大多数，农民在生产中还有很大的

---

① ［苏］尼·布哈林:《农民问题》,《新青年社业书之一种》,［出版社不详］1926年版, 第47页。

② 《布哈林文选》上册, 人民出版社1981年版, 第417页。

作用，执政的无产阶级政党的主要方针，"应该是与农民和平生活着"。① 要与农民和平生活着，要吸引农民到无产阶级一边来，"只有从农民实际的明显的和直接的利益出发，才有可能。在这问题内，一切虚无主义都是不能容许的，并都是违反布尔什维克主义的。"② 由于私产制是小生产者工作的动力，因此，无产阶级国家的经济政策必须注意于私产制，只有利用这一动力，才可引导农民组织起来。

第三，引导农民经济向社会主义进化。无产阶级专政整个时代所特有的发展规律就是"阶级的对抗从某一时期起开始和缓下来，社会主义经济元素由进化道路逐渐增长了"。③ 这一特殊规律应该成为无产阶级政党对待农民问题的策略基础，使农民经济经由协作运动进化到社会主义。工人阶级夺取政权后，银行、大工业、交通等被收归国有，无产阶级掌握国家经济命脉，各种经济生活的条件便根本改变，为农民经济的发展提供了向社会主义进化之可能。执掌政权的无产阶级应认识到，作为农民经济向社会主义发展的康庄大道的农业合作社具有非常重大的意义，无产阶级国家和执政的无产阶级政党应该应用良好政策，以各种方法联合并帮助农业雇工、农村贫人、中农等组织合作社，逐渐变成集体经济的日渐完美的形式，最终组织成一个隶属于社会主义经济关系整个系统的集体农业大生产，实现通过合作社吸引农民参加苏联社会主义建设事业，消灭农业的落后地位、消灭城市和乡村之对抗，使农民经济经由协作运动进化到社会主义，从而"更加迅速地过渡到真正完全的社会主义社会类型"。④

布哈林将农民问题与共产党的布尔什维克化相关联，认为共产党内非布尔什维克的倾向，甚至反布尔什维克的倾向，首先就表现为不了解农民问题的意义，强调不切实做好争取农民的工作而谈论共产党的布尔什维克化，是行不通的。

---

① ［苏］尼·布哈林：《农民问题》，《新青年社业书之一种》，［出版社不详］1926年版，第46页。
② 同上书，第52页。
③ 同上书，第47—48页。
④ 《布哈林文选》上册，人民出版社1981年版，第475—476页。

§第二节 苏联社会主义建设的任务

社会主义建设是在现有的材料基础上进行的。

布哈林

苏联脱胎于一个落后的小农国家,在社会主义建设过程中"有成千上万的困难,成千上万的矛盾,成千上万的'离奇古怪的现象'和'不合理的东西',情况可以说是五花八门"。[①] 布哈林认为,在这样复杂的条件下,把苏联的社会主义建设向前推进无疑是一项重大的政治任务,而且政治中包含了相当多的经济因素。但是,社会主义并不是普遍贫困和贫穷的平等的代名词。为改变苏联贫穷落后的面貌,布哈林提出,苏联的社会主义建设要从现有材料的基础出发,采取一切促进生产发展的方式加快社会主义建设步伐。无产阶级应当成为最优技术、最优耕作方式、最优劳动组织方法的传播者,大力发展社会生产力,提高劳动生产率,加快工农商品的流转,使国家的财富增加到空前的高度,增加全体人民、全体劳动者的财富,消灭落后、贫困、饥荒、肮脏、愚昧、野蛮和因循守旧,以使苏联更加迅速地过渡到真正完全的、民富国强、文明平衡的社会主义社会,充分展示社会主义的优越性。为此,布哈林提出了苏联社会主义建设的三大任务:克服不平等现象,减少社会矛盾;逐步缩小阶级和阶层差距;改造全国居民。

一 克服不平等现象,减少社会矛盾

"共产主义社会是这样一种经济组织,在那里人和人之间完全平等,在那里没有任何人剥削人的现象。"[②] 布哈林清醒地指出,工人阶级夺取政权刚刚几年,苏联处于落后的社会主义初级阶段,绝不可能设想一下子就消灭一切不平等和一切贫困。但是,作为共产党执政的社会

[①] 《布哈林文选》上册,人民出版社 1981 年版,第 497 页。
[②] 同上书,第 455 页。

主义国家，必须千方百计地加速向共产主义前进的步伐，尽快消除城乡之间物质生活条件的不平等和政治上的不平等现象，逐步克服迄今存在着的人与人之间的不平等。

(一) 消除城乡和城市不平等现象

布哈林热爱人民，极易为人民群众遭受的苦难而激动。"在集体化时期，布哈林到乌克兰去，在沿途的小车站上看到成群饿得肚子鼓胀的孩子们在讨饭，他把自己带的所有现钱都给了他们。回到莫斯科后，他去看拉林娜的父亲，谈起路上所见所闻时不禁大喊道：'革命胜利后10多年还能看到这种现象，这怎么能行？'他甚至在大哭中晕倒过去。"[①] 正是基于对人民的深厚感情，布哈林指出，为逐步地填平以往人类社会发展的全部历史所造成的城乡之间的深渊，需采取以下举措：一方面，城市应给予农村以经济援助，应使工业同农村接近，为农业提供改善农业生产所必需的机器设备、劳动工具和先进的科学技术援助，为农民提供价格合理的消费品。另一方面，按照城市的面貌改造乡村，实现乡村文明化。农民经济的电气化、合作化是促使农村繁荣昌盛、平衡城乡生活物质条件的强有力杠杆，应在城市的技术援助下，在农村中逐步地建设新的工厂、电站以及类似的大工业生产单位，使这些企业遍及全国，成为在全国农民中传播文化、文明、经济改良、政治觉悟的苗圃和基地，为缩小城乡不平等服务。

"在城市内部，现在我们也看到十分尖锐的不平等，把耐普曼和他们的生活水平同流浪街头饥肠辘辘的儿童的生活，或者哪怕同大批失业者加以比较，就能看出，我们离我们作为自己的任务而提出的那种理想境地还多么遥远。"[②] 要消除城市中的不平等现象，除了大力发展生产力，提高社会生产水平，还必须彻底排挤、战胜私人资本主义经济。布哈林认为，这是消除城市中的基本矛盾和基本的不平等的方式。

(二) 消除差别，缩减社会矛盾

苏维埃社会中存在大量的各种各样的矛盾，各阶级之间的矛盾，工人阶级和农民之间的矛盾，工人阶级本身内部的矛盾，庞大的国家的民

[①] 郑异凡：《布哈林论》，中央编译出版社2006年版，第405—406页。
[②] 《布哈林文选》上册，人民出版社1981年版，第457页。

族成分不同的各个部分之间的矛盾。布哈林认为，这些矛盾是由于人民经济、文化的水平不同、生活物质条件的差别产生的，因此，社会主义社会应通过消除差别的方式缩减社会矛盾。苏维埃政权、整个苏维埃制度的机制作用，无产阶级专政全部政策的方向，就在于提高广大工人群众的文化水平，消灭文化水平的差别，消灭生活的物质条件的差别，"达到生活的物质条件的平等，保证一切人的正常的发展条件，从而使全体群众都可以前进"①，在前进中缩小差别、缩减社会矛盾。

二 逐步缩小阶级和阶层差距

"工人阶级给自己提出的任务是消灭阶级。"② 布哈林把消灭阶级喻为"未来的音乐"，提出通过社会主义建设逐步缩小阶级和阶层差距，在缩小差距中逐步达到追求目标。

（一）缩小工农差别

在缩小工农阶级差别方面，工人阶级应通过教育和社会经济关系的改造去克服阶级差别，帮助广大农民走上社会主义轨道，不断地提高他们的素质，使之达到最先进的无产阶级居民阶层所具备的物质、经济和文化政治水平，使之越来越同无产阶级并驾齐驱，同无产阶级溶成一体，变成社会主义社会的同等成员。换句话说，工人阶级应"力求把农民阶级提高到自己的水平，从经济上和文化上改造农民阶级"③，而这样一来，最广大的农民阶层，"在改造自己的本性的同时"，将同城市的工作者溶合，各个阶级之间的差别将日益消失。

（二）缩小阶层差别

在缩小阶层差别问题上，特别是缩小农民各阶层在经济方面的差别问题上，布哈林指出，随着中农和贫农加入合作社，国家政权日益有可能通过法律、合同、工会、征税制度和信贷政策，给予贫农和中农以物质援助，给予合作社组织物质方面和其他一切方面的特殊照顾、特殊优惠、特殊支援，这样，贫农和中农就会日益迅速地摆脱贫困，生活水平将赶上富裕的农民上层，他们与富农之间的经济差别就会缩小。"难道

---

① 《布哈林文选》上册，人民出版社 1981 年版，第 460 页。
② 同上书，第 208 页。
③ 同上。

我们应该把贫农看成永久的贫农,看成穷酒徒吗?当然不应该。我们使贫农登上更高的经济阶梯,而另一方面对富农更多地课税。"布哈林特别强调了通过税收的办法减少农民差异,认为"当我们对富农的课税多于对其他农民的时候,当我们资助中农的时候,我们在一定意义上是正在执行消灭农民差异的路线,因为我们在提高中农和贫农,帮助他们,把农民由贫农变为非贫农"。①

三 改造全国居民

随着无产阶级专政的巩固,苏维埃政权日益成为社会改造的工具,它主要解决"人的改造问题"。通过在政治领域、思想领域和经济领域对人的改造,使全体国民"在自己所有活动中——不管他们是管理工厂还是在什么学校里教书,指挥军队,还是在其他成千种可能的场合,都能按照新的原则,按照新的无产阶级思想指导自己"②,成长为社会主义的"新人"。对全国居民的改造,除了在思想领域的改造,布哈林着重强调了应从政治和经济两个方面予以落实。

(一) 政治领域的改造

在政治领域,改造的内容包括:

第一,对工人阶级及其政党的改造。苏维埃机关的领导者和最积极的核心人员,即党员,必须根除命令和指示的方法,必须彻底地完全地和无条件地转向说服的方法,吸引城乡广大群众"更有成效地进行反对官僚主义这种迄今为止一直腐蚀着我们国家肌体的溃疡的斗争"。③

第二,对劳动农民的改造。由于农民是居民的多数,有巨大的经济和社会力量,无产阶级必须同农民和睦相处,领着农民走,要教育农民、改造农民,引导农民进行社会主义建设。"它必须善于做到这一点,否则它就不能维持自己的政权。"④ 工人阶级教育农民的一种最重要的方式,首先就是吸引他们当中的越来越多的非党的先进分子参加苏维埃机关的工作,让农民在工作中进行学习改造,在这种工作中帮助农

---

① 《布哈林文选》上册,人民出版社1981年版,第387页。
② 同上书,第92页。
③ 同上书,第454页。
④ 同上书,第267页。

民养成为担当管理国家的事务所必需的习惯、提高到过一种新的、积极的和自觉的生活,学会不仅明了地方的任务而且明了整个国家的任务等,在习惯、思想、目的和任务等方面越来越密切地同工人阶级结合在一起,最后同工人阶级一起建设社会主义。

第三,对旧知识分子和曾经的资产阶级专家学者进行改造。通过改造,把他们改造成"共产党员,或者是共产主义的同情者"[①],吸收他们参加苏维埃工作,承担管理国家的责任,参与愈来愈广泛的社会主义经济建设和政治建设。

第四,对富农、商人、资产阶级的改造。允许他们在合法基础上的活动,同时通过工人立法和关于劳动法律、工会的权利,各种形式的税收等来对其加以改造。

(二)经济领域的改造

在经济领域,随着苏维埃制度稳固程度的增加,苏联国家工作的重心正越来越转到进行和平的组织工作,转到对社会进行经济改造的事业。经济领域的改造内容包括:对私人企业进行经济改造、建立各种社会主义的经济形式(国营企业、合作社等)的事业。布哈林认为,无产阶级专政就是把无产阶级组织成为国家政权,也就是组织对广大农民群众的领导,无产阶级专政对于劳动农民的基本任务,是帮助和改造,即对农民的经济结构进行改造的任务。布哈林重点阐述了在"和平组织"时期通过合作社对农民进行经济改造的问题。工人是社会性集体生产的天然拥护者,农民是小私有经济的拥护者,二者被一条宽阔的鸿沟隔离开来,而合作社将会彻底填平横在这两个阶级之间的鸿沟。随着合作社的发展,农民的政治和一般文化教育程度得到提高,农民将日益发生变化,首先变为某种与工人阶级中广大的一般后进和落后阶层相似的东西,然后将越来越接近工人阶级。即农民经济通过合作社同无产阶级的国营经济结合起来,最后,在自身得到改造之后,加入统一的社会主义经济。

---

① 《布哈林文选》上册,人民出版社1981年版,第101页。

§第三节 苏联社会主义的建设路线

> 整个问题往往在于动员受束缚的经济因素发挥作用,使之开动起来,保证这些因素的互相影响,使这些因素能够互相作用,由此产生的结果将是生产力的发展。
>
> 布哈林

一 建设社会主义必须执行发展生产力的路线

从马克思主义发展生产力的观点出发,布哈林提出,社会主义建设必须执行"发展生产力的路线"。① 只有高度发达的生产力才能提供消灭阶级差别的物质保证。社会主义建设的根本途径是发展社会生产力,提高生产效率。因为,如果没有生产力的大力发展,"那就只会有贫穷、极端贫困的普遍化,而在极端贫困的情况下,必须重新开始争夺必需品的斗争,全部陈腐污浊的东西又要死灰复燃"。②

社会主义社会是平衡的社会,而阶级之间的平衡是以经济利害关系为基础的,只有执行"发展生产力的路线"③,大力发展生产力,提高生产效率,才能完成社会主义的建设任务,实现国家和群众的财富充足,保持阶级和社会的平衡,才能把苏联引导到真正完全的社会主义。因此,执政的无产阶级在制定政策时,应把发展社会主义生产力作为衡量标准,制定利用一切经济力量来提高国家生产力、提高生产效率的经济政策,把生产发展到能够满足所有人的需要的规模,结束牺牲一些人的利益来满足另一些人的需要的情况。

二 沿着"新经济政策"的轨道发展社会生产力

随着内战的结束,国内的情势已经发生了变化,布哈林提出执政党

---

① 《布哈林文选》上册,人民出版社1981年版,第29页。
② 《马克思恩格斯选集》第1卷,人民出版社1995年版,第86页。
③ 《布哈林文选》上册,人民出版社1981年版,第29页。

应顺应新形势，提出新任务，即"提高生产力的任务"①，落实"利用一切经济力量并且真正提高国家生产力的经济政策"——新经济政策。② 布哈林强调："从现实的革命路线的观点看来，它是无产阶级实际的经济政策，也就是旨在发展国内生产力的政策的前提、第一步和总的必要条件。"③

布哈林从经济上的合理性和减少行政成本两个角度，阐述了新经济政策能够促进社会生产力的发展，沿着新经济政策的轨道可以走向社会主义的观点。

新经济政策具有经济上的合理性。"在新经济政策中第一次找到了小生产者的私人利益和社会主义建设的整个事业之间的正确结合"④，有利于各种经济成分相互繁荣。布哈林认为，执政的无产阶级面临着一个极其重要的经济组织问题，即如何正确地规定两种生产形式的比例：一种生产形式无产阶级能够使之实现合理化、加以组织、有计划地进行管理；另一种生产形式无产阶级在自己的发展初期不能使之实现合理化和有计划地进行管理。由于无产阶级不可能组织一切，不可能强制地用自己的计划去代替拥有自己的个体经济的小生产者、小农。因此，落实新经济政策可以帮助无产阶级正确地规定两种生产形式的比例，让无产阶级"拿到自己手中的东西符合客观情况所容许的限度"。⑤ 同时，由于它是一种"少一点压制，多一点周转自由，少一点行政影响，多一点经济斗争，更多地发展经济周转"的政策，⑥ 在首先保证国营工业和农民经济生产力得到发展的前提下，第一次开辟了各种经济力量、各种经济成分相互繁荣的可能性，提供了通过经济流转发展生产的可能性，有利于生产力的增长和经济的高涨。从这个角度出发，新经济政策在经济上的合理性就在于："动员受束缚的经济因素发挥作用，使之开动起来，保证这些因素的互相影响，使这些因素能够互相作用，由此产生的

---

① 《布哈林文选》上册，人民出版社1981年版，第28页。
② 同上书，第360页。
③ 同上书，第109页。
④ 同上书，第442页。
⑤ 同上书，第65页。
⑥ 同上书，第365页。

结果将是生产力的发展……"①

新经济政策的实施可以减少行政成本。如果无产阶级竭力把过多的东西拿到自己手中,那么它就需要一个庞大的行政管理机构,需要过多的职员和工作人员代替小生产者、小农等来履行其经济职能。而用国家的职员来代替所有这些小生产者的职能的这种企图,会造成巨大的官僚机构,以致它的开支比由于小生产领域中的无政府状态而产生的耗费还要大得多,导致无产阶级国家的整个经济机构,不是发展生产力的形式,而是束缚生产力发展的桎梏。此外,庞大臃肿的国家机构需要大量的开支,"为了支付这些开支就必须征税,其中包括向农民征税,当这些税收像一副重担压在已经破产和贫困不堪的农民经济身上"②,就会影响工农联盟的巩固。布哈林认为,新经济政策是对党"由于没有经验和无知而做的一些事情所进行的必要的纠正"③,它能够避免以上弊端导致的政治和经济危机,能够巩固工农联盟,减少行政成本和管理费用,解放和发展社会生产力。

§第四节　苏联社会主义建设的动力

社会主义经济是为消费而生产,群众需求的发展是发展生产的巨大推动力。

布哈林

一　满足人民群众日益增长的需求

从人民群众的利益出发,布哈林提出,满足人民群众日益增长的需求是苏联社会主义建设的动力。他认为,和资本主义经济相比,"社会主义经济是为消费而生产,群众需求的发展是发展生产的巨大推动

---

① 《布哈林文选》上册,人民出版社1981年版,第207页。
② 同上书,第409页。
③ 同上书,第66页。

力"①,"社会主义应以满足群众日益增长的需求为目的"②,"满足群众需求是社会主义经济的特征之一"③,"社会主义的宗旨是全力发展工人的需要。"④ 随着新经济政策的实施,苏联已经开始从以利润为准则的经济类型转到以满足群众需求为准则的经济类型上去,社会主义应把有计划地满足社会需要的增长作为社会主义建设的动力,把满足群众需求当作自己的任务,从而以"群众需求的增长"推动着社会生产前进,为更多的人"提供发展的可能性"。⑤

针对当时苏联"最尖锐的"住房建设问题和群众的子女教育问题,布哈林生动地指出这两个问题"很尖锐",应尽快解决:"人们生活,时间流逝着,房屋变旧、变坏、逐渐剥落,所有这些都是不知不觉地进行的。五年、六年过去了,房屋开始损坏,而城市扩大了,无数的人挤进了城市,居住面积在减少。可以在一个房间里放四块间壁,然后在每个间格里再放四块间壁,但是根据物理学的一切规律,以后总会有那么一天人需要爬进衣柜里去。在我们的许多城市里正是存在这种情况。住房的危机是最尖锐的问题之一,这个问题的解决同样要求巨额的费用。而学校的情况怎样呢?对于工人来说,子女教育问题是最尖锐的问题之一。现在这也需要大笔补充费用。诚然,古代希腊的某些哲学家同自己的学生在露天里散步。但是,哎呀!这在希腊是可能的,在我们的严寒天气里,你不会常常去散步吧!"⑥

"社会主义希望极大地发展人类生活的一切方面,一切人类的需要,扩大和丰富生活。"⑦ 布哈林号召共产党在落后的社会条件下积极领导广大群众,以英勇的劳动"换取群众福利的大发展"⑧,群策群力地解决巨额的建筑和教育费用,进行宏伟的社会主义建设,开展广泛领域的教育活动,以实现群众福利,满足群众日益增大的各方面需要。

---

① 《布哈林文选》下册,人民出版社 1981 年版,第 416 页。
② 同上。
③ 《布哈林文选》上册,人民出版社 1981 年版,第 237 页。
④ 《布哈林文选》中册,人民出版社 1981 年版,第 393 页。
⑤ 《布哈林文选》上册,人民出版社 1981 年版,第 454 页。
⑥ 《布哈林文选》中册,人民出版社 1981 年版,第 307—308 页。
⑦ 同上书,第 393 页。
⑧ 同上。

二 维护和保障人民群众的利益

在深刻分析了战时共产主义政策失败的主要原因，对比战时共产主义政策和新经济政策实施后的不同结果后，布哈林强调，顺应民意，维护和保障人民群众的利益是苏联社会主义建设的动力。社会主义建设必须注意"个人利益"，发挥私人的个人利益刺激因素和个人首创精神的巨大作用，以优惠的政策和措施改善农民的生活条件和生产条件，"让无产者以自己的私人利益为出发点去促进整个生产的高涨"。[①]

布哈林认为战时共产主义政策失败的主要原因之一就是忽视甚至损害了广大群众的利益。在战时共产主义制度下，由于对个人利益注意不够，除了口粮部分之外，农民所有的剩余产品都被拿走，商品流转被封锁，农民不能合法地买卖东西，经营的个人刺激因素被摧残，导致农民对增加生产不感兴趣，造成生产减少、生产效率下降，经济出现完全脱节等诸多不良后果。新经济政策由于加进了对作为生产者的个人的和团体的利害关系的成分，维护了广大群众的个人利益，因此是"医治这种疾病的药方"。[②]新经济政策顺应民情民意，把广大群众的个人利益作为社会主义建设的推动因素，充分利用农民、小生产者，甚至资产者的经济主动性和经营兴趣，开放了商品流转，允许私人积累，采用计件工资制和其他的报酬形式，保障了广大群众的私人利益，推动了社会主义国营工业和整个经济生产的高涨，维护了社会主义各项建设事业的顺利展开。

§第五节 苏联社会主义建设的方法和方式

在过渡时期的社会中，社会向高级形态的发展是一种进化的过程。

布哈林

列宁曾指出："要想解决战胜资本主义这一更困难的任务的人们，

[①]《布哈林文选》上册，人民出版社1981年版，第359页。
[②] 同上书，第33页。

也应该具有坚忍不拔的精神来实验几百以至几千种新的斗争方法、方式和手段，直到从中得出最适当的方法。"①布哈林积极探索在苏联这一落后的国度里建设社会主义的"最适当的"方式方法。实行新经济政策后，经济社会上的变化，思想理论上的争鸣，使布哈林对新经济政策的认识不断深化。他坚持列宁倡导的"改良主义的"社会主义建设方法，提出以"和平长入社会主义"的方式进行社会主义建设。

一 "改良主义"的方法

方法服从于任务。在社会主义制度下，社会向高级形态的发展是一种进化的过程，社会主义建设必须借鉴列宁关于以"改良主义"方法进行经济建设的理论。

列宁在改行和实施新经济政策的过程中指出，对于一个真正的革命者来说，最大的危险，甚至也许是唯一的危险，就是简单地夸大革命的作用，而要取得成功，必须冷静地考虑在什么时候和在什么情况下，哪些任务可以用革命的方法解决，哪些任务则要用改良的方法加以解决。在1921年春天以前的三年多的时间内，苏俄在经济建设的一些根本问题上实行的是一种革命办法，即"最彻底、最根本地摧毁旧事物，而不是审慎地、缓慢地、逐渐地改造旧事物，力求尽可能少加以破坏"；而从1921年春天起，开始采取"改良主义"的新经济政策，即在处理社会主义与市场经济的结合问题上，不摧毁旧的社会经济结构——商业、小经济、小企业、资本主义，而是活跃它们，审慎地逐渐地掌握它们，并在使它们活跃起来的范围内对它们实行国家宏观调节。布哈林对列宁的上述思想高度认同："既然主要的目标是以沿着社会主义道路不断改造的社会（通过阶级斗争的特殊形式进行改造）的统一，那么显然，国内战争的口号就被国内和平的口号所代替。既然发展的类型基本上是进化发展的类型，那么显然，我们在当前实践方面所采取的方法就可以相对地成为'改良主义的'方法。"②

从分析国内社会矛盾的角度，布哈林认为当时已经具备采用"改

---

① 《列宁全集》第37卷，人民出版社1986年版，第17页。
② 《布哈林文选》中册，人民出版社1981年版，第205页。

良主义的"方法进行社会主义建设的条件。在无产阶级专政下，虽然过渡时期还存在阶级斗争，但矛盾是缓和的，工人阶级拥护国内和平，各种矛盾将不是扩大再生产，而是缩小再生产，党和国家工作的重心已经转到和平的经济组织工作，完全具备通过进化的道路发展社会主义的条件。因此，社会主义建设适宜采用"改良主义的、渐进主义的"方法，采取审慎迂回的行动，去实现阶级矛盾的消亡与社会的动态平衡。

和平对待"耐普迈"新资产阶级是布哈林"改良主义"方法的一个具体运用。由于实行了新经济政策，被称为"耐普迈"的新资产阶级在社会经济活动中日益活跃。当时党内有人主张实行"第二次革命"，对"耐普迈"采取行政手段，用剥夺的办法消灭它们。对此，布哈林予以反对，强调当时资本主义经济能加快市场流转，能提供税收，能吸纳富余劳动力，在一定程度上对发展整个国民经济起着某种有益的积极的作用。与此同时，对于"耐普迈"这种"不可避免地要增长起来的资本主义成分"，布哈林提出用"改良主义的"、经济的、排挤的办法，开展经济竞赛和经济斗争，再加以农民群众的日益合作化予以克服。

二 "和平长入社会主义"的方式

社会主义革命是把资本主义社会转变为社会主义社会的过程，它首先要求无产阶级夺取政权、剥夺剥夺者、镇压剥削者的反抗。无产阶级夺取政权之后就获得了"和平长入社会主义"的重要前提：政治上建立了无产阶级专政，而苏维埃政权同时是一种巨大的经济力量；无产阶级掌握了国家的经济命脉，有足够的能力去改造非社会主义成分。布哈林把苏联向社会主义的过渡看作是一个长时期的有机过程，"是真正长入社会主义的过程"。[①] 工人阶级取得政权以后要完成自己的社会主义改造任务，向社会主义进一步发展，应该通过进化的道路，也就是说，苏联的社会主义建设应该采取"和平长入社会主义"的方式。

无产阶级夺取政权后，面临着复杂而艰巨的社会主义建设任务，但是，仅仅通过法令、通过纯粹的暴力措施是不可能完成任务的，若竭力

[①] 《布哈林文选》上册，人民出版社1981年版，第63页。

实行行政压制,"结果将是无产阶级专政的必然垮台"①。布哈林所说的"和平长入社会主义"是与一个阶级推翻另一个阶级的社会革命相对而言的,它强调的是确保无产阶级执政的前提条件下,对非社会主义因素进行和平改造的方式。尽管过渡时期仍有阶级斗争,但是,除了矛盾、斗争的因素,更多的还是彼此之间的统一。因此,"工人阶级的任务就是巩固这一专政,保护它不受任何侵犯。在这种条件下工人阶级政党就成为国内和平的政党,就是说,它要求以前占统治地位的各阶级、阶层和集团服从工人阶级;它要求它们保持国内和平,这时工人阶级就要惩罚和追究国内和平的一切破坏者、一切阴谋分子和怠工者———一句话,妨碍和平建设新社会的一切人"。这种国内和平当然是有条件的,是"一切阶层——包括新政权过去的敌人——都完全承认这一政权、承认它的法律、它的机构的基础上,以及在服从这些法律和机构的基础上的国内安定"②。这就是说,无产阶级掌握了国家的政治和经济命脉之后,创造出比资本主义更高的劳动生产率的任务,就提到了首要地位,而发展生产、提高劳动生产率必须有一个安定和平的经济建设环境来保障。毕竟,历史已经证明,在战争和动乱中无法进行经济建设,战争动乱会造成巨大的生产力耗费。随着执行巩固整个社会的总路线,无产阶级的党不再是"国内战争的政党"而是"和平的政党",国家方针从革命路线转为"和平的组织工作",党和国家的工作重心转为经济建设,工人阶级仅仅通过法令、通过纯粹的暴力措施不可能完成自己的任务,国家内部向社会主义的进一步发展应该"通过进化的道路"。③ 在阶级关系上,大规模的、激烈的阶级斗争转向阶级合作,无产阶级继续同农民在联盟的基础上和睦相处,无产阶级对资产阶级主要采取经济斗争手段,反对采取暴力镇压的流血斗争。这样,在无产阶级专政建立、镇压了剥削者的反抗以后,整个社会就不再需要暴力革命,新社会便开始"真正长入社会主义"的发展时期,开始实现社会主义的有机进化和发展。布哈林认为,要实现这种有机地长入社会主义,必须采用列宁所说的

---

① 《布哈林文选》上册,人民出版社1981年版,第371页。
② 《布哈林文选》中册,人民出版社1981年版,第430—431页。
③ 《布哈林文选》上册,人民出版社1981年版,第193页。

"和平的'文化'组织工作"。

"和平长入社会主义"的对象主要是针对广大农民和富农的。布哈林设想,农民和富农通过两种形式"和平长入社会主义":一种是贫农和中农长入总体系,即组建贫农合作社(集体农庄),中农销售、采购、信用合作社,"这将是社会主义合作社";另一种是富农长入经济机关总体系,即富农组建信用合作社,把闲置的现金存入国家银行,以取得利息发展他们的经济,这样,富农经济就同国家经济机构联结在一起,在一定程度上受无产阶级国家控制,这种富农经济"将是国家资本主义的成分"。布哈林总结说:"我国基本的农民合作社网将不是由富农式的而是'劳动'式的基层合作社细胞构成,这些细胞将长入到我们的一般国家机关的体系中去,并通过这一途径成为社会主义经济的单一链条中的环节。另一方面,富农合作社的窝巢也将会通过银行等等同样长入到这个体系中去;不过它们在某种程度上将是异物,例如像租让企业那样。"[①]

农民是苏联社会主义建设的重要力量,但农民具有二重性——一方面是劳动,另一方面是经济的私人性质。如何对待农民经济是社会主义建设需要解决的重大课题。布哈林强调指出,在无产阶级专政的帮助下,农民经济将通过合作社变成一种新的、高级的形式,更加大型的、更加文明的和沿着社会主义道路发展的形式。这个过程的发展将不是通过"排挤""吞噬"和"消灭"农民经济,而恰恰是通过对它进行缓慢的改造,即用利益来吸引作为小私有者、小业主的农民,使农民通过能让他们获得直接利益的合作社逐渐长入社会主义关系的体系。从商业合作社到生产合作社,农民经济在自己不知不觉而又是始终有利于自己的情况下,逐步地、缓慢地由单个的、分散的单位越来越成为有组织的整体体系,同日益增长的国营工业、与无产阶级专政的各种经济组织结合在一起,这样,合作社细胞就长入无产阶级国家经济机关的体系中,并通过这一途径成为社会主义经济的单一链条中的环节。

对于农村中的富农,布哈林主张他们同样组织合作社,实行"和平长入社会主义"的改造方式。发展富裕农户的经济,是为了帮助贫

[①] 《布哈林文选》上册,人民出版社1981年版,第386、428页。

农和中农。富农可以租赁贫农无力经营的土地，同时雇佣农村富余劳动力参加耕种，给付他们薪酬，农村的过剩劳动力就可以得到工作，增加收入。同时，富农经济可为国家提供税收，间接为社会主义服务。富农利用贸易自由扩大和发展经济，会逐渐积累大量资金并存入国家银行，而国家银行则可以把这些存款贷给贫农，援助中农，为他们提供发展生产的资金。"我国财政政策……从小资产阶级、中等资产阶级和私人资本方面所征取的各种税收正在增加。我们用这种方法所得到的资金，都分配在国家的各种需要上面，即用在我们的工业、文化建设、苏维埃机关等方面的需要上。我们允许私人资本家在一定范围内进行贸易，同时，我们用征税的办法，从资本家所取得的经济财源中征取一部分资金，并通过国家预算、银行贷款以及我们所控制的许多渠道，把这部分资金用来满足社会主义建设的需要。"[①]

关于如何对待富农，布哈林认为，不能对富农搞第二次革命，不能对它们采取剥夺政策。富农组织合作社把闲置的现金存入国家银行以取得一定的利息，如此，富农合作社就和国家的经济机构联结在一起，它们也就在一定程度上受到无产阶级国家的控制。这样，在无产阶级国家机构的控制下，富农经济被纳入社会主义轨道，为社会主义经济服务，国家可以运用经济手段逐步排挤、改造、战胜富农经济。最终，富农合作社也将会通过银行等同样长入到各种社会主义总体系中去。这样一个由多种经济成分构成的经济链条，实际上就是社会主义。掌握着国家经济命脉的无产阶级，可以利用政权的力量，用立法、税收等制度保护国营经济和合作社经济，支持社会主义经济成分。"随着各种私人企业主及其私人经济的被排挤，随着国营和合作社经济的组织性和完整性的提高，我们将逐步地越来越接近社会主义……那时，一切都属于劳动人民，那时，全部生产都是为了满足全体劳动人民的需要"。[②]

---

① 《布哈林文选》上册，人民出版社1981年版，第369页。
② 同上书，第436页。

§第六节　苏联一国能够建成社会主义

尽管我国在技术上落后，尽管我国有许多农民，尽管技术和经济还极其落后，我们还是能够一步一步地建设社会主义，如果资本主义列强不用武装干涉来进行阻碍的话，我们就会把社会主义彻底建成。

布哈林

一　对"苏联建不成社会主义"言论的批驳

如何看待困难重重的苏联社会主义建设？布哈林赞成斯大林提出的一国社会主义论，对苏联一国能够建成社会主义满怀信心。当时托洛茨基等人提出"苏联建不成社会主义"，对此，布哈林予以批驳，指出由于基础薄弱，苏联的社会主义建设尽管非常缓慢，有时"将以乌龟爬行"的速度发展，但终究在建设社会主义，并且定将把它建成。

20世纪20年代，资本主义世界渡过了第一次世界大战后的第一次经济危机，资产阶级镇压了德国等国的革命，资本主义世界进入了暂时的局部稳定时期。在苏联国内，共产党在千百万群众的支持下，努力落实新经济政策，披荆斩棘进行社会主义建设，但面临的困难重重。"容许私人资本的存在，引起了人们对新经济政策是否会削弱社会主义建设问题的普遍关注。在这种形势下，处在资本主义体系四面包围中的苏联前途何在，能否在经济上和技术上依靠自身的力量建成社会主义的问题，被尖锐地提了出来。围绕这一问题，俄共党内发生了激烈的争论"。[①]

托洛茨基从"不断革命"的机会主义理论出发，对苏联的社会主义前途持否定态度。他认为，苏联是农民占人口绝大多数的落后国家，处在资本主义世界包围之中的苏联一个国家无论如何也建不成社会主义。他认为，如果没有欧洲无产阶级直接的国家援助，俄国工人阶级就不能保持政权，就不能把自己暂时的统治变成长期的社会主义专政。季诺维也夫和加米涅夫也提出，落后的技术和经济是苏联社会主义建设不

---

① 顾海良主编：《斯大林社会主义思想研究》，中国人民大学出版社2008年版，第56页。

可克服的障碍。他们认为农民根本不可能成为无产阶级在社会主义建设事业中的同盟者。

斯大林提出，苏联一国可以建成社会主义。他认为，把绝大多数人民的支持和苏联的自然条件结合起来，苏联不依赖欧洲革命而只靠本国的力量也能够建成强大的社会主义国家，落后的苏联靠自己的力量也能建成社会主义。针对欧洲无产阶级革命的援助问题，斯大林指出：" 欧洲工人对我国革命的同情，他们破坏帝国主义者武装干涉计划的决心……是很大的帮助……这种同情和帮助，再加上我们红军的实力和俄国工农挺身保卫社会主义祖国的决心，——这一切是不是足够击退帝国主义者的进攻，取得必要的环境来进行真正的建设工作呢？是足够的。"①

关于苏联社会主义建设的前途问题，布哈林反对千篇一律地生搬硬套马克思主义原理，提出在任何情况下都不要忽视发展的特殊性，不要千篇一律地生搬硬套，要既善于识别和看出共同性，也善于识别和看出特殊性，后者在沿着共产主义的道路继续前进的事业中，有时起着决定性的作用。②他充分考虑了苏联特殊的国情，赞成斯大林提出的一国社会主义论，对苏联一国能够建成社会主义满怀信心，相信苏联社会主义建设步伐能够不断地向前迈进，苏联能够依靠自己的力量建成社会主义。

布哈林认为，那种单纯指望西方先进资本主义国家取得无产阶级革命的胜利，从而给予苏联以先进技术援助的观点，是一种乌托邦思想。他批驳了怀疑、否定苏联社会主义建设前途的看法，指出那种认为苏联技术经济落后，没有建成社会主义的条件，没有欧洲无产阶级直接的国家援助就不能建成苏联社会主义社会的看法，是否定苏联社会主义前途的错误观点，具有极大的危害性。其危害性就是：让人们看不到前进的目标，削弱无产阶级自觉领导农民建成社会主义的信心、意志和行动。他强调，在社会主义向前艰难行进的过程中，应该鼓舞苏联人民建设社会主义的信心和热情。"尽管我国在技术上落后，尽管我国有许多农

---

① 转引自顾海良主编《斯大林社会主义思想研究》，中国人民大学出版社2008年版，第57页。

② 《布哈林文选》上册，人民出版社1981年版，第197页。

民，尽管技术和经济还极其落后，我们还是能够一步一步地建设社会主义，如果资本主义列强不用武装干涉来进行阻碍的话，我们就会把社会主义彻底建成。"① 这里，布哈林强调了资本主义列强的武装干涉对苏联政权的破坏性，过分强调了外部力量的破坏作用，一定程度上轻视了执政党自身建设对巩固政权的重要性。

二 苏联一国能够建成社会主义的原因

关于苏联一国建成社会主义的原因，布哈林归之于两点：其一，苏联幅员广大，资源丰富，工人阶级在共产党的领导下执掌政权，和广大农民结成了稳固的工农联盟；其二，俄国资本主义的现代大工业在无产阶级专政建立后转变成社会主义的国营工业，构成掌握在无产阶级手中的经济命脉，因此在苏联建设社会主义具有强大的政治和物质保证，没有欧洲无产阶级革命的援助，苏联一国也能够建成社会主义。

布哈林把工农联盟视为苏联一国能够建成社会主义的最关键之处。由于资本主义道路使绝大多数农民贫困破产，而社会主义道路使劳动农民生活不断提高，因此劳动农民乐意和无产阶级一起走社会主义道路，二者都愿意社会主义的发展取得胜利。由于无产阶级掌握着国家政权，掌握着国民经济命脉，无产阶级也能够吸引劳动农民参加社会主义建设。这样，工人阶级和农民阶级具有共同的根本利益，尽管二者之间也存在矛盾，但矛盾是次要的，共产党拥有解决工人阶级同农民之间矛盾的手段和方法，有能力维护和巩固工农联盟、维护和保障两个同盟者的利益。在无产阶级专政时期，共产党领导的苏维埃政权是强大的政治和经济力量，应相信农民的革命性，相信无产阶级有力量领导农民。只要执政的无产阶级政党担当起改造旧世界和创造新世界的重任，运用工农联盟的伟大力量，采用合理的建设方法，就能带领全体居民"更加迅速地过渡到真正完全的社会主义社会类型"。②

遵循上述建设思路，布哈林社会主义建设思想的主题体现在政治、经济、文化三个方面。对此，本书在第四章到第六章予以详细阐述。

---

① 《布哈林文选》中册，人民出版社 1981 年版，第 42 页。
② 《布哈林文选》上册，人民出版社 1981 年版，第 475—476 页。

第四章　布哈林的社会主义政治建设思想

> 政治是经济基础的"上层建筑",既然在它下面"一切都在流动,一切都在变化",它是不可能停留在原地不动的。
>
> 布哈林

伟大的十月社会主义革命使社会主义在苏联由理论变成了实践。苏联无产阶级在党的领导下尽管已经取得了国家政权,实现了无产阶级专政,但多年的战火给封建专制传统深厚的小农国家留下满目疮痍,处于被资本主义世界封锁包围、时刻面临战争威胁的非正常环境中。经济、政治、文化基础落后的苏联,面临着"如何保证新生苏维埃社会主义制度的生存和发展,如何快速有效地进行社会主义建设"这一极其困难和复杂的全新历史课题。而在探索社会主义建设的所有子课题中,政治建设无疑处于首要的地位。

在继承列宁社会主义政治建设思想遗产的基础上,布哈林同样进行了勇敢而艰难的探索。他从苏联的具体国情出发,运用马克思主义的基本理论和科学方法,深刻思考了无产阶级专政时期党的建设、政权建设、意识形态建设、法制建设、对外关系等问题,提出了一系列有关社会主义国家政治治理的思想。这些思想旨在破解苏联社会主义政治实践中遇到的难题,积极探索对苏维埃社会进行科学管治的方法,尽快实现由"夺取沙皇俄国"向"管理苏维埃俄国"的转变,以社会主义政治建设的成果巩固和发展新生的苏联社会主义制度。

布哈林社会主义政治建设的思想依据在于,政治是经济基础的上层建筑,既然在它下面"一切都在流动,一切都在变化",它是不可能停留在原地不动的。① 他遵从列宁提出的策略要同历史的曲折发展相适应的教导,认为随着党领导下的无产阶级掌握了政治、军事和经济命脉,国家的工作重心转向"和平组织工作",苏维埃国家的政治建设应适应变化了的经济基础,顺应工作重心的转移,采取和平治理国家的新方法新举措,把苏维埃国家从"阶级镇压和统治的工具"变为"和平组织经济工作的杠杆"。

§ 第一节 正确认识国内的阶级状况和阶级斗争

"和平组织"工作,"文化"工作是苏联无产阶级争取社会主义的阶级斗争的特殊形式。

布哈林

一 国内的阶级状况

在无产阶级专政过渡时期,进行社会主义建设,首先必须正确认识国内的阶级构成和阶级关系。布哈林对当时苏联的阶级状况进行了分析,指出当时苏联在过渡时期存在三个阶级:工人阶级、农民阶级和资产阶级。依据阶级性质的不同,工人和农民是苏维埃共和国社会和制度的两个基本阶级,在苏维埃共和国内,社会制度是以工人和农民这两个阶级的合作为基础的。第三个阶级是包括富农和"耐普曼"在内的资产阶级。关于资产阶级,布哈林强调:"只有当它在某种程度上和在一定条件下'被容许'与工人阶级和农民'进行合作'时,才存在。"②

作为先进生产方式代表的工人阶级是苏联社会主义国家的领导阶级,"在无产阶级专政条件下,工人阶级的任务就是千方百计地支持、巩固、领导新社会,保持国内和平,惩罚和追究妨碍和平建设新社会的事业的一切人。"③ 由贫(雇)农、中农构成的农民,是工人阶级的同盟者,他们在工人阶级的领导下参加社会主义建设。其中,贫(雇)

---

① 《布哈林文选》上册,人民出版社1981年版,第211页。
② 同上书,第429页。
③ 同上书,第430页。

农是农业无产阶级,是工业无产阶级思想的忠实传播者。属于劳动阶级的中农是农村的主要居民,具有两面性,他们一方面倾向于富农,另一方面倾向于无产者。富农是农业资产阶级,属于剥削阶级。对富农应具体分析,区别对待,对反动富农,必须坚决加以镇压。而对大多数"有事业心的"富农,要鼓励他们发展经济,给他们以经营的自由。

从社会现实出发,布哈林对当时国内存在的社会新阶层进行了分析。他认为,社会上存在包括富农、商人、企业主在内的新资产阶级阶层,是当时社会所需要的一个阶层,在苏维埃法律容许的范围内活动。在这个新阶层中,大多数人是守法的、对生产经营"有事业心的",在一定程度上、一定范围内和一定时期内执行着对社会有益的职能,工农阶级可以利用这一点,通过向他们征税,促使他们为社会主义服务。工农阶级和新资产阶级之间是一种包含着阶级斗争的合作,工农将通过经济方式排挤、战胜它们。客观而言,这种从实际出发,以辩证的视角进行的理论分析具有一定的合理性。

二 过渡时期阶级斗争的特点

过渡时期还有没有阶级斗争?布哈林认为,在过渡时期,阶级斗争不会立即停止和消亡,而会持续很长的时期,直到一般的阶级划分最终消失为止。但在每一个发展的具体阶段,阶级斗争的激烈程度是不一样的,很可能一开始,在最初时期,它会尖锐化。此外,其他时期也可能由于一系列的历史原因导致矛盾会尖锐化。但是,"在无产阶级专政下,工人阶级主张走向共产主义的进化的发展。"[1] 过渡时期的社会向高级形态的发展是一种和平进化的过程,所以,过渡时期阶级斗争发展的总趋势是逐渐缓和、逐渐减少以至最后消亡。

过渡时期阶级斗争的形式如何?布哈林以经济的视角进行了分析,提出,当时苏联阶级斗争的基本形式是各种不同的经济形式的斗争,和平组织工作和文化工作是苏联无产阶级争取社会主义的阶级斗争胜利的特殊形式,阶级斗争的基本问题"穿上了经济的外衣",开始具有"有

---

[1] 《布哈林文选》上册,人民出版社1981年版,第295页。

机的和平经济的面貌";①阶级斗争的形式本身也发生了变化，"无产阶级的阶级斗争采取了看不出的、极端奇特的形式：这就是无产阶级大工业争夺对私人资本统治权的斗争"。对资本主义势力采取课税为主的斗争形式，迫使私人企业主支付保险费，对资本主义企业征税，国营工业、国营商业和合作社方面的竞争，给予合作社企业以优惠和优先权——这一切都是阶级斗争的"新形式"。

早在 1919 年底，布哈林就无产阶级专政及其发展趋势写道："这种专政之所以需要，是为了剥夺资产阶级的自由，捆住它的手脚，使它不能进行反对革命无产阶级的斗争。资产阶级的反抗越激烈，它越疯狂地施展自己的力量，它越危险，那么，无产阶级专政就应当越严厉和越无情，甚至必要时采取恐怖手段也在所不辞。只有在彻底镇压了剥削者，只有当他们不再反抗的时候，只有当他们不存在对工人阶级捣乱的任何可能性的时候，无产阶级专政才会日益缓和；同时从前的资产阶级将渐渐地同无产阶级溶合起来，工人国家将逐渐消亡；而整个社会将变为没有任何阶级的共产主义社会。"② 1925 年，布哈林强调指出：由于无产阶级执掌着政权，阶级斗争"在顺利地向社会主义前进的条件下，到了一定的时候就开始'消亡'"；③ "阶级斗争不会一下子停止和消亡，而是要持续很长时期，直到阶级划分最终消失为止。"④ 1927 年，布哈林指出，从资本主义向社会主义过渡的基本路线，是矛盾缩小和最后消亡的路线。但是，这决不排斥这些矛盾在一定发展时期的尖锐化，过渡时期的矛盾不会马上消失，它们将在阶级斗争中被克服……行动中的无产阶级专政本身就是阶级斗争的特殊形式，它排挤城乡资产阶级，领导农民和改造农民。

鉴于在无产阶级专政的条件下，无产阶级在战略上始终占据有利地位，布哈林认为，阶级斗争应当摒弃对资本主义直接剥夺和行政压制的方式，而应该采取法制手段，按照市场规律开展经济斗争这一阶级斗争

---

① 《布哈林文选》上册，人民出版社 1981 年版，第 110 页。
② [苏]尼·布哈林、叶·普列奥布拉任斯基：《共产主义 ABC》，东方出版社 1988 年版，第 70 —71 页。
③ 《布哈林文选》上册，人民出版社 1981 年版，第 295 页。
④ 同上书，第 430 页。

的"新形式"。

无产阶级如何在经济竞争中取胜？布哈林主张按照价值规律开展经济竞争，排挤资本主义势力。"如果他们卖东西便宜一些，我们就应该做到卖得更便宜。"对于农村的私人店铺，不应封闭它们，而应办好农村消费合作社，满足农村的地方性需求。要组织好农民信用合作社，搞好额大息低的合作贷款，以战胜富农高利贷。如果在市场的竞争过程中，国家掌握的大工业战胜了私人资本主义的中小企业，国家的批发商业、国营商业网战胜了小私人商业企业，小农和中农组织的合作社通过竞争战胜了富农经济，那么，这就是无产阶级在阶级斗争中的胜利。

关于阶级斗争的发展趋势，马克思主义经典作家没有直接论述过，但他们直接论述过阶级和国家的消亡。恩格斯曾指出，当生产力达到非常高的水平时，阶级不可避免地要消失，国家也不可避免地要自行消亡。列宁认为，阶级斗争会愈来愈温和。布哈林对过渡时期的阶级斗争规律做出了自己的理解，认为在无产阶级专政的国家里，无产阶级掌握着国家的政治、军事和经济命脉，可以运用政权的力量，发挥社会大生产的优势，用革命法制保障农民和工人的利益，从各方面支持社会主义的经济成分，而不必过分担心资本主义经济成分的负面作用。布哈林强调，打碎了资产阶级国家旧机器的无产阶级，由于阶级斗争依然存在，不得不考虑资产阶级的各种反抗。过渡时期阶级斗争的最终解决要靠社会主义经济的发展，当社会生产力得到很大发展，和新资产阶级的经济力量相比，社会主义经济成分居于绝对权威地位，无产阶级在各个层面都能制服资产阶级的反抗时，阶级斗争就会开始静息。布哈林指出，过渡时期阶级斗争的总趋势是日益缓和，最终走向静息和消亡，在这一历史发展过程中，社会主义经济采取在市场经济中同资本主义势力进行经济竞赛的方式开展斗争，凭借更先进的生产力、更高的劳动生产率、更价廉物美的商品，社会主义经济就会赢得斗争的胜利。布哈林的这些观点，拓展了马克思主义经典作家关于国家、阶级和无产阶级国家阶级斗争发展趋势的判断。

§ 第二节　巩固和发展共产党领导的无产阶级专政

我们应该前进，我们也必将前进，但是应当经常有一些好值班人，能发出危险信号，并及时地采取措施来消除危险，因为每一个混乱状态——党内性质的或者经济方面的——都得付出昂贵的代价，都会造成不良的——经济的和一般政治的——后果。

布哈林

布哈林认为，在共产主义得到充分发展之前，必须巩固和发展共产党领导的无产阶级专政。由于社会主义在建设的过程中面临重重的困难和难以预料的危险，因此必须加强布尔什维克党的建设，提高布尔什维克党的执政能力和水平，促使广大布尔什维克党员早日锻炼为社会主义建设进程中称职的"好值班人"①，从而尽量减少社会发展的代价。

一　布哈林的无产阶级专政理论

（一）无产阶级专政的必要性和重要性

布哈林认为，在共产主义和资本主义之间隔着整整一个历史时期。在这个时期中，打碎了资产阶级国家组织的无产阶级，由于阶级斗争依然存在，不得不考虑到资产阶级将会通过各种形式继续反抗。正是为了制服这种反抗，工人阶级需要有一个强有力的、牢固的、无所不包的也就是国家的组织，即共产党领导下的无产阶级专政这种形式的国家政权。

无产阶级专政具有历史合理性，布哈林援引恩格斯以巴黎公社为例强调无产阶级专政的重要性和必要性的一段话进行论证："获得胜利的政党迫于必要，不得不凭借它的武器反对反对派造成的恐惧，来维持自己的统治。要是巴黎公社不依靠对付资产阶级的武装人民这个权威，它能支持一天以上吗？反过来说，难道我们没有理由责备公社把这个权威

---

① 《布哈林文选》中册，人民出版社1981年版，第226页。

用得太少了吗？"① 布哈林指出，苏联社会发展沿着社会主义方向发展的保证是：工人阶级掌握着政权，拥有工人阶级的革命专政。苏联必须运用无产阶级专政这一权威的力量，采用苏维埃政权这一崭新的国家类型的无产阶级专政的形式，发挥把"经济"和"政治"融合为一个整体、对社会进行政治和经济改造的杠杆作用。

（二）无产阶级专政的形式及其特征

布哈林指出，"苏俄无产阶级专政的一般形式，就是苏维埃政权，即苏维埃国家"②，苏维埃共和国，是苏俄革命开创的一种完备的无产阶级专政形式，它集立法权与行政权于一身，它的一切机关，从最高机关直到基层机关，都是进行工作的委员会，它们同群众组织保持联系，依靠群众组织，并且通过这些组织吸引全体群众参加社会主义建设事业。

在苏维埃制度的条件下，苏维埃共和国，实际上就是群众本身的巨大组织。苏维埃政权本身实际上就是劳动群众意志的体现，就是这些群众的最广泛的和无所不包的组织形式。"苏维埃是直接的阶级组织。它不是个铁定的机构，因为有撤回每一个代表的权利；它就是以选出来的人为代表的，以工人、士兵和农民为代表的群众本身。"③ 苏维埃政权把劳动居民中的一切阶层，甚至最落后的阶层都一个一个地发动起来，例如，它组织和全力支持女工、农妇即过去受帝国主义压迫的妇女和最落后的少数民族的各种团体，千方百计地使他们认识到走向新生活和亲自参加建设社会主义新生活的必要性。

苏联无产阶级专政的特征是：它不容许资产阶级的代表参加国家机关的选举；禁止资产阶级的政治组织，限制或消灭资产阶级代表的一系列"自由"；苏维埃各级政权组织由选举产生，在前所未有的广泛程度上真正实行工人的组织自由和民主，吸引选民尤其是代表参加实实在在的管理国家的工作；苏维埃政权不脱离工人和农民的组织，它的一个最本质的特点，就是"它直接联系和依靠庞大的劳动人民的各种各样的

---

① 《布哈林文选》上册，人民出版社1981年版，第13页。
② 同上书，第449页。
③ 同上书，第22页。

组织网，这些组织包括工会、农民合作社、农民委员会、工人通讯员和农村通讯员组织、各种各样的自愿参加的团体和协会，等等"。① 无产阶级专政的国家机构不仅与工人组织而且与农民组织的联系，乃是它的前提，乃是一座桥梁，农民正在沿着这座桥梁逐步走到无产阶级的观点上来。

（三）无产阶级专政的职能

无产阶级专政，即组织成为国家政权的无产阶级，"在无产阶级国内和平"时期具有复杂的职能——专政、合作与改造、组织和管理的职能。无产阶级专政对存在于这个政治上层建筑下的各个阶级持完全不同的态度。专政的职能表现在对白卫匪帮、地主资产阶级、叛匪等阶层及其残余势力进行镇压。合作的职能表现在工农阶级对新资产阶级的合作。各级苏维埃"不仅执政，还要管理"②，不仅制定路线，还要实际贯彻。管理的职能表现在党领导下的无产阶级通过对经济和全国居民的改造实现对苏维埃社会的管理，由"夺取沙皇俄国"转向"改造、组织、管理苏维埃俄国"，巩固和发展苏维埃俄国。

如果说无产阶级专政是反映整个社会统一的某种"阶级合作"的外壳，那么，这绝不意味着阶级斗争的停止，而是阶级斗争采取了另一种形式。无产阶级及其国家政权对新资产阶级绝不能只限于用镇压的办法，在这方面还有阶级的合作，而在这种合作之中就包含着阶级斗争。布哈林指出，对私人资本不能用一道命令予以没收，也不能用革命的宝剑机械地一挥来砍倒。由于"新资产阶级在当前各种社会力量对比的情况下，是社会所需要的一个阶层，它在一定程度上、在一定范围内和在一定时期内执行着对社会有益的职能"③，工人阶级要利用这个资产阶级为社会主义建设服务，同时在经济斗争的过程中，主要是用经济排挤的方法去战胜它，即让国家机构和合作社以更快的劳动生产率、更价廉物美的商品战胜它。

关于工农两个阶级的关系，布哈林认为，无产阶级专政发展到一定阶段，无产阶级和农民阶级作为两个阶级的对立，到一定时候是一定会

---

① 《布哈林文选》上册，人民出版社 1981 年版，第 450 页。
② 《布哈林文选》中册，人民出版社 1981 年版，第 262 页。
③ 《布哈林文选》上册，人民出版社 1981 年版，第 296 页。

消失的。他认为，在当时作为领导阶级的工人阶级和广大农民群众之间的关系中，阶级分歧和阶级摩擦的程度都很小，合作的程度非常大，无产阶级对农民的态度是更多的合作，更少的斗争，需要逐渐地改造个体经济，通过改造个人主义改造农民。

随着苏维埃制度的日益巩固，工作重心正在由直接地、机械地镇压剥削者和那些敌视工人阶级的社会集团残余，越来越转到对社会进行经济改造的事业，转到同私人企业进行经济改造的事业，转到进行和平的组织工作，转到建立各种社会主义的经济形式（国营企业、合作社等）的事业。因此，布哈林认为苏维埃政权应日益成为社会改造、组织和管理的工具，发挥无产阶级专政在新时期的改造、组织和管理职能。由于工人阶级和农民以前没有学习过管理国家，在当前的管理体制中不可避免地存在种种缺点，出现了一系列令人失望的现象和所谓的"机器失灵"。[①] 因此，年青的苏维埃国家必须培养管理人才，加强管理职能，提高管理水平，真正担当起管理国家的职能。

在苏维埃制度的条件下，苏维埃政权本身实际上就是劳动群众意志的体现，无产阶级专政的国家机构是工人组织与农民组织联系的桥梁，各级苏维埃政权正积极发挥桥梁作用，组织工人阶级吸引群众、选民尤其是代表参加实实在在的管理国家的工作。工人阶级应意识到自己的真正任务是改造广大人民阶层，首先是改造农民本身，对他们进行重新教育，使之走上社会主义轨道，不断地提高他们，使之达到最先进的无产阶级居民阶层所具备的物质、经济和文化政治水平。

（四）共产党领导下的无产阶级专政的意义

布哈林阐述了共产党领导下的无产阶级专政的一般意义及其对劳动农民（贫农和中农）、新资产阶级的作用和意义。

1. 无产阶级专政的一般意义

共产党领导下的无产阶级专政具有重大的历史意义，是社会沿着社会主义方向发展的保证。布哈林提出："无产阶级专政的一般意义在于，首先，它是镇压剥削者的工具，镇压他们的一切重新执政的企图的工具；另一方面，无产阶级专政的一般意义在于，它是对社会进行经济改

[①] 《布哈林文选》上册，人民出版社1981年版，第409页。

造的基本杠杆。工人阶级利用掌握在自己手中的国家政权机器，不断地改造社会的经济关系，使之走上社会主义轨道。"① 随着苏维埃政权的日益巩固，它日益成为社会改造和组织、管理的工具，国家将工作重心"由直接地、机械地镇压剥削者和那些敌视工人阶级的社会集团残余，越来越转到对社会进行经济改造的事业，转到进行和平的组织工作，转到同私人企业进行经济改造的事业，转到进行和平的组织工作，转到同私人企业进行经济斗争，转到建立各种社会主义的经济形式（国营企业，合作社等）的事业"。②

2. 无产阶级专政对农民的意义

如何正确认识农民阶级？布哈林进行了辩证分析，指出农民具有二重性——一方面是劳动，另一方面是经济的私人性质，因此无产阶级专政的社会主义国家应对农民的局限性进行改造。在现实生活中，"农民由于其经济的私人性质，由于愚昧无知和世世代代受压迫，由于不习惯集体的形式以及刚刚开始向集体的形式过渡，他们在一定的条件下，特别是在艰苦的关键时刻，某些农民阶层有摇摆到资产阶级方面去的倾向"③。农民在经济上的私人性质会带来诸多局限性，在社会主义国度里，无产阶级专政必须同从农民本身的二重性中产生的摇摆倾向做坚决的、采取适当形式的斗争，最重要的是"帮助、改造"农民。因为农民绝对不是注定只能过农民的生活。在无产阶级专政下，工人阶级将按照自己的方式来改造农民，农民如果在合作社的锅炉里烧炼后舍弃个人主义，最终将提高到和工人阶级一样的水平——这就是农民"未来的图景"。

无产阶级专政就是把无产阶级组织成为国家政权，在依靠农民并且同农民结成联盟的制度保证下，组织对广大农民群众的领导，实现对他们的帮助和改造。一方面，改造农民本身，对他们进行重新教育，使之走上社会主义轨道，不断地提高他们，使之达到无产阶级居民所具备的经济、政治和文化水平，帮助农民养成为担当管理国家的事务所必需的习惯，在思想、目的和任务等方面越来越密切地同工人阶级结合在一

---

① 《布哈林文选》上册，人民出版社1981年版，第443页。
② 同上书，第444页。
③ 同上书，第445页。

起，共同建设社会主义，从而逐渐克服、消灭阶级差别。另一方面，对农民的经济结构进行改造。通过合作社将农民经济同无产阶级的国营经济结合起来，使之变成一种新的、高级的形式，更加大型的、更加文明的和沿着社会主义道路发展的形式，最终加入统一的社会主义经济。这个过程的发展将不是通过"排挤""吞噬""消灭"农民经济，而恰恰是通过对它进行缓慢的改造。

社会主义国家的建立并不意味着所有公民都确立了社会主义理念，自觉按照社会主义原则生产生活，无产阶级必须对其他阶级进行指导、帮助和改造。布哈林提出，无产阶级专政对于劳动农民的基本任务，是帮助和改造。首先是改造农民本身，对他们进行重新教育，吸引农民参加苏维埃建设，千方百计地使他们认识到走向新生活和亲自参加建设这种新生活的必要性，不断地提高他们，帮助他们成长起来，引导他们改造自己的本性，过一种新的、积极的和自觉的生活，养成为担当管理国家的事务所必需的习惯，走上社会主义轨道，达到最先进的无产阶级居民阶层所具备的物质、经济和文化政治水平，在习惯、思想、目的和任务等方面越来越密切地同工人阶级结合在一起。最后，彻底填平两个阶级之间的鸿沟，工农群众并驾齐驱、一劳永逸地溶合为社会主义社会的同一类型的同等成员。改造农民的重要途径是对农民的经济结构进行缓慢的改造，通过引导农民参加合作社改造农民经济。农民经济通过合作社同无产阶级的国营经济结合起来，改造成一种新的、高级的形式，更加大型的、更加文明的和沿着社会主义道路发展的形式，最后加入统一的社会主义经济。

3. 无产阶级专政对新资产阶级的意义

对于那些在苏维埃法律允许的范围内活动的商人、"耐普曼"等新资产阶级，无产阶级专政的主要任务就是利用、限制和排挤。其一，用工人立法和关于劳动法律、工会的权利，各种形式的税收等一系列的条件对新资产阶级的活动加以限制；其二，为了社会主义建设事业而利用资本主义因素，因为它们能活跃商品流转，通过向他们征税可以支持社会主义的各种经济形式；其三，开办国营企业和合作社，通过市场竞争同新资产阶级进行经济斗争，通过排挤的办法使私人资本主义的各种形式归于消灭。

二 坚持和完善共产党的领导

坚持共产党的领导是无产阶级专政巩固和发展的基本保证和首要前提。正是共产党的先进性质决定了社会主义建设必须坚持和完善共产党的领导这一基本原则。布哈林认为，只有坚持和完善共产党的领导，无产阶级专政才能得到进一步的巩固和发展。

（一）坚持共产党在社会主义建设中的领导地位

20世纪20年代，遭受帝国主义国家包围敌视的苏维埃政权，在国内同样面临着矛盾丛生的艰难处境：既有工人阶级、农民等各阶级之间的矛盾，也有这些阶级本身内部的矛盾，还有不同民族之间的矛盾。布哈林认为，要解决苏联社会中存在的这些复杂棘手的矛盾，最必要的条件就是要坚持以共产党为代表的无产阶级的领导。由于工人阶级在文化程度、政治成熟性、技术水平等方面并不完全相同，因此，工人阶级必然要通过自己的先锋队，通过自己的行政干部，通过自己的领导者去进行管理。布哈林指出，由于共产党是无产阶级的最先进的部队，工人阶级中最坚决、最有觉悟、最先进和英勇的分子，能够高瞻远瞩，及时觉察各种危险，最清楚地看到所有这些矛盾，并善于在解决诸多矛盾的过程中，在一切发展阶段上，使次要的东西服从根本的和基本的东西。因此，共产党能够凭借其空前的意志统一和领导才能，逐步解决各种矛盾，领导广大群众共同前进，要取得社会主义建设事业的胜利必须依靠共产党的领导。

无产阶级在进行"夺取政权、剥夺剥夺者、镇压剥削者反抗"的社会主义革命以后，便进入了向社会主义发展的改造时期，新社会便开始有机地进化增长。为保证这一"有机进化增长"的社会发展过程的顺利进行，保证工农事业的胜利，保证劳动群众事业的胜利，必须捍卫共产党在社会主义建设中的领导地位，遵循三个基本条件："第一，需要工农之间的联盟，同盟；第二，在这个联盟中领导作用应当属于工人阶级；第三，而在工人阶级当中领导作用又应当属于共产党。"[①]

---

① 《布哈林文选》上册，人民出版社1981年版，第403页。

（二）提高共产党在新时期的执政水平

在反对白卫军和外国武装干涉者的残酷战争中，苏联人民不得不用红色武装镇压白色恐怖。在捍卫新生苏维埃政权的过程中，至少有1300万人悲壮牺牲。① 这些残酷的历史事实，在人们的心灵中留下不可磨灭的痕迹，使很多人加强了阶级意识，强化甚至僵化、固化了武装斗争的思维。布哈林认为，在国内经济逐渐恢复和社会和平发展的情况下，作为执政党的共产党，应该把握世界形势，相时而动、因时而变，及时转换角色，抛弃战时共产主义时期的战争思维，转变单纯运用武装斗争解决一切问题的方式，由"被动的反击者"变为"主动的建设者"，牢牢把握新时期的执政理念，努力加强自身建设、提高执政能力，以保证新生苏维埃社会主义制度的生存和发展，带领人民快速有效地进行社会主义建设。

1. 转移国家治理的重心

如何看待无产阶级专政建立后的社会主义建设？布哈林认为，无产阶级专政建立之后的社会主义建设是"一个长时期的有机的过程"、一种"真正长入社会主义的过程"。② 因此，执政党的首要责任和主要任务就是将治理国家的重心转入和平的经济改造，"使局部的和暂时的、眼前的和短期的、次要的和从属的利益服从长远的、最共同的、最根本和基本的利益"③，即利用无产阶级专政这个"杠杆"来改变经济关系，通过和平的经济改造，"有机长入社会主义"。

由共产党领导的工人阶级掌握着的无产阶级专政是社会沿着社会主义方向发展的保证。在巩固了无产阶级专政之后，执政的共产党应认识到：向社会主义的过渡是一种有机的长入过程，可以充分利用无产阶级专政这一"对社会进行经济改造的基本杠杆"④，把社会主义建设工作的重心转移到和平的组织活动，即从抓阶级斗争转向政治文化经济建设，把发展经济放在第一位，集中注意力解决农民问题，巩固工农联

---

① 郑异凡、殷叙彝主编：《布哈林问题国际学术讨论会论文集》，黑龙江人民出版社1993年版，第29页。
② 《布哈林文选》上册，人民出版社1981年版，第63页。
③ 同上书，第423页。
④ 同上书，第443页。

盟，不能剥削农民，不能对农民发动第二次、第三次革命。执政的共产党在阶级斗争中要变机械的镇压办法为"经济竞争"的方法，在全社会提倡民主法制、强国富民，建设公社国家。为达成目标，在过渡时期，无产阶级必须提高文化素质，成熟为一个能够管理社会的阶级，按新的规律引导历史发展的进程。但是，无产阶级"仅仅通过法令、通过纯粹的暴力措施不可能完成自己的任务"。[①] 为此，一方面，高度重视和谨慎对待工农、城乡关系，围绕社会主义工业化的轴心展开建设，通过普及教育、推广科学技术，提高广大群众的科学文化水平，提高农业生产力。另一方面，高度重视和发展社会主义大工业，在社会主义经济命脉得到增长的基础上，进一步扩大市场关系的容量和范围，允许农民、"耐普曼"发展个体农业、资本主义商业等多种经济形式，发挥多种经济成分的互相繁荣、互相促进作用，并最终排挤并克服这些非社会主义经济形式。[②]

因目睹人民生活困苦而心灵受到刺痛的布哈林，把满足人民群众的需要视为社会主义建设的重要任务。他可贵地提出：执政的俄共（布）应"考虑如何和正确地满足劳动群众的当前的需求和长远的需求，主要的需求和具有决定意义的需求"[③]，"提高广大工人群众的文化水平，消灭文化水平的差别，消灭生活的物质条件的差别……达到生活的物质条件的平等，保证一切人的正常的发展条件，从而使全体群众都可以前进"。[④] 他号召通过教育改造国民的阶级本性，使他们达到最先进的无产阶级居民阶层所具备的物质、经济和文化政治水平，最终消灭阶级差别，和平、渐进地共同走向社会主义。

2. 加强党的建设，提高执政能力

在无产阶级专政的社会主义社会，共产党要发挥自己对社会主义建设的领导作用，必须保证自身是一个健康的肌体，以广泛发扬党内民主来促进自身健康发展。为此，执政的共产党应该精简、节约、高效，加强党建，坚决消除派别斗争，严格执行中央决策，经常开展自我批评，

---

① 《布哈林文选》上册，人民出版社1981年版，第63页。
② 《布哈林文选》中册，人民出版社1981年版，第16—17页。
③ 参见《布哈林文选》中册，人民出版社1981年版，第321页。
④ 《布哈林文选》上册，人民出版社1981年版，第460页。

防范无产阶级政党蜕化的危险,实行"真正的党内民主"。①苏维埃机关的共产党员应切除官僚主义赘瘤,勇于同阿谀奉承、巴结逢迎做斗争,在工作中必须根除命令和指示的方法,必须彻底地完全地和无条件地转向说服的方法,铲除脱离群众、不关心群众疾苦的恶习。

只有加强自身建设,提高执政水平,党的基本任务才能完成。布哈林认为,无产阶级的城市和劳动的农村之间的中间环节是合作社,合作社正是城市与农村之间的连接点,它首先体现工人阶级和农民之间的经济结合,而加强这种结合是工人阶级和共产党的基本任务。由于占人口大多数的农民文化素质落后,为了避免因急剧地破坏他们所习惯了的生活秩序而激起的反对,共产党要努力提高执政水平,向农民积极有效地宣传党的方针政策,在巩固工农联盟的基础上,通过农民易于接受、自愿参加的合作社组织,以利益为动力,发展市场关系加速农民自由贸易,以经济、教育的方式"吸引农民、领着农民参加由无产阶级领导的社会主义建设"②,从而实现"小生产者的私人利益和无产阶级的社会主义建设的任务和目的之间一种正确的结合"。③

3. 把握相对和平的国际环境,加快社会主义建设步伐

执政的共产党要把握相对和平的有利环境加快社会主义建设。"我们生活在资本主义国家之间,我们被敌人包围着。现在我们取得进展的同时,资产阶级国家也在增长"。④ 布哈林清醒地指出了呈现在苏联面前的整个世界历史图景中的这种新现象,认为执政的共产党应当不仅要看到局部、小事情、次要的具体的细节,而且还应当通过局部看到总的情况,看到整个世界历史图景中的新现象,看到暂时相对和平的世界局势,利用相对和平的世界局势发展自己。

在相对和平的世界局势中进行社会主义建设,共产党必须胜利完成"双重任务——向前进和善于带领别人"。⑤ 为完成这双重任务,执政的

---

① 《布哈林文选》中册,人民出版社1981年版,第48页。
② 参见《布哈林文选》上册,人民出版社1981年版,第282页;《布哈林文选》下册,人民出版社1981年版,第384页。
③ 《布哈林文选》上册,人民出版社1981年版,第440页。
④ 同上书,第354页。
⑤ 《布哈林文选》中册,人民出版社1981年版,第390页。

共产党要把握相对和平的有利环境，在新的情况下采取新的方案：在维护好国内稳定局面的基础上，打击和防范敌人的破坏，大力发展生产，运用价值规律、市场机制，提高国力，造福群众。俄共（布）应千方百计地支持、巩固、领导新社会。保持国内和平，惩罚和追究妨碍和平建设新社会的事业的一切人。在实际掌握了经济命脉的条件下，要高度重视经济建设这一当前国家建设中的极其重大的因素，少一点压制，多一点周转自由，少一点行政影响，多一点经济斗争，更多地发展经济周转，最大限度地发展生产力，不懈地努力扩大生产、增加国家和全体人民的财富、保证劳动群众的最广大阶层（在物质、政治和一般文化方面）的日益提高，保持国民经济的平衡发展，实现工业与农业、城市与乡村、政治与经济等多重关系的平衡。

4. 政策制定和衡量的标准

马克思主义认为，生产力是社会发展的最终决定力量。据此，布哈林提出，共产党应以发展社会主义生产力作为政策制定和衡量的标准。"胜利的无产阶级的真正的经济政策，是利用一切经济力量并且真正提高国家生产力的经济政策。"① 他从两个方面进行了分析：内战结束后，摆在面前的是经济问题，发展生产力的问题；同时，社会各阶级之间的平衡是以经济利害关系为基础的，只有发展生产力，增加国家和群众的财富，才能实现阶级和社会平衡，才会把苏联引导到社会主义。因此，执政的无产阶级在制定政策时，应把发展社会主义生产力作为衡量标准，制定利用一切经济力量来提高国家生产力的经济政策。

从发展生产力出发，布哈林强调经济政策的根本任务是要制定加强大工业发展的政策，把组织国有化大工业作为主要任务。因为"对于共产主义建设来说，根本的利益就是大工业的利益。大工业是全部技术发展的出发点；大工业是共产主义社会经济关系的基础；大工业是实现共产主义革命的社会力量即工业无产阶级的支柱。因此，按照发展生产力的路线而制定的经济政策的根本任务，就是要加强大工业"。② 由于工业的消费市场在很大程度上是农民市场，社会主义大工业的行情、积

---

① 《布哈林文选》上册，人民出版社1981年版，第360页。
② 同上书，第28—29页。

累的速度等不能不取决于农业生产力的增长,布哈林提出,大力发展农业经济是社会主义工业发展的必要条件,无产阶级工业只有依靠农民市场,才能起经济上的领导作用。如果没有农民经济中的积累,社会主义工业中的积累是无法长期进行的。因此,必须建立起无产阶级与农民之间在经济方面的正确的相互关系,即建立一种能繁荣经济,使生产力有发展余地的相互关系的政策,特别是能够促进农业生产力、大力发展农民经济的政策。

尽管"农民经济是个体的、小资产阶级的经济。但是……如果不大力发展、提高这种经济,我们就寸步难行。相反地,这种经济的高涨是发展我国大工业的必要条件"①,从一定意义上说,生产力的增长也就是农民经济商品率的增长、农村生产力的增长。布哈林指出,要发展农村生产力,必须进一步突破战时共产主义政策的框框,通过实施新经济政策管理农村经济。新经济政策能够"动员受束缚的经济因素发挥作用,使之开动起来,保证这些因素的互相影响,使这些因素能够互相作用,由此产生的结果将是生产力的发展"。②而战时共产主义征收余粮的制度,实质上不可能是以发展生产力为目的的政策,它使个体生产者即农民失去了对扩大生产的兴趣和刺激,于是出现发展个体经济的需要同国家政策之间的冲突。由于工业的基础是农业,工业和农业之间的矛盾在尖锐的社会危机中表现出来了,导致整个国民经济危机的严重化。"在这种已经发生了变化的情势之下,无产阶级的政党应当给自己提出新的任务,提高生产力的任务。"③所以,在新的社会发展阶段,必须坚持新经济政策,因为它开辟了各种经济力量、各种经济成分相互繁荣的可能性,它能扩大商品流转,通过市场关系加强城乡结合和工农结合,通过竞争逐步排挤城乡资本主义成分,从而促进社会主义生产力,保证社会主义生产关系的发展。

要发展农村生产力,不能采取剥夺农民的政策,而应实行减轻农民负担、保证农民积累的政策。布哈林认为,要发展农村生产力,将小生产者吸收到社会化的经济中来,而不能通过经济以外的强迫手段。他坚

---

① 《布哈林文选》上册,人民出版社 1981 年版,第 29 页。
② 同上书,第 207 页。
③ 同上书,第 28 页。

决反对普列奥布拉任斯基主张的对农民实行"殖民地的"路线,认为剥削农民,从农民那里攫取"技术上可以达到的"一切,会使农民经济消失和受到破坏,会使它被"吞没"①,是"杀掉会生金蛋的母鸡"。② 由于国家机构的运转、保证必要的国防、整顿全部管理事务等需要大量的开支,为了支付这些开支需要向包括农民在内的居民征税。"这些税收像一副重担压在已经破产和贫困不堪的农民经济身上。工人阶级不能马上,而只能逐步降低这些税收,只能逐步改善税收制度本身,根据实践经验设法减轻农民的负担。"③ 布哈林体恤农民疾苦,提出不能剥夺农民、应该降低农民税收、减轻农民负担的思想至今闪烁着真理的光辉。

三 坚持和完善共产党领导下的无产阶级专政

（一）坚持共产党领导下的无产阶级专政

坚持共产党领导下的无产阶级专政,就要坚持无产阶级在政治和经济上的领导权。

1. 坚持无产阶级在政治上的领导权

坚持共产党领导下的无产阶级专政,必须坚持以共产党为先锋队的无产阶级在政治上的领导地位。布哈林认为,苏维埃是俄国革命开创的一种完备的无产阶级专政形式,在苏维埃制度的条件下,苏维埃政权本身实际上就是劳动群众意志的体现,就是这些群众的最广泛的和无所不包的组织形式。鉴于农民是居民的大多数,领导和吸引农民进行社会主义建设是无产阶级重要的政治任务之一。无产阶级专政的国家机构不仅与工人组织而且与农民组织的联系,乃是它的前提,乃是一座桥梁,无产阶级应帮助农民沿着这座桥梁逐步走到无产阶级的观点上来。因此,坚持无产阶级在政治上的领导地位,就是以无产阶级为领导,利用掌握在自己手中的国家政权机器,镇压自己的一切敌人,"按照自己的面貌来改造世界"④,对社会进行和平改造,帮助社会居民逐步接受无产阶

---

① 《布哈林文选》上册,人民出版社1981年版,第231页。
② 同上书,第233页。
③ 同上书,第409页。
④ 同上书,第13—14页。

级的观点，使之走上社会主义轨道。

2. 坚持无产阶级在经济上的领导权

坚持共产党领导下的无产阶级专政，必须坚持共产党领导下的无产阶级的经济领导权。布哈林强调，"在工人阶级掌握政权的时期，如果不为其政治领导权，为其政治领导奠定经济领导权的基础，它的政治领导权，它的政治领导是不可能持久的"。① 因此，工人阶级的政治专政也必然应当是它的经济专政。"无产阶级专政，它不仅是国家政权，而且还是经济大铁拳"。② 无产阶级专政不单纯是一种政治权力，它是把"经济"和"政治"融合为一个整体、对社会进行经济改造的基本杠杆，它的特点就是政治力量与经济力量的有机结合，它的基本意义，"恰恰就在于它是经济变革的杠杆"③，因为它掌握了国家的经济命脉、全部银行、大工业和交通运输业，因而是一个强大的经济力量。

工人阶级要实现其在经济方面的领导权，就必须做到：其一，发展社会主义大工业，使工业成为国民经济的主体，并逐步满足、掌握农民市场；其二，发展电气化，发挥科技优势，依靠工业的帮助，吸引农民加入合作社，在农业生产中采用新技术，应用先进机械。

（二）完善共产党领导下的无产阶级专政

在社会主义建设的新时期，必须完善共产党领导下的无产阶级专政。政治制度越好，它就会为越多的人提供发展的可能性。无产阶级专政的社会主义制度应保证劳动群众的最广大阶层在物质、政治和一般文化方面的日益提高。随着无产阶级工作重心向经济建设的转移，从当时的国情出发，布哈林提出，苏维埃政权应从军事无产阶级专政的形式迅速过渡到无产阶级专政的正常运转状态，实现苏维埃政权的民主化，完善共产党领导下的无产阶级专政。"苏维埃政权、整个苏维埃制度的机制作用，无产阶级专政全部政策的方向，恰恰就在于提高广大工人群众的文化水平，消灭文化水平的差别，消灭生活的物质条件的差别。我们努力的目的在于达到生活的物质条件的平等，保证一切人的正常的发展条件，从而使全体群众都可以前进，从全体广大劳动人类中涌现出最聪

---

① 《布哈林文选》上册，人民出版社1981年版，第22页。
② 同上书，第381页。
③ 同上书，第21页。

明能干的人物。"①

在新的条件和形势下，要完善共产党领导下的无产阶级专政，必须实现以下四个转变：

1. 把国家政权转变为经济变革的杠杆与和平改造的工具

随着苏维埃制度的稳固程度的增加，布哈林强调，苏维埃政权这一崭新的国家类型的无产阶级专政的形式，应该变成实行经济变革的杠杆和对社会进行和平改造的工具。

苏联实行的无产阶级专政，是国内多数人对少数人的专政。无产阶级专政的目的，就是在社会经济的领域内打破旧的生产关系和建立新的社会主义生产关系。由于无产阶级掌握着国家的政治和经济命脉，出于发展生产力和实现民富国强的需要，苏维埃必须发挥经济变革的杠杆作用，转变工作的重心，由前几年直接地、机械地镇压剥削者和那些敌视工人阶级的社会集团残余，转到"对社会进行经济改造的事业，转到进行和平的组织工作，转到同私人企业进行经济改造的事业，转到进行和平的组织工作，转到同私人企业进行经济斗争，转到建立各种社会主义的经济形式（国营企业，合作社等）的事业"。②

2. 把国家机器转变为"群众本身的巨大组织"

由于一般文化的高涨，劳动者阶层的政治积极性的提高，空闲时间的增多和物质状况的改善，要求苏维埃政权更加坚决地吸引广大劳动居民阶层参与国家的事务。"苏维埃共和国，实际上就是群众本身的巨大组织。这不仅仅是一个以工人为主的组织，而且也是一个进行工作的组织。苏维埃共和国集立法权与行政权于一身。它的一切机关，从最高机关直到基层机关，都是进行工作的委员会。"③ 布哈林坚持列宁的"无产阶级专政的任务就是使得甚至每一个厨妇都学会管理国家"的观点，认为苏联实行的无产阶级专政应尽快转变为"群众本身的巨大组织"，通过强有力的组织力量吸引广大劳动居民阶层参与国家事务，用受过教育的优秀分子来充实无产阶级专政的国家机关，刷新国家机关。

---

① 《布哈林文选》上册，人民出版社1981年版，第460页。
② 同上书，第444页。
③ 参见《布哈林文选》上册，人民出版社1981年版，第23页。

群众是创造历史的英雄,群众的主动精神,是苏维埃政权的整个建设的基本原则。苏维埃政权应吸引占人口绝大多数的农民,发挥他们的主动精神和政治能量。为此,工人阶级必须竭尽全力、千方百计地按照必要的精神对农民进行教育、改造。同时,通过吸引城乡广大群众的办法,更有成效地进行反对"官僚主义这种迄今为止一直腐蚀着我们国家肌体的溃疡"的斗争。[①] 布哈林指出,要吸引农民群众参加社会和政治事业,需活跃县、乡、村各级苏维埃,促使它们认真仔细研究,商讨出这样一种管理形式:"它能保证精确地订出适合于当地条件的共同规范,它能保证摸透最广泛的农民阶级的心情、需要、诉怨和要求,它会有助于吸引最积极的分子参加苏维埃工作,把管理国家的一部分责任放到这些积极分子的身上,用当地事务和当地需要的经验培养他们充当管理国家的角色,并吸引他们讨论愈来愈广泛的经济建设和政治建设的问题。"[②]

布哈林同时指出,苏维埃的国家形式是群众的自治制度,它们是苏维埃生活的"正常现象",是使苏维埃共和国根本区别于其他一切国家生活形式的主要之处。在这种制度下,任何一个劳动人民的组织都是整个机构的组成部分。组织的线路从政权的中央各委员会朝四面八方通到地方组织,又从地方组织直接通到群众中去。"这种联系,这种组织线路是永远不会中断的。"[③] 因此,苏维埃应同群众组织保持联系,依靠群众组织,并且通过这些组织吸引全体群众参加社会主义建设事业。

3. 把战争年代的行政专断转变为和平建设时期的民主法制

在和平建设时期,当经济活动处于首位的时候,应当废除战争年代的行政专断,而代之以严格执行的民主法制。"过渡到革命法制即严格执行苏维埃政权的法令,过渡到彻底地、无条件地消灭行政专断的残余,乃是我国革命发展的新时期的基本特点之一。"[④] 组织和平改造的任务要求加强法制建设,无产阶级政权机关的活动必须严格遵循国家宪法和法律,进行经济建设也必须严格执行法律。

从经济的角度,布哈林强调了加强法制建设的必要性和紧迫性,提

---

① 《布哈林文选》上册,人民出版社1981年版,第454页。
② 同上书,第213页。
③ 同上书,第24页。
④ 同上书,第453—454页。

出通过加强法制来取代和消灭单凭行政命令和强制手段管理经济的做法，要求杜绝滥用国家权力、践踏民主、为所欲为的做法。随着新经济政策的推行，群众越来越合理地看待经济问题，各种违反法制的现象——各式各样的行政专横、机构中的小缺点、行政处理上的因循拖拉、敷衍塞责和荒唐无稽，都会使群众感到越来越痛心。布哈林强调，"应当永远懂得，上边的行政干涉在下边就表现为严重的经济灾难"①，对经济生活过程的一切朝令夕改、随心所欲、心血来潮、毫无预见的干涉，都可能给社会发展造成非常不幸的后果。因此，需要使苏维埃制度加速正规化，应当以法制取代行政专断的一切残余，实行以立法方面的决定为根据的管理，确立一套稳定的、人们事先知道的、务必严格和无条件执行的法律，以正确地安排全部管理事务，坚决地以制度取代专横。在战争年代，因为要迅速地打击敌人，所以主要按照随战斗情况而变化的指示和命令行动。在进行社会主义建设的新时期，苏维埃机关的党员必须坚决反对个人专断、为所欲为、不受任何节制的管理方法和领导方法，依照法制开展工作，运用说服教育的方法管理各项事务。

1930年，布哈林提出实行普选权的草案。1935年2月，苏联成立宪法委员会，起草新的宪法。布哈林是委员之一，负责起草宪法的法制部分。宪法确定了普遍的和平等的选举权，还确立了全体公民在法律面前一律平等的原则。

4. 把昔日战士转变为能胜任"和平组织工作"的新干部

"当工人阶级掌握政权时，在我们面前就产生了一个在保持工人阶级的特定的领导权下把一个整体的各个部分粘合起来的任务。"② 布哈林认为，在苏联社会主义建设的目前时期，国家政策的中心就是和平的组织工作，只有把昔日的革命战士培养为能够胜任"和平的组织工作"的新干部，才能完成"把一个整体的各个部分粘合起来的任务"。

由于年青的国家在其诞生的初期没有足够的、忠于革命事业的、能干的内行人才；工人阶级和农民以前没有学习过管理国家，培养出管理国家所需要的足够人才，绝不是一件容易的事情。各级苏维埃应克服困

---

① 《布哈林文选》上册，人民出版社1981年版，第212页。
② 同上书，第176页。

难，尽快培养出一大批能够胜任"和平的组织工作"的干部，使他们逐步具备以下素质：

在经济上，坚持和发展新经济政策，能摸透最广泛的人民群众的心情、需要、诉怨和要求，吸引和正确地领导群众参加社会主义建设；能够保证各种经济要素和经济力量的相互作用，不断增大国内市场容量；正确地认识工业和农业的辩证关系，既注重发展社会主义大工业，制定适当的工业品价格，又注重促进农业生产力的增长，鼓励加大农业积累，从而增加工业品的销售量，扩大工业市场和积累速度，以实现小生产者的私人利益和无产阶级的社会主义建设的任务和目的之间的正确结合。

在政治上，讲究民主法制，采用说服教育的工作方法，坚持和巩固工农联盟，同农民——"爱发怨言的同盟军"和睦相处[①]，领导并"依靠"农民走向社会主义；注重发挥人民群众的政治能量，吸引越来越多的群众参加苏维埃工作，并且在这种工作中帮助群众重新接受教育、成长起来，养成为担当管理国家的事务所必需的习惯。

在文化上，千方百计地使人民群众认识到走向新生活和亲自参加建设这种新生活的必要性。无产阶级应按照社会主义的方式来改造群众，把群众提高到和自己一样的水平，最后达到最先进的无产阶级居民阶层所具备的物质、经济和文化政治水平。

§第三节　必须消除"无产阶级专政的对立物"

千千万万活人的命运取决于我们的行动，取决于我们的政策。官僚主义者的基本特点就是，他看不到自己面前的活人。而真正的共产党员，我们苏联的真正建设者在自己面前经常应当有活的群众，我们同他们一起、在他们前面和为了他们在我国建设社会主义。

布哈林

由于年青的苏维埃在其诞生的初期没有足够的、忠于革命事业的、

[①] 《布哈林文选》上册，人民出版社1981年版，第216页。

能干的内行人才，加之工人阶级和农民以前没有学习过管理国家，企图把一切都组织起来，因此，新生的苏维埃政权在管理体制中出现了官僚机构庞大、行政管理费用庞杂等种种缺点，出现了"看不到自己面前的活人"的官僚主义者和蜕化变质的工作人员等一系列令人失望的"机器失灵"现象。① 布哈林认为，庞大的官僚机构、庞杂的行政管理费用、各种官僚主义和蜕化变质现象都是无产阶级专政的"对立物"。② 为顺利推进苏联的社会主义政治建设，必须"由党自己来对这种机构实行精简和改组"③，尽快采取有效措施，改革庞大的官僚机构，缩减过分庞杂的行政管理费用，普遍提高工人阶级和农民群众的文化水平，吸收群众参加苏维埃组织，消除官僚主义和蜕化变质现象等这些无产阶级专政的"对立物"。

一 "无产阶级专政的对立物"的表现及其存在的原因

（一）"无产阶级专政的对立物"的表现

新生的苏维埃国家由于企图把一切都组织起来，造成官僚机构臃肿庞大，行政管理费用繁杂巨大；由于受到科学文化水平的局限，工作人员众多但办事效率低下；由于封建腐朽思想的影响，部分党员干部中出现蜕化变质的倾向；地方主义、本位主义、分散主义、腐化堕落、爱好争吵、毫无原则等弊病的残余依然存在，自行其是，对社会主义各项建设的危害极大，威胁着无产阶级专政的巩固和发展，激起广大群众正当的愤慨。各式各样的行政专横、机构中的小缺点、行政处理上的因循拖拉、敷衍塞责和荒唐无稽，都使群众感到越来越痛心。布哈林指出，尽管不应把这一切加以夸大，但必须适当地同所有这些现象做斗争，消除"无产阶级专政的对立物"。

（二）"无产阶级专政的对立物"存在的原因

面对"无产阶级专政的对立物"的存在，布哈林指出，苏维埃工作人员染上官僚主义是"我们的不幸"，党的工作人员变成了苏维埃国

---

① 《布哈林文选》中册，人民出版社1981年版，第321页。
② 《布哈林文选》上册，人民出版社1981年版，第65页。
③ 同上。

家的官僚是"我们的大不幸"。① 他分析了官僚主义等"无产阶级专政的对立物"存在的原因：党和国家机关之外，还存在着大量的分散落后的小私有经济。封建思想和资产阶级腐朽思想的残余尚未消除，新生的苏维埃机关遭受着各种旧的落后思想观念和小资产阶级自发势力的包围和侵蚀。此外，党政合一，以党代政，势必造成权力过分集中，滋生官僚主义的土壤。最重要的是，部分党员干部未能做到用马克思主义思想武装头脑，脱离社会生活实际，脱离群众。"如果工人阶级出身的人中间有一部分脱离了工人群众，他们凭借这种出身而长期占据垄断地位，那么他们也可能变成特殊等级"②，发生蜕化变质。布哈林强调，如果出现部分工人阶级的教育垄断，就会产生垄断的特权阶层，蜕化就不可避免。"工人阶级送进高等学校的第一批队伍形成了小圈子。后来受高等教育的，也只有他们的儿子、孙子、重孙、玄孙，那时就将形成一个排他的集团，尽管出身于工人阶级内部，却又作为教育的垄断者进行统治。那时就将出现一个巨大的危险，他们在这里就会变成一个蜕化了的新阶级。"③

"党的任务在于，使党员决不致成为官僚，而是国内最生气勃勃的人，他们可以'揪着'官员的'耳朵'到太阳下面去，他们可以纠正、改善和指导国家机关；而如果他们自己变成了官僚，那他们就不会揪着'耳朵'，而只会去拉'手'。……常有这样的情况，党的工作人员变成了苏维埃国家的官僚。他们本应纠正苏维埃国家的缺点，但他们对官衔和勋章的看法，对来往公文的态度，对活人的关心，同任何官僚都没有区别。党的工作人员'具有'变为官僚的'倾向'。"④ 这种与社会主义背道而驰的现象必须坚决遏止。布哈林把官僚主义者讽刺为"同纸打交道的人"，是不断突然摆出作威作福的架势和意识到自己对人的"权势"的"纸人""木头人"。官僚主义者在工作中流于公式，脱离群众、脱离实际、脱离生活，不是从群众的便利出发，而是靠"指示"靠"报告"办事，存在"相互推诿，事不关己，高高挂起"等官僚主

---

① 《布哈林文选》中册，人民出版社 1981 年版，第 312 页。
② 《布哈林文选》上册，人民出版社 1981 年版，第 98 页。
③ 同上书，第 99 页。
④ 《布哈林文选》中册，人民出版社 1981 年版，第 312—313 页。

义的乖戾行为等一系列消极现象。① 官僚主义者很少亲自观察，而是采取形式主义的办事态度，不深入研究问题的实质，总想方设法尽快地把事情推掉。在"纸人"眼里，"活人"消失了，"纸人"看不到作为"请求者""申诉人"的群众，"纸人"不愿意也不可能弄清楚和事先估计到，这个或那个决议对群众将产生怎样的影响，严重忽视群众的疾苦、需求、利益、思想和怀疑。"纸人"获取情报消息的来源不是活生生的领导经验，而是记录、总结和报告。"纸人"一方面是靠"指示"办事，另一方面又靠"报告"办事，而且通常又是根据报告来制定"指示"，由此而产生了与生活的具体情况脱节的指示；甚至即使这个指示是与生活相符的，那也只是流于公式，流于有悖于当前生活的公式；把发布指示从手段变成目的本身和对人的主宰，因此引起群众正当的愤慨。对此，布哈林予以严厉批评。

二 消除"无产阶级专政的对立物"的措施

执政党的作风，关系到党群关系，关系到工农联盟的巩固。苏维埃政权建立后，人民成为国家的主人。布哈林指出，人民群众的支持是执政党为巩固执政地位而不能须臾离开的群众基础。危害党群关系、脱离群众的官僚主义等"无产阶级专政的对立物"，对于执政的共产党来说，是最大最严重的政治危险之一，是社会主义建设道路上的"巨大障碍"②，必须克服、消除。

为了同官僚主义等"无产阶级专政的对立物"进行有效的斗争，布哈林提出应规范党政关系，通过比较民主的方法，扎扎实实地推进整治工作。他提倡"多一点地方的、集团的、个人的首创精神"；③ "少讲一点排场，少搞一点大轰大嗡，少来一点官样文章，少要一点外表的好看，少追求一点表面效果"；④ 按照同官僚主义斗争的路线，教育工人群众的路线，教给工人群众管理艺术的路线，削减、克服、消除官僚主义等"无产阶级专政的对立物"。

---

① 《布哈林文选》下册，人民出版社1981年版，第421页。
② 《布哈林文选》中册，人民出版社1981年版，第311页。
③ 同上书，第312页。
④ 同上书，第49页。

布哈林主要从组织和文化两个方面论述了消除"无产阶级专政的对立物"的措施。

（一）组织方面的措施

1. 维护全党的团结，反对地方性的本位主义

必须规范党政关系，地方党组织必须抛弃"小政治"，回归"大政治"，同全党步伐一致，抛弃地方性的本位主义，永远不要同全党及党中央对立。布哈林强调，对全体党员来说，"世界上最宝贵的东西就是我们全党的团结；任何一个组织都不应以与全党对抗为骄傲，而应在党内进行卓有成效的工作，以绝对不向党闹一丝一毫的对立为骄傲。要保证做到这一点，将其作为达摩克利斯之剑，挂在任何敢于为了集团斗争的利益而牺牲党的团结的利益的人的头上。"[①] 他严厉批评列宁格勒党组织人为地培植地方主义、本位主义，存在称兄道弟的思想，自行其是，争吵不休、搞小集团、互相指责，把自己同整个党组织对立。布哈林认为这种地方性的本位主义危害极大，必须消灭，必须根除。他强调坚持健康的、不讲私人关系的原则，推行选举制、取消委派制，地方党组织才能走上党内民主的道路，同中央建立正确的相互关系，同全党建立正确的相互关系。此外，还需依靠先进工人，依靠"真正受过教育的"分子，把社会制度中所有的真正好的东西，把具有真正现代水平的人才集中到工农检查院，通过工农检查院进行监督检查。

2. "大胆地、坚决地"实行党内民主

针对当时存在着违背党内民主的现象，布哈林提出："必须在我们党内捍卫可以思考、可以讲话的做法"，"大胆地、坚决地"实行党内民主。[②] 他以实际例子说明实行党内民主的必要性和重要性："如果关心粮食问题被说成是小市民习气，那怎么能讨论经济问题呢？……如果关怀同庄稼汉结合的稳固性被叫做农民倾向，如果建议提供或者减少追加拨款被说成是反列宁主义……谁敢就这些问题张嘴说话呢？这就是这些问题没有被提出来，而是藏而不露的原因。这就是全党都议论这些问题，然而是在'心中'议论，在两三个人之间议论的原因。……出席

---

① 参见《布哈林文选》中册，人民出版社1981年版，第61页。
② [苏] 尼·布哈林：《社会主义的理论和实践问题》，[出版社及出版年份不详] 第308页。

会议，投一致票，通过正式的决定成了一种宗教仪式，党所必需的仪式"。① 为消除这些不正常现象，布哈林提出以下观点：

第一，实现党内民主，必须消灭"委派制"，实行选举制。"由上面委派长官"的方法必然造成机构的严重"硬化""石化""僵化"。而选举制度会造成一定程度的组织保障，使党的机构不致过分僵化，不致在组织内产生小集团，而这种小集团即使在并不存在任何原则分歧时也互相剑拔弩张。

第二，通过教育培训，把党组织提高到一个更高的水平。各级党组织一方面要在思想上理解代表大会所通过的各项决议；另一方面要按照新方针的轨道系统地进行教育和自我教育，促使工作人员努力加强自修，熟悉各自所在单位的生产，丰富自己的实践。同时，通过高等学校和出国考察等等加快技术人员专家的培养。

第三，"必须使批评和自我批评在越来越大的程度上成为社会主义建设的武器。"② 各级党员必须大力开展批评和自我批评，通过开展批评和自我批评，保持全党的团结一致。批评言路要广开，对不周全的批评不应压制，应正确对待其合理成分。各级党组织都应当自律，把过去在争论时造成的一切创伤、一切怨恨、一切缺点、一切过失、一切重大损失都一笔勾销，而代之以在内部说服教育基础上的最坚强的团结，代之以全党的完全一致。犯过错误的组织要迅速改正错误，今后少犯和尽可能不犯这些错误，以克服国家机关某些环节上存在的僵化现象，消除其离间党群关系的危害，粉碎其官僚主义恶习。

3. 发扬革命乐观主义精神，采用说服教育的工作方法

社会主义建设不可能一蹴而就，其中面临诸多艰险曲折，党员领导干部应坚定信念，发扬革命乐观主义精神，采用说服教育的方法开展领导指引工作。当时苏联的社会主义建设面临重重困难，布哈林提出，广大苏维埃机关工作人员应锻造成团结的、友好的、钢铁般的队伍，具有革命的激情和乐观主义，对社会主义建设事业具有明确坚定的信念，充满积极创造的信心，否定一切抱怨、悲观主义、灰心丧气和腐朽情绪，

---

① 《布哈林文选》中册，人民出版社 1981 年版，第 48 页。
② 参见《布哈林文选》中册，人民出版社 1981 年版，第 322 页。

同苏维埃社会肌体上的巨大缺点——蜕化、颓废、瓦解的任何表现进行坚决斗争，不管它们是表现于文学，表现于政治，还是表现于生活。

国内形势改变了，党员领导干部的工作方法也应跟着改变。在战时共产主义时代的特殊形势下，由于全国已变成一个被围困的堡垒，政权的最主要任务就是要组织对敌人的武装抵抗，以军事方法、指示和命令打败敌人，以至"广大的各级苏维埃政权机关、苏维埃的全会，实际上几乎等于没有了"[1]，普遍采用没收和征用的办法。随着向和平时期的过渡，特别是随着经济的全面高涨，苏维埃政权的执政形式必须予以改变，苏维埃机关的最积极的核心人员——党员，作为苏维埃机关的领导者，必须与时俱进，采取说服教育的工作方法。

4. 发扬工会民主和无产阶级民主

工会是最广泛的工人组织，需要发扬工会民主，最大限度地注意、重视工会和它们的工作，按照先进工人的样子来改造新的工人阶级阶层。由于工人的流动性很大，经常从农民、职员和失业者那里招募自己的成员，工会的"任务不在于把自己同人隔离开和安于现状，而在于按照无产阶级的方式和按照自己的样子来改造新的工人阶级阶层"[2]，严格依照规定落实包括工作日、工资、直接生活和劳动保护等在内的工人阶级的待遇，避免基本工人同党或工会或自身组织的上层之间存在隔阂。发扬无产阶级民主，举行生产会议，加强工人的发明创造事业，消除破坏劳动法规的行为，关心各种细小问题，特别是要挑选和提拔新人，使机关人员工人化。此外，必须倾听来自群众的每一个批评性的意见，而不应把任何批评说成是反苏维埃行为。

(二) 文化方面的措施

1. 继承列宁的文化思想，治理改善国家机关

布哈林强调："改造国家机关，这在很大程度上乃是文化问题。"[3]正如列宁指出的，文化的落后性贬低了苏维埃政权并使官僚主义复活。"组织成为国家政权"的工人阶级成为领导阶级，改造国家机关与提高工人阶级本身的文化水平紧密相关，提高工人的文化水平是真正改善国

---

[1] 《布哈林文选》上册，人民出版社1981年版，第452页。
[2] 《布哈林文选》中册，人民出版社1981年版，第236页。
[3] 同上书，第249页。

家机关的前提。列宁还从要求"可靠""扎实""被理解"这一方针出发,提出治理国家机关的前提是:节约、精简、提高劳动生产率,认为只有这样,才能实现工业化,才能够吸引群众。

从推动社会良性发展到公社国家的角度,布哈林提出,苏维埃国家应培养出众多优秀的共产党员领导干部,提高治理国家能力,为社会命运负责。在苏维埃社会里,"无产阶级是一个为社会命运负责的社会领导者"①,社会主义建设"需要这样的干部和这样的干部队伍的经常再生产,他们能够在以后所分配的劳动棋盘的每一点上执行无产阶级政策"。②需要在文化、法律、教育方面做出巨大努力,推进党员干部内在的文化发展,提高工人的文化水平,让工人阶级一点点地、一部分、一部分地成熟起来,成长为真正的党员干部,提高为社会命运负责的能力。这样,才能从根本上改善国家机关的工作作风,"把机关改造成为办事能力强、工作效率高、能吸引群众的机关"③,使之成为包括千百万人,包括全体劳动者的组织,成为向公社国家过渡的一定阶段。

遵循列宁的指示,通过学习革新国家机关,通过学习普及教育,防止工人阶级蜕化变质,是布哈林的重要政治主张。他援引列宁的话说:"为了革新我国的国家机关,我们一定要给自己提出这样的任务:第一,是学习;第二,是学习;第三,还是学习,然后要检查,使学问真正深入到我们的血肉里面去,真正地、完全地成为生活的组成部分,而不是使学问变成僵死的条文或时髦的词藻。"④他特别强调,务必通过普及教育的方式防止工人阶级的蜕化。

2. 以舆论之刀切除官僚主义的赘瘤

官僚主义是苏维埃政权健康肌体上的可怕赘瘤。如何消除官僚主义对苏维埃政权的危害?布哈林提出,应提高苏维埃舆论的比重,运用舆论的刀子切除官僚主义的赘瘤,运用舆论这个有力杠杆来帮助苏维埃机关同自己的疾病做斗争。"机关中无处不在的官僚主义疮疤,应当千方百计剥去,揭掉,首先应当用苏维埃舆论的力量把它揭掉,这种舆论应

---

① 《布哈林文选》中册,人民出版社1981年版,第204页。
② 《布哈林文选》上册,人民出版社1981年版,第158页。
③ 《布哈林文选》中册,人民出版社1981年版,第358页。
④ 《列宁选集》第4卷,人民出版社1995年版,第699—700页。

当切除官僚主义的赘瘤"①。为此，应竭力加强整个苏维埃舆论的积极性和主动性，增加苏维埃舆论机构的首创精神和主动精神，使苏维埃舆论在党、工会和合作社等方面加强起来和积极起来。同时，动员千千万万人为反对官僚主义服务，组织广大群众发表更多的和更大胆的批评，用舆论这把刀子切除国家机构上的多余的和有害的官僚主义赘瘤，从各方面根除机构臃肿、形式主义、文牍主义、经营不善、物质浪费、阿谀奉承、巴结逢迎等一切邪门歪道。

3. 培养符合社会主义建设需要的"新管理人"

从根本上杜绝官僚主义，必须把正在苏维埃任职的成员培养成符合社会主义建设需要的"新管理人"。这种"新管理人""不是墨守成规的人，不是只习惯于沿着已踏出来的小路行走的人，不是那种只会唯唯诺诺的人，而是能在社会主义建设过程中与时间齐头并进的人，能抓住来自群众深处的新事物，不甘落后和能对历史车轮的每一个必要的转折作出创造性的反应"②。为此，首要的是对正在苏维埃任职的每一个成员进行整顿，把他们改造成既具有良好的马克思主义理论修养，又具有务实本领的社会主义"新管理人"。从国家治理和党群关系的视角，布哈林提出，成长为符合社会主义建设需要的"新管理人"，应做好以下两项工作：

（1）开展"真正的生动事业"

在社会主义建设中，各条建设战线上的"新管理人"应该对群众进行"现实的实际帮助"，开展"真正的生动事业，而不是官僚主义的因循"③。这就需要他们"培养具有群众的感情，联系群众的感情，经常不断地关怀群众的感情"④，真正具有"学会更快地决定方针，更为善于执行，更为认真求实"等极其必要的品质，成为"第一，决不相信空话；第二，决不说昧心话（在政治上是昧不得良心的）；第三，不怕承认任何困难；第四，不怕为达到自己庄严的目的而进行任何斗争"

---

① 《布哈林文选》中册，人民出版社1981年版，第317页。
② 参见《布哈林文选》中册，人民出版社1981年版，第391页。
③ 《布哈林文选》中册，人民出版社1981年版，第261页。
④ 同上。

的"真正受过教育的"分子,[1] 以自己的工作给群众带来现实的实际帮助。布哈林强调说,具备上述品质的真正的"新管理人"不能急性,不能高速度地任意"拟定"和"做计划",应关心群众的实际经济和文化问题,给群众现实的实际帮助要比一大堆"政治叫喊"有说服力得多。他倡导"展示、范例、认真执行通过的好决定"的宣传方式,主张用良好的指导取代目前的检查和书面报告形式。

(2) 一丝不苟地解决群众需求

应当督促"新管理人"竭尽全力反复培养责任感,"少吃喝多干事",[2] 多做扎扎实实的工作,一丝不苟地认真解决群众由各种小事组成的需求。布哈林把有些干部对群众的需要持马马虎虎对付过去的错误态度视为"应当予以扑灭和消灭的瘟疫"。他解释说,"生活就是由这些小事组成的。这些小事甚至能成为政治因素"[3]。"马马虎虎"对待"小"问题的人不配做一个共产党人,对群众的直接需要采取马虎、不经心的态度,很容易变成丑恶的官僚主义,官僚的自满自负。他强调说:"真正的共产党员,苏联的真正建设者在自己面前经常应当有活的群众,同他们一起、在他们前面和为了他们在我国建设社会主义。我们不需要官僚主义的木头人,因为革命需要我们的全体干部每小时,每分钟,每秒钟都考虑劳动群众的需要和要求,考虑如何正确地满足这些需求,包括当前的需求和长远的需求,主要的需求和具有决定意义的需求。正确地满足这些需求,其实就是更快地、更顺利地和尽可能平稳地沿着社会主义建设的道路前进。"[4]

此外,布哈林还提出,为杜绝官僚主义,防止蜕化,应加强监督机制。苏维埃组织的每一个成员不但应该参加一切国家和社会事务的讨论,而且自己应该担任一项社会职务,参加一项社会事业,实现真正的议行合一。一个人不能身兼数职,因为"自己对自己负责自己纠正自己自己监督自己也就是不对任何人负责不让任何人监督和纠正自己"[5]。

---

[1] 《布哈林文选》中册,人民出版社1981年版,第357页。
[2] 同上书,第40页。
[3] 同上书,第263页。
[4] 同上书,第321页。
[5] 同上书,第317页。

各单位负责人要经常不断地变换工作。原因是担任负责的同志如果长年累月地待在一个地方，他就可能培植一股势力，变成一个官僚。他应该在熟悉一个地方之后，再转到另一个地方，过一段时间变换一个工作。这样，他就可能熟悉所有的主要管理部门的工作，从而有利于克服官僚主义。

4. 完善制度进行科学管理

在苏联，大企业以至整个国民经济掌握在国家的手里，国家能不能实现科学的管理，缩减行政管理费用，对于社会生产的发展至关重要，与国家机关的改革成效密切相关。要建立会计制度、统计制度和完善国家的计划制度，使计划成为一门有自己的理论和依赖一系列科学而存在的实用科学。

5. 提高群众综合素质、提升参政指数和能力

要消除官僚主义和蜕化变质现象，把苏维埃政权建设成民主平等的"公社国家"，关键点还在于普遍提高广大工人和农民群众的文化水平，提高他们的综合素质，使得甚至每一个厨妇都学会管理国家。

由于在资本主义社会里，"金钱已经成为可以左右一切的社会力量。而金钱则是掌握在资产阶级的手里"，"指挥的阶级把自己的子女送入高等和中等学校，这种学校，无产阶级是无法进入的"。[①] 广大贫困的、遭受剥削的民众被排斥在学校教育之外，没有机会接受文化教育，因此文化水平非常落后。而刚刚建立的苏维埃共和国"实际上就是群众本身的巨大组织"[②]，广大群众在政治上已经成为国家的主人，但他们的落后文化水平却严重制约着他们行使自己的各项权利，无力为消除官僚主义和蜕化变质现象发挥相应的作用。布哈林援引马克思、恩格斯的观点："只有在共同体中，个人才能获得全面发展其才能的手段，也就是说，只有在共同体中才可能有个人自由"[③]，认为苏维埃制度的建立已经为广大民众提供了自由和发展的平台，但还需要广大民众的自我努力。他提醒广大民众：要真正行驶自己的政治自由和民主权利，必须摒弃旧有的封闭意识、陈腐观念和封建思想，突破狭窄眼界和狭小空间，积极而自觉地

---

① 《布哈林文选》上册，人民出版社1981年版，第46、48页。
② 同上书，第23页。
③ 《马克思恩格斯选集》第1卷，人民出版社1995年版，第119页。

参加各级苏维埃政府和社会组织，不断加强学习锻炼，提高科学文化水平，提升自己的参政指数，培养自己的参政能力，积极发出自己的声音，真正发挥监督作用，维护广大群众自己的利益。

§第四节 巩固和发展工农联盟

我国社会主义的主要特点就是，它将在一个农民国家内建设起来，因此，吸引农民参加社会主义建设事业在我们这里就特别重要。我们建设的最基本的问题，即工农联盟问题。

布哈林

根据农民人口占大多数的国情，布哈林继承和发展了马克思主义特别是列宁的工农联盟思想，认为苏联是一个落后的农民国家，工农联盟极端重要，是苏联社会主义政治建设中的最根本问题，执政的布尔什维克党只有坚持和巩固工农联盟，吸引农民参加社会主义建设事业，才能维护苏维埃政权，推进社会主义建设。

一 马克思、恩格斯、列宁、斯大林的工农联盟思想

（一）马克思、恩格斯的工农联盟思想

在人类社会发展史上，马克思、恩格斯第一次全面分析了农民问题，充分肯定农民的社会地位，强调无产阶级必须重视农民力量，把农民联合为自己的可靠同盟军，共同建设社会主义新社会。他们认为，1848年以法国和德国为代表的欧洲革命，充分证明了工农联盟的重要性和必要性。无产阶级是否同农民结成联盟，直接关系到革命的成败。得不到农民的支持，无产阶级就会陷入孤立无援的境地。无产阶级领导的工农联盟，是夺取革命胜利的基本阶级力量，是进行有成效的革命的前提条件。

1850年，马克思和恩格斯指出："工人为了农村无产阶级的利益和自己本身的利益，……必须要求把没收下来的封建地产变为国家财产，变成工人农场，由联合起来的农村无产阶级利用大规模农业的一切优点

来进行耕种。……正如民主派与农民联合起来那样，工人也应当与农村无产阶级联合起来。"① 这里所说的农村无产阶级指农村中的贫农。他们在这里第一次明确提出农民是工人阶级可靠的同盟军，是共同建设社会主义新社会的基础力量。在几千年的人类文明发展史上，马克思与恩格斯第一次对农民的社会地位做出如此高的正确评价，具有极其深远的历史意义。

马克思在《路易·波拿巴的雾月十八日》中深刻阐明：工农联盟是未来新社会的阶级基础。他指出，农民的利益不仅和封建地主阶级是不可调和地对立的，和资产阶级的利益也是不可调和地对立的，"因此，农民就把负有推翻资产阶级制度使命的城市无产阶级看作自己的天然同盟者和领导者。"②

在总结欧洲革命经验和反思失败教训的过程中，马克思和恩格斯提出了无产阶级在夺取和巩固政权的斗争中，建立工农联盟的可能性、必要性和重要性。马克思指出，因为具有相似的经济地位和共同的政治要求，无产阶级在革命中可以而且应该把农民争取到自己身边，促使他们加入到革命阵营中，让无产阶级革命得到"某种再版的农民战争"的支持③，"得到一种合唱，若没有这种合唱，它在一切农民国度中的独唱是不免要变成孤鸿哀鸣的。"④ 由于农民阶级本身的局限性，它不能顺利地从事独立的政治运动，因此，农民只有把无产阶级"看作自己的天然同盟者和领导者"⑤，才能"结束他们在经济上的贫困和社会地位的低落"⑥。1871 年，巴黎无产阶级爆发革命，他们夺取政权建立公社，但是孤军奋战了两个多月后悲壮失败，从正反两个方面证明了马克思主义关于工农联盟思想的正确性和无产阶级建立工农联盟的重要性、必要性。

---

① 《马克思、恩格斯、列宁、斯大林、毛泽东关于农业若干问题的部分论述》，农业出版社 1983 年版，第 386 页。
② 《马克思、恩格斯、列宁、斯大林关于农业问题的部分论述》，农业出版社 1981 年版，第 13 页。
③ 《马克思恩格斯选集》第 4 卷，人民出版社 1995 年版，第 548 页。
④ 《马克思恩格斯选集》第 1 卷，人民出版社 1995 年版，第 684 页编者注①。
⑤ 《马克思恩格斯选集》第 1 卷，人民出版社 1972 年版，第 697 页。
⑥ 同上书，第 474 页。

(二) 列宁和斯大林的工农联盟思想

"工农联盟的理论是列宁主义的最重要的独创性的特征。"① 列宁继承并发展了马克思主义的工农联盟思想，并为实现工农联盟指明了具体的途径。

列宁特别强调，在生产力比较落后，农民占人口绝大多数的国家里，农民的地位尤其重要，工农联盟尤其重要。"劳动农民历来都受地主、资本家、商人、投机者和他们的国家（包括最民主的资产阶级共和国在内）的压迫。多少世纪以来，劳动农民养成了一种敌视和仇视这些压迫者和剥削者的心理……"② 因此，农民在选择政治盟友时，非常自然地选择与工人阶级结成联盟。"农民是工人的天然的同盟军"，因为，"农民只有同觉悟的工人携手前进，才能够获得土地和自由"。③

"在农民人口占绝对优势条件下，我们的总的政策，我们的经济政策的主要任务，就是要在工人阶级和农民之间建立一定的关系，这是很自然的。……在农民占绝对优势的条件下，这种优势不能不影响到经济政策和总的政策。对于我们，主要的问题目前是而且今后若干年内一定自然是在这两个阶级之间建立正确的关系——从消灭阶级的观点来说是正确的关系。"④ 列宁强调，工农联盟是社会主义新政权胜利的基本保证："工农联盟——这是苏维埃政权给我们的东西，也是苏维埃政权的力量所在。这是我们取得成就、取得最后胜利的保证。"⑤ 在苏俄的革命与建设实践中，在农民人口占绝对优势的条件下，"最根本最本质的问题就是工人阶级同农民的关系，就是工人阶级同农民的联盟"。⑥ 列宁反复指出，要巩固工农联盟，巩固无产阶级政权，必须始终重视农民、帮助农民。"我们帮助农民，因为这是为保持我们的政权所绝对必需的。专政的最高原则就是维护无产阶级同农民的联盟，使无产阶级能

---

① 《布哈林文选》上册，人民出版社 1981 年版，第 215 页。
② 《马克思、恩格斯、列宁、斯大林关于农业问题的部分论述》，农业出版社 1981 年版，第 24 页。
③ 《马克思、恩格斯、列宁、斯大林、毛泽东关于农业若干问题的部分论述》，农业出版社 1983 年版，第 388 页。
④ 同上书，第 391 页。
⑤ 同上书，第 392 页。
⑥ 《列宁全集》第 42 卷，人民出版社 1987 年版，第 338 页。

够保持领导作用和国家权力。"① 为此，他通过在各地推行土地革命使俄国广大农民满足了对土地的需要，使农民成为无产阶级的可靠同盟军，形成了工农之间稳固的同盟，"并在这个稳固的联盟的基础上建立了政权"。② 苏维埃政权建立后遭到帝国主义国家的包围，依靠"工人和农民在共同利益基础上的真诚的联合"③，列宁领导无产阶级和农民结成军事联盟，打退了国内外反动势力的联合武装进攻，又一次取得了战争的胜利，彰显了工农联盟的重要性。

苏联十月革命胜利后，列宁在分析如何调动农民积极性，加快发展农业合作社时指出，光对农民说加强劳动纪律是不够的，"整个问题在于要给农民一种经济上的刺激、鼓励"④。在《新经济政策和政治教育局的任务》一文中，列宁强调了对农民个人利益的重视和关心："我们不应该指望直接向共产主义过渡。必须以农民对个人利益的关心为基础。有人对我们说，'使农民关心个人利益，就是恢复私有制。'不，我们从来没有要求废除农民对消费品和工具的私有制。困难就在于使他们关心个人的利益。必须使每一个专家也关心生产的发展。"⑤

国内战争结束后，列宁对工农联盟有了更加清醒的认识，创造性地提出了无产阶级专政就是无产阶级领导下的工农联盟，强调"专政的最高原则就是维护无产阶级同农民的联盟，使无产阶级能够保持领导作用和国家政权"⑥，离开这一立场，无产阶级就会断送自己的事业。为了实现新的历史条件下工农利益的一致，给社会主义建设中的工农联盟奠定新的经济基础，列宁积极寻求社会主义经济和小农经济的结合点，号召无产阶级在党的领导下通过合作社等途径引导"实际主义者和现实主义者"——农民共同走社会主义建设道路，使工农联盟在新经济

---

① 《马克思、恩格斯、列宁、斯大林、毛泽东关于农业若干问题的部分论述》，农业出版社1983年版，第392页。
② 《列宁全集》第4卷，人民出版社1984年版，第546—547页。
③ 《列宁全集》第33卷，人民出版社1985年版，第111页。
④ 《马克思、恩格斯、列宁、斯大林、毛泽东关于农业若干问题的部分论述》，农业出版社1983年版，第234页。
⑤ 同上书，第235页。
⑥ 《列宁全集》第42卷，人民出版社1987年版，第49—50页。

政策的基础上步入了一个新的发展阶段。①列宁深入分析了由于政府不关心农民和其他群众的物质利益而遭遇的挫折，尖锐地指出："我们说，必须把国民经济的一切大部门建立在个人利益的关心上面。共同讨论，专人负责。由于不会实行这个原则，我们每一步都吃到苦头。"②在《十月革命四周年》中，他再一次强调了对农民个人利益关心的重要作用："从个人利益上的关心，能够提高生产，我们无论如何首先要增加生产。"③

由于马列主义经典作家中的马克思、恩格斯没有在社会主义国家直接执政的实际经验，列宁领导苏联社会主义建设的时间很短，因此，他们关于重视农民社会地位，关心农民物质利益的思想都比较原则，许多理论带有设想性。斯大林对提高农民社会地位，关心农民物质利益有一些正确的思想。在工农联盟问题上，斯大林在20世纪20年代曾经尖锐地批评了当时党内一些贬低农民、轻视农民的错误观点。斯大林正确地指出："我们党内有一些人把劳动农民群众看成异类，看成工业的剥削对象，看成我国工业的殖民地之类的东西。同志们，这些人是危险的人。对于工人阶级来说，农民既不能是剥削对象，也不能是殖民地。农民经济是工业的市场，正像工业是农民经济的市场一样。但农民对于我们不仅是市场，而且是工人阶级的同盟者。正因为如此，农民经济的提高，农民的普遍合作化，农民物质生活状况的改善，是一种前提。没有它就不能保证我国工业有较大的发展。反过来说，发展工业，发展农业机器和拖拉机，以大量工业品供给农民，又是一种前提，没有它就不能推进农业。这就是工人阶级和农民联盟极重要的基础之一。"④斯大林在1928年分析推进国家工业化与农业合作化共同发展时指出："毫无疑问，粮价的提高，革命法制的实际执行，用预购的方式给予贫农、中农的实际帮助等等，将大大地增进对农民的经济刺激。"⑤但由于各种历

---

① 《列宁全集》第36卷，人民出版社1985年版，第190页。
② 《马克思、恩格斯、列宁、斯大林、毛泽东关于农业若干问题的部分论述》，农业出版社1983年版，第235页。
③ 同上书，第236页。
④ 同上书，第392—293页。
⑤ 同上书，第113页。

史原因，在后来的苏联社会主义建设实践中，斯大林制定的一些政策背离了自己的正确思想，不断扩大工农产品价格剪刀差，对农民实行不平等交易，把农民挖得很苦。政府靠从农民那里多取，为国家工业化发展积累资金，导致苏联农民没有生产积极性，农业长期发展缓慢。

二 布哈林的工农联盟思想

1917年十月革命前夕，布哈林对俄国农民的革命性估计不足，在俄国革命和世界无产阶级革命的关系问题上估计又过于乐观。当时他强调农民的落后性，认为俄国农民受孟什维克和社会革命党的影响比较深，已经同资产阶级和小资产阶级政党结成了联盟；农民一旦得到了土地，就会离开无产阶级，跟着资产阶级走。所以，俄国社会主义革命不能依靠农民的支持，只能等待欧洲无产阶级革命的胜利和支持，否则，俄国社会主义革命的胜利就没有希望。

布哈林在其自传中指出，同列宁的相识和交往，给了他巨大的影响。他开始改变自己的错误观点，接受了马克思、恩格斯、列宁的工农联盟思想，认识到依靠本国的力量，特别是依靠工农联盟的力量，苏俄也能够进行社会主义革命和社会主义建设。布哈林提出工农联盟具有极其重要的意义，他把工农联盟视为苏联社会主义建设中的"最根本问题"①，指出"币制改革、价格问题、机关工作人员问题、'剪刀差'问题、党内民主问题、'计划'问题和'商品干涉'问题、不断革命论、对我国革命动力的估计、对我国革命前途的总的估计……所有这些本身极重大的问题所围绕的轴心就是工农联盟问题"②，强调无产阶级只有在工农联盟的条件下才能走向社会主义，只有在实现工人阶级在这个联盟中的领导的条件下才能走向胜利。③ 胜利的无产阶级政党必须站在列宁主义旗帜之下，坚持和发展工农联盟，关心并落实农民的物质利益，"同农民群众打成一片"④，领导他们走向社会主义。

在苏联，真正意义上的无产阶级只占居民的少数，而广大农民占了

---

① 《布哈林文选》上册，人民出版社1981年版，第337页。
② 同上书，第215页。
③ 同上书，第465页。
④ 《布哈林文选》中册，人民出版社1981年版，第353页。

全国人口的90%以上。此外，无论从生产要素还是从政治发展来看，凡涉及经济、政治、社会生活的重大举措，工人阶级若得不到农民群众的认可和拥护，一概难以贯彻实施。历史实践表明，违背大多数农民愿望的举措，会影响到生产的发展，对政权的巩固产生负面影响。"为了工农事业的胜利，为了劳动群众事业的胜利，必须具备下列基本条件：第一，需要工农之间的联盟，同盟；第二，在这个联盟中领导作用应当属于工人阶级；第三，而在工人阶级当中领导作用又应当属于共产党。"①

通过客观冷静地分析苏联的国情，布哈林在论著和发言中反复申言工农联合的问题，并指出原因："怎样保证我们的最终胜利的事业、巩固劳动人民的政权的事业、发展我国的经济的事业、建设新的社会、新的秩序、新的关系的事业呢？对这个问题我们应当这样回答：只要我们善于在和平的、非战争的新条件下重新巩固工农联盟——过去，在我国革命的全部过程中它保证我们取得了胜利——，我们就能取得最终的、完全的胜利，我们就能真正建设一个劳动的新社会。这就是我们必须一而再，再而三地给自己提出无产阶级和工农联盟问题的原因。"②

（一）坚决反对剥夺农民

托洛茨基等人认为，"庄稼汉是小私有者。从向社会主义前进的观点看来，这是一股反动力量……反动的、反社会主义的"③，因此，社会主义积累在某种程度上需要靠剥削小生产者来进行，小生产者是无产阶级工业的殖民地，工农两阶级之间的关系是剥削关系，无产阶级是剥削阶级，小生产者阶级是被剥削阶级。正在完成社会主义变革的国家愈落后，无产阶级的剥削性质就愈明显，因此，小生产者就愈是被剥削者。要实现社会主义制度在经济中的胜利，剥夺或剥削农民是实现苏联工业化的主要途径，农业小生产者无非是无产阶级工业的殖民地，需要依靠国营工业破坏和排挤农村的小经济并由无产阶级自己的农业取代小农经济；社会主义积累在某种程度上靠剥削小生产者来进行，为积累实现社会主义工业化的足够资金，为了使无产阶级工业获得更多的东西，必须利用剥夺或剥削农民的"社会主义原始积累规律"，从农民收入中

---

① 《布哈林文选》上册，人民出版社1981年版，第403页。
② 同上书，第397—398页。
③ 同上书，第273页。

拿得更多的东西输入国营企业。①

对于托洛茨基等人剥夺农民的思想，布哈林认为是"根本不对"的，他进行了坚决的反对和严厉的驳斥，指出托洛茨基为了所谓的工业最大利益，而从农民那里剥夺夺取尽可能多东西的观点，是在纯无产阶级意识形态和纯无产阶级政策的幌子下执行的错误观点，具有一种"维护工人阶级的狭隘的直接利益、背叛共同利益即共产主义的独特的工联主义和行会习气"，不懂得工人阶级必须依靠农民的重要性，会把无产阶级"推向无底深渊——失去同农民的联系，突然碰上确实是致命的冲突"。② 由于农民是居民的多数，有巨大的经济和社会力量，在夺取政权之前，工人阶级在反对资本家和地主的斗争中必须得到农民的支持。夺得政权之后，直到无产阶级专政巩固，工人阶级在国内战争中必须保证自己能得到大部分农民的支持，不能脱离"农民基地"，必须同农民和睦相处。农民不是无产阶级同资本和大土地占有者进行的斗争中的炮灰，而是工人阶级进行社会主义建设的同盟军。无产阶级"要领导农民跟自己走，就必须根据具体情况采取不同的方法"③。布哈林提醒工人阶级："要有耐心，不要赶忙，不要冒险妄为，不要摆出自己的共产主义道德，这会吓走庄稼汉的，如果有时这种道德吓了庄稼人，那就把它装在口袋里，要善于谨慎、明智地引导他们跟自己走，只有这样才能取得胜利。"④ 他从国家生死存亡的高度，指出："如果在农民问题上持托洛茨基的观点，就会使'国家走向灭亡'……会毁灭我们的革命，因为它在纯'无产阶级'意识形态和纯'无产阶级'政策的幌子下执行……行会主义政策，而这种政策必然把我们推向无底深渊——我们会失去同农民的联系，会突然碰上确实是致命的冲突。这就是为什么现在必须采取极其明确的政治立场的原因。在这里一切个人的爱憎好恶都应置之度外。"⑤

从稳固苏维埃政权的高度，布哈林指出，无产阶级领导的工农联盟

---

① 《布哈林文选》上册，人民出版社1981年版，第229页。
② 同上书，第290页。
③ 同上书，第267页。
④ 同上书，第289页。
⑤ 同上书，第290页。

是维护苏维埃共和国社会秩序的重要保障，工农在新形势下的结合是苏联建设社会主义的重要保证，苏联过渡时期的根本问题是如何谨慎地、耐心地解决吸引占全国人口绝大多数的农民参加社会主义建设的问题。如果在经济领域里，无产阶级把自己置于"宗主国"地位，把农民视为受压迫的殖民地的剥削对象，按照同原始积累的骑士相类似的办法去吞没农民经济，就会脱离农民群众，严重破坏工农之间的联盟，背离向社会主义方向发展的既定道路，而"同农民处于战争状态的无产阶级专政……无论如何不可能是强大的"。① 布哈林指出，工人阶级必须依靠农民，剥削和剥夺农民只会破坏工农联盟，而工农联盟是苏联社会主义事业的核心问题。如果失掉了工农阶级力量的这种特别有利的结合，那么苏联社会主义革命的整个发展基础就消失了。

从工农业发展相互制约的角度，布哈林指出托洛茨基等人的观点是荒谬的、狭隘的、错误的——不了解国民经济各部分的相互依赖和相互制约关系，看不到工业的行情、积累的速度等不能不取决于农业生产力的增长。因为农民经济是工业的市场，在农民经济占很大比重的情况下，社会主义工业中的积累是农民经济中的积累的函数。尽管工业的发展离不开庄稼汉的基地，"农民经济积累的每一个戈比的钱也就是社会主义工业积累每一个卢布的基础"②，但工业发展的最快速度绝不能靠最大限度地从农业那里取得的办法加以保证。"必须摒弃提高工业品价格实现平衡的方法，因为那样会走上使工业独自腐烂的道路，就会促使实际工资下降而置工人阶级于困难境地。"③ 如果按照托洛茨基等人的观点，对农村实行殖民地的路线——剥削农民，攫取技术上可以达到的一切，就是"杀掉会生金蛋的母鸡"④，将会使国内市场容量减少，农村经济衰竭，农民收入降低，农业受到破坏，被工业吞没，紧随其后的是，整个社会需求缩减，工业销售出现危机，社会再生产的过程进行缓慢，导致社会主义工业凋敝和整个国民经济崩溃和破产，结果只会陷入

---

① 转引自［美］斯蒂芬·科恩《布哈林与布尔什维克革命》，人民出版社1982年版，第241页。
② 《布哈林文选》上册，人民出版社1981年版，第289页。
③ 《布哈林文选》中册，人民出版社1981年版，第228页。
④ 《布哈林文选》上册，人民出版社1981年版，第233页。

绝境。

由于新经济政策的推行激发了农民生产的积极性，到 1927 年底，两次粮食大丰收之后，仓库、草棚以及任何藏得住粮食的地方都堆满了粮食。但是，由于"货币贬值了，而且，可买的东西也少的可怜，富裕农民得出结论：不把粮食拿到市场上去卖了"。[①] 1927 年下半年至 1928 年初，苏联国内出现粮食收购困难、市场供应紧张、国民经济比例失调等严重问题，社会主义建设面临重大考验。斯大林等人认为，农村的收购危机是农村资本主义分子对苏维埃政权的严重进攻，要求富农立即按照国家规定的收购价格交出全部余粮，同时对农民征收超额税或贡税以获取工业化资金，全力发展工业，尤其是重工业。布哈林反对这种观点，他强调，农业是工业的基础，不能用向农民征收超额税和贡税的办法来发展工业，认为这是对农民进行"军事封建剥削"的政策，不仅会危害农业的发展，而且最终会影响到工业的发展。他认为："粮食问题毋宁说是在农民经济缩小的情况下，由谷物业的稳定或者甚至下降造成的，它是在下列情况下出现的：1. 谷物价格和经济作物价格之间日益增长的比例失调；2. 非农业来源的收入增加；3. 对富农经济的税率提高得不够；4. 对农村的工业品的供应不足；5. 富农在农村中的经济影响增长。实际上这一危机是同不正确的价格政策，同谷物价格和其他农产品价格之间的比例极不相称的现象联系在一起的。其结果是生产力的重新分配不利于谷物业，从谷物业中（相对地）转移了。"[②] 由于工业未能及时积累，没有足够数量的后备可以投放出去，城市向农村供应的工业品不足，不能满足来自农村的需求；在工业品零售价格降低的情况下，相对地减少了工业品的供应；谷物在市场关系和课税上都居于不利地位，谷物同畜产品和技术作物的比价悬殊太大，这种悬殊对粮食很不利，粮食在农民可能卖出的一切物品中成为最无利可图的东西，以致农民宁愿把粮食留下来，用出卖畜产品和技术作物换来的钱缴纳税款和购买工业品；主要产粮区粮食歉收；等等。布哈林强调，必须绝对制止粮食收购中的过火行为。在系统分析了粮食收购出现危机的原因

[①] 参见中国社会科学院马列主义毛泽东思想研究所编《论布哈林和布哈林思想（译文集）》，贵州人民出版社 1982 年版，第 487 页。

[②] 《布哈林文选》中册，人民出版社 1981 年版，第 285 页。

后，布哈林提出，不按照司法手续没收余粮或者一概禁止粮食自由买卖，取缔粮食自由市场，为查清余粮而进行各种搜查，在许多地点建立阻截队，强行摊派公债等政治过火行为必然造成长期的不良的经济的和政治的后果。

1928年粮食危机发生后，布哈林认为，剥夺农民将会导致工农联盟破裂的现实危险，他为各州抗议没收粮食的示威游行活动感到担忧，认为同中农妥协是非常重要的，推测强制集体化会诱发农民的暴乱。为解决粮食收购问题，他提出："组织上应成立统一的国家粮食收购机关。建立相应的组织，它把各种共和国组织和以前的粮食公司合并起来，成立一个大组织——'苏联粮食公司'。其他的次要的组织同这个全国性的粮食收购机关之间的相互关系正确地建立起来。用组织统一的中心的办法，用统一收购工作的办法，消除在目前的粮食收购运动中明显表现出来的那些消极方面（主要是粮食收购机关战线的分散性和它们之间的竞争）。"[1] 此外，应通过提高粮价，增加对农村工业品的供应，以及扩大粮食的进口进行解决。

需要指出的是，布哈林在反对剥夺农民的同时，也反对小资产阶级的骑士们提出的要保证农业免除用于工业的一切扣款的观点，认为他们是保护旧习气和个人主义，不懂得农业的发展要依靠工业的发展。而落后保守的小农业会阻碍生产力的发展，应该用工业的先进技术和机器设备对其进行改造。

（二）正确引导农民走上社会主义道路

立足于苏联农村的实际状况，布哈林号召无产阶级正确引导农民通过合作社走上社会主义道路。他把合作社视为一种不断提高农民的生产社会化水平、满足农民的现实需求、繁荣农村经济的重要手段，是一件排挤农村资本主义势力，顺利实现农村社会主义改造的有效武器。从国民经济发展的宏观角度看，他把合作社作为密切工业和农业之间的联系、巩固工人和农民之间经济联盟的重要渠道，认为农民合作社的繁荣和发展能够为社会主义工业化提供广阔的市场和充足的资金积累。

---

[1] 《布哈林文选》中册，人民出版社1981年版，第23页。

要进行社会主义建设,"应该正视事情的真相"①。当时的苏联,农民犹如汪洋大海,经济文化水平都很落后。在社会主义建设过程中,无产阶级应如何正确对待作为私有者的农民?如何引导农民走上社会主义道路?布哈林提出,无产阶级取得政权后,作为昔日的革命同盟军,农民是需要无产阶级在几十年的时间里予以社会主义改造的同盟者。无产阶级在改造农民的过程中,必须实行正确的领导,必须根据具体情况采取不同的方法,"要有耐心,不要赶忙,不要冒险妄为"。②无产阶级在农民面前不要摆出自己的共产主义道德,以免吓走庄稼汉,而应把它装在口袋里。无产阶级只有善于谨慎、明智地引导农民跟自己走,才能取得社会主义建设的胜利。

"富有历史意义的行动的规模愈大、范围愈广,参加这种行动的人数便愈多,反过来说,我们所要实行的改造愈深刻,就愈要唤起人们对这种改造的兴趣和采取自觉的态度,使千千万万的人相信这种改造的必要性。"③布哈林援引列宁的观点,强调在社会主义建设中,无产阶级没有选择的余地,必须正确地影响农民,要领着农民并依靠农民走向社会主义,"总的前景是使农民参加社会主义建设总体系"④,无产阶级必须善于做到这一点,否则它就不能维持自己的政权。帮助农民走上社会主义道路,帮助农民走向社会主义生产,不能走使农民经济破产的发展道路,不能以苏维埃经济来排挤农民经济,消灭、吞没农民经济,而应当通过经济途径改造农民经济。为了唤起占人口绝大多数的广大农民群众对社会主义改造的兴趣,要求无产阶级以利益为动力,通过农民易于接受的方式,从流通领域开始,采用各种经济措施,逐步引导农民、改造农民,帮助农民走上社会主义道路。

对生产缺乏个人的直接物质利害关系,会导致生产下降,布哈林强调,"医治这种疾病的药方"是加进个人的利害关系的成分。为推进农民参与社会主义建设的进程,首先是通过合作社,通过流通过程引导农民走向社会主义。即凭借国家经济命脉的控制力,吸引农民参加同国营经

---

① 《布哈林文选》上册,人民出版社1981年版,第48页。
② 同上书,第289页。
③ 同上书,第270页。
④ 同上书,第388页。

济有联系的、并在经济上依赖国家及其机构的流通领域的合作社，使农民获得直接经济利益：让农民从信用合作社得到低息贷款，从销售合作社便利地出售农产品，购买工业品。布哈林展望说，农民从自己的私有经济即单个小农户的利益出发，必然会走上自身联合的道路，紧随共同采购和共同销售等流通领域的合作之后，农民会从一般的信贷组织逐渐过渡到组织自己的黄油制造厂和一般的农畜产品加工厂等生产性合作社，实现生产的合作化，从而越来越和睦地同无产阶级的国营工业结合起来。这样，就把大量农民拉入整个社会主义经济体系，在农民经济获得发展的基础上逐步改造他们，从而推动农村居民的基本群众向社会主义前进。

（三）鼓励农民消除贫穷、加快积累、发财致富

由于国内外敌人发动战争的摧残，造成了苏维埃俄国的贫穷。布哈林提出，社会主义的本质绝不是普遍贫困和"贫穷的平等"，社会主义国家应该是民富国强。随着社会主义建设各项事业的推进，共产党要领导广大群众"向贫穷和困苦开战"[1]，党的任务"就是要使我们国家的财富增加到空前的高度，增加全体人民、全体劳动者的财富"[2]。他大胆地提出："应当对全体农民，对农民的所有阶层说：发财吧，积累吧，发展自己的经济吧！只有白痴才会说，我们永远应当贫穷；现在我们应当采取的政策，是要能在我国消除贫穷的政策。"[3]

农民要富裕，就要进行积累。布哈林强调农民积累的重要性，鼓励农民积累。他批评了有些农村地区"过分害怕雇佣劳动，害怕积累"的做法，致使富裕的上层农民和渴望成为富裕农民的中农不敢积累。在这种情况下，农民不敢盖铁皮屋顶，因为怕被宣布为富农；如果他们买机器，就设法不让共产党员看见。富裕农民对政府妨碍他们积累和雇工表示不满；同时，遭受人口过剩痛苦的农村贫农有时也埋怨政府妨碍他们去当富裕农民的雇工。而当时农村形势的特点是："农村大量的农民实际上在任何地方都没有活干，但必须吃饭；在手工业者中间同样有人口过剩，这种过剩的人口是城市的一种可怕的压力，加剧了失业现

---

[1] 《布哈林文选》上册，人民出版社1981年版，第392页。
[2] 同上书，第413页。
[3] 同上书，第368页。

象。"① 布哈林称这些不敢积累的思想是战时共产主义思想的残余,是挂在社会主义建设步伐上的大秤砣,应加以剔除。他鼓励农民加快积累,认为如果没有积累就不能推进社会主义建设事业,提出"光靠号召提高劳动热情,我们是走不远的"。② 因为农业积累就意味着对工业品的需求日益增长,这种需求能引起工业的巨大发展,而这种发展反过来又能使工业对农业起到良好的促进作用:"农民的有支付能力的需求愈大,则工业就发展得愈快。农民经济中的积累进行得愈快,农民经济愈快摆脱贫困,它愈富裕,能够向城市工业购买的东西愈多,——则工业中的积累就进行得愈快。"③

(四)把农民的政治能量引上巩固工农联盟的轨道

无产阶级专政的国家机构不仅与工人组织而且与农民组织的联系,乃是它的前提,乃是一座桥梁,无产阶级应帮助农民沿着这座桥梁逐步走到无产阶级的观点上来。布哈林认为,在当时的局势条件下,把广大农民的政治能量引上巩固工农联盟的轨道,对于工人阶级来说比以往任何时候都更加重要。为此,工人阶级必须竭尽全力,千方百计地按照必要的精神对农民进行社会主义的帮助、教育和改造。同时,通过吸引城乡广大群众的办法,更有成效地进行反对官僚主义这种迄今为止一直腐蚀着国家肌体的溃疡的斗争。他强调说,"农民应当享有苏维埃制度,苏维埃权利,苏维埃法律"。④ 如何吸引农民参加政治和社会事业?应把县、乡、村各级苏维埃活跃起来,使这些苏维埃成为认真仔细研究问题的小型的劳动议会,商讨出这样一种管理形式:"它能保证精确地订出适合于当地条件的共同规范,它能保证摸透最广泛的农民阶级的心情、需要、诉怨和要求,它会有助于吸引最积极的分子参加苏维埃工作,把管理国家的一部分责任放到这些积极分子的身上,用当地事务和当地需要的经验培养他们充当管理国家的角色,并吸引他们讨论愈来愈广泛的经济建设和政治建设的问题。"⑤

---

① 《布哈林文选》上册,人民出版社 1981 年版,第 367—368 页。
② 同上书,第 29 页。
③ 参见《布哈林文选》上册,人民出版社 1981 年版,第 422 页。
④ 《布哈林文选》上册,人民出版社 1981 年版,第 212 页。
⑤ 同上书,第 213 页。

(五) 正确处理工农关系、消除工农矛盾

整体而言，苏联工农之间的联盟是紧密的，但是，因价格问题而引发的摩擦和矛盾不容小觑。布哈林认为，应正确处理工农关系，通过制定合理的工农业商品价格，消除工农之间的矛盾。

工人阶级和农民之间具有根本的和完全共同的利益，这个最根本的利益表现为工业和农业必须互相依靠互相帮助，这个完全共同的利益促使广大农民和工人阶级合作，在无产阶级的领导下携手并肩地向社会主义前进。但是，随着向和平经济工作的过渡，农民经济越来越成为商品经济，国营工业和农民经济之间的直接交往日益密切。由于尚未建立既包括农户也包括国营工厂的统一的有组织的经济，随着不断增长的农民生产商品率，农产品的价格和国营工业产品的价格之间出现严重问题，当时工人阶级和农民双方都存在不满情绪。很多工人持这样的观点："我们正在为最高速度的积累，为'工业专政'而斗争；不需要对'乡下佬让步'了。为了给无产阶级的工业增光，应该从乡下佬那里攫取尽可能多的东西。迎合农民市场的需要是民粹派的观点"；而很多农民则认为："城市在掠夺我们，工人活干得很少，我们农民在养活城市和城市工人；应该稍微压一下工人，首先用抬高粮食价格的办法。"①这样，"国营工业和农民经济这两种经济范畴的社会体现者——工人和农民"之间就出现了直接的利益的矛盾，"工人和农民之间的相互关系……在目前，对立的因素往往比统一的因素占优势……直接利益的对立"。②

立足辩证的视角，一方面，布哈林指出当时存在工业品价格过高的弊端，批判了那种主张随意规定工业产品的高价格，使工业获得尽可能多的利润，给工人更多的工资的工业政策，认为它是一种荒谬的、行会的、狭隘的、笨拙的、目光短浅的政策。指出这种想为了工业的最大利益而从农村消费者那里夺取尽可能多的东西的愚蠢做法，必然会导致国营工业发展的停滞：在工业品价格过高而导致的农民市场购买力很低的状况下，国营工业就会逐渐丧失农民的支持，陷入市场缩小、销售危

---

① 《布哈林文选》上册，人民出版社1981年版，第204页。
② 同上书，第203页。

机、再生产过程停顿、最终发展停滞的绝境。另一方面，布哈林对部分农民的错误观点也进行了批评，指出农民如果主张过分提高粮食和原料价格，也是一种近视的、狭隘的、看不到城乡联系的政策，也会阻碍国营工业和农民经济的生产力的发展，导致整个国民收入的降低，造成工人阶级和农民阶级的物质状况恶化。

由于价格问题而引发的工农联盟之间的矛盾，"必然造成我国两个基本劳动阶级之间的摩擦，这些摩擦是对工农联盟的某种危险"[①]。布哈林告诫说，如果工农双方都坚持上述观点的话，就会导致工农联盟的分裂，而这种分裂对于工农双方都会是致命的。他把工人阶级和农民的价格问题之争视为如何看待工业和农业关系的问题，号召广大工农群众正确认识工业和农业之间相互依赖的辩证关系：工业要得到发展，需要农业取得成就；反之，农业要取得成就，也需要工业得到发展。工业和农业的互相联系是一个客观的基本事实，广大工农群众必须以这个事实为出发点；工业和农业必须互相依靠、互相帮助，这是巩固工农同盟的基本条件，没有这个条件，工人阶级和农民携手并肩地向社会主义前进是不可设想的。

工农联盟是苏联社会主义建设中所有问题中的核心问题，如何避免工农分裂的危险？布哈林认为，工人阶级和农民之间的利益上的矛盾，是一个比较次要的矛盾，在阶级分歧和阶级摩擦的程度都很小的情况下，执政的俄共（布）应从正确理解的工农利益的观点出发，通过党领导工人阶级制定正确的政策来解决分歧——实行一种能使国营工业和农民经济的生产力有最充分的发展余地的政策，落实工人阶级领导农民并依靠农民走向社会主义的政策。这种政策要服从巩固无产阶级专政、巩固工农联盟的政治需要，重视农民市场在整个国民经济发展中的作用，"使局部的和暂时的、眼前的和短期的、次要的和从属的利益服从长远的、最共同的、最根本和基本的利益"[②]，即通过降低工业品价格，扩大农民市场容量，实行国营工业和农民经济的生产力都得到最充分发展的政策。

---

① 《布哈林文选》上册，人民出版社1981年版，第422页。
② 同上书，第423页。

由于工人阶级是领导阶级，新经济政策又是要实行多年的政策，所以，因价格问题而引发的工农之间分裂的危险，应由联盟的领导力量即工人阶级承担"分裂的最大责任"。[①] 布哈林指出，制定正确的价格政策，降低工业品价格，解除工农联盟之间分裂的危险，是使工农业经济获得全面发展、解决工农之间利益矛盾、保证工农联盟巩固的正确选择。他从经济发展的角度进行分析：工业首先是为农民市场而生产的，工业的发展依赖于农业，依赖于农民市场。压低工业品的价格，就会促进农业发展、扩大农村市场容量，增加农业积累，使农民有可能向城市工业购买更多的工业品以发展农业，从而农民经济就会愈快地摆脱贫困。农民愈富裕，积累进行得愈快，农民的有支付能力的需求愈大，能够向城市工业购买的东西愈多，就会推动工业的生产更加发展，工业品的销售渠道就会更加顺畅，积累速度就会进行得愈快，利润就会获取得更多。如此，最终会达成这样一个结果：国营工业和农民经济的生产力都有了最充分的发展，经济获得了全面发展，国民收入的总额增加，可以进行分配的物质增多。于是，工人阶级和农民阶级的物质状况就会迅速改善，工人阶级和农民之间的利益矛盾就会解决。

从1929年开始，大规模疾风骤雨似的农民集体化浪潮席卷苏联，在很短的时间内以集体农庄和国营农场为主要生产单位的农业集体化模式在全国推广。由于社会历史传统因素、现实的经济政治和社会心理因素，同时也受苏联当时所处的国际环境的影响，布哈林的农民合作化实践被废止。但是，布哈林提出的通过合作社发展农业、改造农民、维护农民利益、制定合理的工农业商品价格的观点，为不发达国家尤其是以农民为主体的落后国家如何正确认识和处理农民问题，顺利完成农村的社会主义改造，促进社会主义事业的健康发展提供了宝贵的历史经验。同时，也为我们今天在社会主义市场经济条件下进一步发展农民经济合作组织提供了重要的启示和有益的借鉴。

---

① 《布哈林文选》上册，人民出版社1981年版，第204页。

第五章　布哈林的社会主义经济建设思想

我们的时代不需要神话创作，而需要无畏地和勇敢地理解现实。

布哈林

布哈林被称为社会主义理论经济领域"罕见的巨匠"，是"最早系统地认真探讨过渡时期经济规律的马克思主义经济学家"，是 20 世纪 20 年代探讨社会主义经济发展具体问题"最有影响的马克思主义理论家"[1]，被列宁赞誉为"学识卓越的马克思主义经济学家"[2]。

布哈林曾在自传中写道："研究经济理论起初给我以沉重的感觉：在'崇高和美好'的后面是商品—货币—商品。但是一旦深入到马克思主义理论的中心，我感到它那异乎寻常的逻辑严整性。"[3] 在马克思主义理论的指引下，布哈林通过广博钻研各国的经济著作，逐渐形成了自己的经济思想。"1926 年以后，在苏联社会主义工业化时期，随着社会主义经济建设的发展，理论界尽管还不认可社会主义政治经济学理论的存在，但对如何建立和发展社会主义经济的具体问题，做了许多很有意义的探讨。在这些探讨中最有影响的马克思主义理论家显然是布哈林。当时，布哈林尽管还不承认社会主义条件下存在政治经济学这门科学，但他并没有因此而放弃对社会主义经济建设中提出的一些重大理论问题的探讨，他所提出的经济理论观点与苏维埃经济实践的发展一直密

---

[1] 顾海良、张雷声：《20 世纪国外马克思主义经济思想史》，经济科学出版社 2006 年版，第 249 页。
[2] 郑异凡：《布哈林论》，中央编译出版社 2006 年版，第 6、404 页。
[3] 转引自郑异凡《布哈林论》，中央编译出版社 2006 年版，第 1 页。

切地联系在一起。"①

布哈林一生经济思想极为丰富，范围深广，观点甚丰，建树良多，发表了很多论述经济问题的文章著作。其中，关于苏联如何进行社会主义经济建设，布哈林有很多论述。本书在第二章已经阐述分析了布哈林在战时共产主义时期的经济思想，故本章仅对新经济政策实施后的布哈林对苏联社会主义经济建设提出的一系列富有创建的精彩论述予以分析，从布哈林对社会主义经济发展的宏观构想和他对社会主义经济发展的具体措施两个视角进行解读。

布哈林对社会主义经济发展的宏观构想主要体现在他把新经济政策视为社会主义经济建设思想的主旨，提出了一系列关于苏联社会主义经济建设的宏观战略。他强调采用改良主义的方法，走和平改良、进化发展之路，通过计划情结下的市场运行模式，运用价值规律、发挥市场积极作用，达到国民经济各种成分的动态平衡，最后和平长入民富国强、文明平衡的"真正完全的"社会主义。这也是布哈林社会主义经济建设思想中最为鲜明突出的特色。

§第一节 经济建设思想的主旨

向新经济政策转变是客观的必然性。

布哈林

新经济政策是布哈林社会主义经济建设思想的主旨。布哈林认为，在落后的基础上发展苏联社会主义经济，"需要无畏地和勇敢地理解现实"②。列宁制定的新经济政策，在和平组织时期，是无产阶级实际的经济政策，是能够发展生产力，满足群众需求，提高人民福利，实现国家富强的政策，因此，"向新经济政策转变是客观的必然性"③。20世纪

---

① 顾海良、张雷声：《20世纪国外马克思主义经济思想史》，经济科学出版社2006年版，第248—249页。
② 《布哈林文选》上册，人民出版社1981年版，第130页。
③ 《布哈林文选》中册，人民出版社1981年版，第373页。

20—30年代，布哈林一直致力于宣传、阐释、坚持、推行、捍卫、发展新经济政策。

围绕坚持和发展新经济政策这一核心，布哈林提出了他对社会主义经济建设的思考：解放和促进生产力的发展，扩大与群众消费相联系的生产，实现工业和农业的动态平衡，发展农业以实现社会主义的积累，促进工业大踏步向前发展，正确处理计划和市场的关系，保证国民经济的快速增长。在一定意义上可以说，布哈林社会主义经济建设思想的主旨就是坚持和发展新经济政策。

一 经济在国家管理中"具有主要的意义"

布哈林继承了列宁的经济思想，认为在无产阶级专政条件下，在进行和平组织工作的新时期，不是"政治"（阶级斗争），而是"经济"在国家管理中具有主要的意义。苏联必须充分认识经济在社会主义建设中的重要意义，只有大力发展经济，恢复生产力、提高生产力，才能建成社会主义社会。

1918年3月，十月革命胜利后不久，列宁在论述苏维埃政权的当前任务时指出："苏维埃政权现在所面临的管理国家这一提到首位的任务，还有这样一个特点：现在（在文明民族的现代史上大概还是第一次）所说的管理，不是政治而是经济具有主要的意义。通常，人们正是首先把主要是甚至纯粹是政治的活动同'管理'一词联系在一起。然而，苏维埃政权的基本原则和实质，以及从资本主义社会向社会主义社会过渡的实质是政治任务对经济任务来说居于从属地位。"[①]由于革命的耗费，生产力在革命中遭到破坏，政治任务对经济任务来说居于从属地位，并被看作苏维埃政权的基本原则和实质，这里列宁是在坚持共产党领导苏维埃政权的前提下，从阶级斗争的角度看待政治，在很大的意义上把阶级斗争视为政治的主要内容，主张革命成功后，执政的共产党要进行恢复和发展被破坏的生产力。可惜的是，这一非常重要的思想，被随后国内外敌人发动的武装干涉所阻碍，无法付诸实践。直至国内战争结束后，这一思想重新被列宁提到重要高度，并将其发展为新经济政策。

[①] 《列宁全集》第34卷，人民出版社1985年版，第122页。

苏俄国内战争结束后，社会主义与资本主义进入相对稳定的并存时期。随着经济建设的展开，国家面临的现实问题越来越具体了。当时的苏俄，生产力落后、社会经济成分复杂，建设共产主义的美好理想面临着落后现实的严峻挑战。在战争条件下军事力量决定胜负，在和平条件下经济发展成为决定性因素。为了在竞赛中取胜，光讲社会主义必然胜利的历史发展规律是不够的，必须紧紧抓住经济建设这一中心。布哈林赞同列宁的"经济在国家管理中具有主要的意义"观点，接受了列宁发展生产力的思想，主张在无产阶级专政的条件下，坚持和发展新经济政策，通过"改良主义的"方法，大力发展生产力，提高生产效率，管理组织好社会主义经济，把国家改造、管理成民富国强、文明平衡的"真正完全的"社会主义国家。

二 在"新经济政策"的轨道上发展生产力

如何发展生产力？布哈林强调，要在新经济政策的轨道上发展生产力。他认为，列宁制定的新经济政策是无产阶级实际的经济政策，是"党对……由于没有经验和无知而做的一些事情所进行的必要的纠正"[①]，是发展国内生产力的政策的"前提、第一步和总的必要条件"[②]，认为社会主义经济建设要取得发展，就必须坚持并发展新经济政策，在新经济政策的轨道上大力发展生产力。

（一）和平组织时期必须坚持新经济政策

1. 新经济政策必须取代战时共产主义政策

是否有利于发展社会生产力是衡量经济制度的重要标准，布哈林提出："最能发展生产力的经济制度就是最好的制度。"[③] 工人阶级之所以要为争取共产主义制度而斗争，就是因为"这个制度能使它摆脱剥削，并能使它把生产力发展到这样的高度，以致人们不再为生产最必要的物品而成天地疲于奔命"[④]。在无产阶级历经磨难、浴血奋斗，掌握了国家政

[①] 《布哈林文选》上册，人民出版社1981年版，第66页。
[②] 同上书，第109页。
[③] 《布哈林文选中》中册，人民出版社1981年版，第202页。
[④] ［苏］尼·布哈林、叶·普列奥布拉任斯基：《共产主义ABC》，东方出版社1988年版，第359页。

权，建立了比资本主义更高级的社会主义制度后，应当具有比资本主义更高的生产力。由于苏联建立在落后的经济社会基础上，共产党必须带领无产阶级尽最大努力发展生产力，"全力发展生产力应该成为我们全部政策的基础"。① 在当时的条件下，新经济政策是一种"能够发展生产力"的政策，这是布哈林冷静分析苏俄国情，摆脱曾经的幻想，一直坚持并发展新经济政策理论的最重要原因。即使在遭遇粮食收购危机、新经济政策遭受质疑否定的最严重时刻，布哈林依然坚持新经济政策，为新经济政策积极辩护："我们的出发点一直是：新经济政策无论如何不应当取消。现在这个论点仍旧不变，新经济政策无论如何不应当取消。"②

社会主义经济建设是"很复杂的事情"③，在各方对社会主义经济建设的观点不一致的情况下，布哈林认为，"需要揭示错误以消灭错误"④，解释战时共产主义政策必须废除的原因，挖掘其错误的根源。更重要的是，需要向群众正确地宣传和解释实施新经济政策的原因和意义，"解释我们实行的策略的好处"⑤。他多次强调，新经济政策的实施并不是"向资本家卑躬屈节"，并非"共产主义的破产"。作为一个理论修养深厚，同时也了解当时局势的马克思主义经济学家，布哈林深知，正是战时共产主义政策引起农民不满，引发群众暴动，导致政治经济危机，俄共不得不废除粮食征收制，改行新经济政策。从能否促进生产力发展的角度，布哈林和全党一起做了冷静的自我批评，在自我批评的烈火中烧尽建立集中的社会主义计划经济的幻想，勇敢地接受并承担起阐述、坚持和发展新经济政策的任务，阐释了必须用新经济政策取代战时共产主义政策的原因：内战结束后，摆在苏联面前的最大问题是经济问题，即"发展生产力的问题"。⑥ 由于战时共产主义时期的经济政策"实质上不可能是以发展生产力为目的的政策"⑦，它规定的征收余粮制使广大农民失去了对扩大生产的兴趣，出现发展个体经济的需要同

---

① 《布哈林文选》中册，人民出版社1981年版，第208页。
② 同上书，第224页。
③ 同上书，第314页。
④ 《布哈林文选》上册，人民出版社1981年版，第250页。
⑤ 同上书，第389页。
⑥ 同上书，第27页。
⑦ 同上书，第26页。

国家政策之间的冲突。由于工业的基础是农业，工业和农业之间的矛盾在尖锐的社会危机中表现出来了，导致整个国民经济危机的严重化。为应对这种危急情势，无产阶级的政党必须实施新经济政策，建立起无产阶级与农民之间在经济方面的正确关系，即重视价值规律的作用，利用市场关系，建立一种使农业生产力有发展余地的相互关系，扩大商品流转，通过市场关系加强城乡结合和工农结合，"推动社会上各种经济力量、各种经济成分互相繁荣，从各种经济要素和经济力量的相互作用和互相影响中，取得生产力的增长和经济的高涨"①，从而化解社会危机，巩固工农联盟。

2. 新经济政策的深刻意义

无产阶级专政是经济变革的杠杆，曾为执政党解决燃眉之急、立下大功的新经济政策，是在无产阶级专政条件下实施的"私人利益、私人买卖的利益与国家对这种利益的检查监督相结合的尺度"，可以实现对"人的管理"和"对物的管理"的合理平衡，能促进生产力的增长和经济的繁荣高涨，从整个经济来看，建立城市和农村的商业联系意味着使得城市能够在经济上促进农村的繁荣，同时也使得农村能够在经济上促进城市的繁荣。

新经济政策的意义就在于：商品流转的开放，允许私人积累，就有可能去发挥私有小生产者的经营兴趣，刺激生产的扩大，让无产者以自己的私人利益为出发点去促进整个社会生产的高涨。这样，利用农民、小生产者，甚至资产者的经济主动性，在一定意义上使他们客观上为社会主义国营工业和整个经济服务。布哈林指出："新经济政策的最深刻的意义在于，我们第一次开辟了各种经济力量、各种经济成分互相繁荣的可能性，而只有在这个基础上才能得到经济的增长。只有从这种联系和从这些经济成分的互相影响中，才能得到这种经济的增长，即生产力的增长和经济的高涨……经济上的相互繁荣。"②

（二）新经济政策能够促进生产力发展

从经济上的合理性出发，布哈林阐释了新经济政策促进生产力发展

---

① 参见《布哈林文选》上册，人民出版社1981年版，第357页。
② 同上。

的原因。

1. 平衡两种生产形式，促进生产力发展

在新经济政策中，"第一次找到了小生产者的私人利益和社会主义建设的整个事业之间的正确结合"①，新经济政策是两种生产形式的平衡点，通过新经济政策平衡两种生产形式，促进生产力发展，具有很大的经济合理性。

无产阶级掌握政权后，必然面临着一个极其重要的经济组织问题，即如何正确地规定两种生产形式的比例：一种生产形式是无产阶级能够使之实现合理化，能够加以组织、有计划地进行管理，即社会主义的国营工业；另一种生产形式是无产阶级在自己的发展初期不能使之实现合理化和有计划地进行管理，即农民的个体经济和资产阶级经济。无产阶级由于自己的力量有限，不可能组织一切，不可能强制地用自己的计划去代替个体经济、资产阶级经济。新经济政策可以帮助无产阶级正确地规定两种生产形式的比例，让无产阶级"拿到自己手中的东西符合客观情况所容许的限度"②，只是"抓住主要的经济命脉，安排主要的东西"③，管理和组织适当的东西，不再需要太多的工作人员来包办那些本可以由小生产者和小农去履行的经济职能，这样就会减少相应的行政开支，降低耗费，从而推动两种生产形式向平衡的方向发展，促进社会生产力的恢复和提高。

2. 促成各种经济成分的良性互动，推动生产力发展

推动经济落后的苏联尽快发展起来，是一个重大问题。布哈林认为，解决问题的关键在于动员受束缚的经济因素发挥作用，使之开动起来，迅速流转起来，以保证这些因素的互相影响和互相作用，共同推动生产力的发展。新经济政策正是这样一种倡导"少一点压制，多一点周转自由，少一点行政影响，多一点经济斗争，更多地发展经济周转"的政策。④ 由于解除了对农民经济和资产阶级经济的堵塞，放开了经济流转，恢复了经营自由和贸易自由，新经济政策第一次开辟了各种经济

---

① 《布哈林文选》上册，人民出版社1981年版，第442页。
② 同上书，第65页。
③ 同上书，第359页。
④ 同上书，第365页。

力量、各种经济成分相互繁荣的可能性，使各种生产要素发挥积极作用，使生产力有"最充分的发展余地"①，推动了国营经济、农民经济、资产阶级经济都得到发展、互相促进。

(三) 在"新经济政策"的轨道上发展生产力的具体措施

布哈林指出，苏联社会主义建设的主要任务就是"工业化加上合作化"。② 在新经济政策的轨道上发展生产力，主要是在工农两个方面展开落实。

1. 大力发展社会主义工业

大力发展社会主义工业是国家的"法律"，是发展生产力的基本任务。"我们的基本任务是要建立我们的红色的工业军队，即我们的社会化的大工业。"③ 布哈林指出，大工业对社会主义建设的意义极其重大，"国营工业是发展着的社会主义的基础"。④ 在当下，苏联国民经济中计划计算的轴心，全部经济政策的轴心，应当是对日益展开的国家工业化的关怀，组织国有化大工业，"从任何角度（发展生产力，发展农业，扩大社会主义的比重，加强国内的结合，提高我们的国际经济比重，加强国防能力，群众需要的增长等等）来看，苏联工业化是我们的法律"⑤。

布哈林认为，在任何条件下，不管执行什么样的经济政策的方针，对于社会主义建设来说，根本的利益就是大工业的利益。社会主义工业化是对农业进行巨大改造和使农业得到巨大增长的手段，是全部技术发展的出发点，是社会主义社会经济关系的基础，是实现共产主义革命的社会力量即工业无产阶级的支柱。因此，按照发展生产力的路线而制定的经济政策的根本任务，就是要加强大工业，通过技术改良发展大工业，越来越降低工业品价格，越来越减少生产成本，越来越有力地加速商品流转，越来越有效地利用单位资本，越来越加速城乡经济相互影响的速度，从而促进生产力和整个国民经济的增长。

2. 积极发展农民合作社经济

在新经济政策的轨道上发展生产力，需要积极发展农民合作社经

---

① 《布哈林文选》上册，人民出版社 1981 年版，第 425 页。
② 《布哈林文选》中册，人民出版社 1981 年版，第 353 页。
③ 《布哈林文选》上册，人民出版社 1981 年版，第 32 页。
④ 同上书，第 354 页。
⑤ 《布哈林文选》中册，人民出版社 1981 年版，第 290 页。

济。农民经济在国家整个经济中所占的比重表现在农民的社会比重上，农民占苏联人口的绝大多数，农民经济具有重要的意义。布哈林提出，要让农民拥有经营和周转自由，不过分加重农民的赋税，通过发展农民的小资产阶级经济，发展生产力，帮助居民通过合作社的流转实现个人的利益，在用农民的切身利益吸引农民的基础上，引导农民通过合作社走向社会主义。

"农民经济是工业的市场，并且是属于纳入国营经济和逐步改造的经济单位的总和。"① 农民经济积累每一戈比的钱也就是社会主义工业积累每一卢布的基础，农民经济的高涨是发展苏联大工业的必要条件。在苏联，工人和农民是国营工业和农民经济这两种经济范畴的社会体现者，工人阶级对农民的领导权问题同时也就是社会主义工业和农民经济之间的相互关系问题。无产阶级掌握着把国营工业和农民经济结合起来的桥梁，合作社就是组织方面的桥梁。布哈林提出，工人阶级要发挥经济领导权，就要发挥合作社的桥梁作用，在同贫穷做斗争之中把农民经济联合起来，开展合作化运动，通过合作社改造他们，即领导农民先在流通领域再在生产领域加入合作社，发展生产、发财致富，然后通过合作社使小农业与社会主义大工业更好地结合起来。之后，农民合作社将与无产阶级专政的各种经济组织结合在一起，逐渐长入各种社会主义关系的体系。

§第二节 经济建设的宏观战略

形势既然变了，行动就必须跟着彻底改变。

布哈林

一 经济建设的目的要有利于社会主义

（一）经济建设的根本途径

在布哈林看来，"全力发展生产力应该成为我们全部政策的基础"②。

---

① 《布哈林文选》上册，人民出版社1981年版，第232页。
② 《布哈林文选》中册，人民出版社1981年版，第208页。

坚持新经济政策，促进生产力的发展是社会主义经济建设的根本途径。由于基础薄弱，苏联社会主义在其发展的长时期内将是一种落后的社会主义，但是，社会主义不是普遍贫困和贫穷的平等的代名词，在和平发展经济的新时期，"党的任务就是要使我们国家的财富增加到空前的高度，增加全体人民、全体劳动者的财富"①，胜利的无产阶级的真正的经济政策，是"利用一切经济力量并且真正提高国家生产力的经济政策"②。为此，国家必须执行发展生产力的路线，将经济活动置于首位，大力发展生产力，提高生产效率，促进经济的繁荣发展，以满足人民群众日益增长的需求，实现国家和群众的财富充足。

（二）经济建设的目的

布哈林把苏联经济建设的目的设定为要有利于社会主义，让广大群众从中受益，体现社会主义的优越性。在经济建设的过程中，无产阶级不是要一般地发展生产力，而是要使生产力的发展朝着有利于社会主义的方向前进，促进社会主义的发展。提高生产力、发展经济只是一种手段，手段要为目的服务。提高生产力、发展经济的目的是为了消灭落后、贫困、饥荒、肮脏、愚昧、野蛮和因循守旧，克服因经济差距造成的社会不平等现象，逐步缩小不同阶级和阶层在物质上的差距，减少因经济问题产生的社会矛盾，为把全国居民改造成文明的"新"人提供物质保障，把苏联建成为真正完全的、民富国强、文明平衡的社会主义社会。这样的经济发展，能让人民群众感受到社会主义的优越性，有利于增进人们对社会主义的拥护，巩固和发展社会主义。

二 经济建设的方针

（一）"经济普遍合理化即社会主义"

社会主义生产应克服资本主义生产的不合理弊端，实现生产发展、供求平衡，满足群众需求的"经济普遍合理化"，"经济普遍合理化即社会主义"。③ 社会主义国家应采取切实促进社会经济合理化因素增长的措施，通过宏观调控实现经济的普遍合理化。"经济普遍合理化"的

---

① 《布哈林文选》上册，人民出版社1981年版，第413页。
② 同上书，第360页。
③ 同上书，第309页。

"合理"是相对于资本主义经济的"不合理"状况提出的。在资本主义经济条件下，社会生产处于无政府状态、生产和消费的比例严重失调、人民群众的最低经济生活需求得不到满足、经济危机频发，属于"不合理""非人性"的经济类型。布哈林指出，进行社会主义经济建设，不能迂腐保守，不能跳跃必须经过的那些必要阶段，但是要克服资本主义经济生产中的"不合理""非人性"现象，实现生产发展、供求平衡，满足人民群众的需求。

（二）实现普遍合理化的经济建设方针

实现普遍合理化这一经济建设方针的关键在于，苏维埃国家必须掌握经济领导权，发挥无产阶级专政的"经济变革杠杆"的作用，坚持和发展新经济政策，对经济生活的自发过程进行积极干预，把合理化因素带到社会经济过程中去。苏维埃国家要运用"计划"这一宏观调控手段，消灭比例失调的现象、消灭生产的无政府状态，提高社会生产力，增加产品的数量，把社会主义经济建设成"以满足群众需求为准则的经济类型"①，为居民享有好的经济福利提供保障。在具体的经济实践活动中，就是把社会主义工业作为经济发展的重中之重，努力促成城乡之间的开放流通，积极动员受束缚的经济因素发挥作用，使曾经被堵塞的小农经济、资本主义经济重新开动起来，使这些因素能够互相作用，活跃经济，促进生产力发展，实现城乡居民物质生活条件的平等，满足人民群众日益增长的需求，为社会主义经济服务。

利用国家资本主义、利用商品货币关系和市场原则，发展非社会主义经济是实施经济普遍合理化方针的一个重要环节。布哈林指出："需要发展富裕农户的经济，是为了帮助贫农和中农。……我国财政政策……从小资产阶级、中等资产阶级和私人资本方面所征取的各种税收正在增加。我们用这种方法所得到的资金，都分配在国家的各种需要上面，即用在我们的工业、文化建设、苏维埃机关等方面的需要上。我们允许私人资本家在一定范围内进行贸易，同时，我们用征税的办法，从资本家所取得的经济财源中征取一部分资金，并通过国家预算、银行贷款以及我们所控制的许多渠道，把这部分资金用来满足社会主义建设的

---

① 《布哈林文选》上册，人民出版社1981年版，第237页。

需要。"①

三 经济发展的形式和管理方法

（一）混合经济是经济发展的形式

布哈林把由公有经济和私有经济组成的混合经济看作是无产阶级专政时期的重要经济形式，认为在要实施几十年的新经济政策过程中，这种经济形式都会存在。

在实行新经济政策的条件下，公有经济和私有经济组成整个国民经济，其中，国营大工业、银行、交通运输以及合作社属于公有成分，个体农业、家庭工业、私营商业和其他私人小资本属于私有经济。社会主义的公有经济是经济生活中的决定因素，是社会经济发展的方向，随着整个国民经济的发展，公有经济的领导地位将会越来越得到巩固和加强。私有经济是次要的、非决定性的经济成分，是通过提供税收、加快市场流通等方式，服务于社会主义经济的力量，最终将会被公有经济排挤克服，最终归于社会主义经济一体。

（二）运用多样的经济管理方法促进经济发展

在社会主义经济建设时期，应运用多样的经济管理方法促进经济发展，重视经济领导和经济管理的方法问题。经济建设的过程就是进行经济领导和经济管理的过程，要根据具体的条件，相时而动，采取多样的经济管理方法：审慎迂回的方法、改良主义的方法、文明管理的方法、以法制保障经济发展的方法、灵活机动的方法等进行经济建设和管理。

1. 审慎迂回的方法

和平组织时期，无产阶级对经济的管理应采用审慎迂回的方法。无产阶级建立政权以后，逐步镇压了国内资产阶级和反动势力的对抗和叛逆，掌控了国家的政治和经济命脉，阶级矛盾趋于缓和，社会向高级形态的发展转化为一种进化的过程。由于无产阶级专政已经变成"改造经济的杠杆"，工作的重心转变为"和平的组织活动"②，因此，经济建设应采用列宁提出的"审慎迂回"的方法进行。

---

① 《布哈林文选》上册，人民出版社1981年版，第369页。
② 《布哈林文选》中册，人民出版社1981年版，第16页。

当时,"左翼"反对派曾提出"蜕化"论和"热月"论反对新经济政策。他们认为,在资本主义包围环境下实施的新经济政策越向前发展,富农和整个新资产阶级就会更加发展,布尔什维克就可能"蜕化",乃至已经开始"蜕化",随之就是社会主义苏维埃的"热月"。他们主张"必须不间断地开展运动来反对资本主义因素,即小农生产者,放弃这一斗争,就是默许资本主义复辟"。针对反对派对新经济政策实施前景的非难,布哈林表示,新经济政策不会导致"左翼"反对派所说的"蜕化"和"热月"的结果。他指出,法国大革命时期之所以会出现"热月"的结果,是因为最大的经济王牌掌握在大资产阶级手中,而在苏维埃制度下,无产阶级掌握着经济命脉,掌握了大生产,因此,胜利也将归于大生产一边。布哈林坚持利用资本主义和国家资本主义以发展社会主义,主张坚持国内和平,采用"审慎迂回"的方法,活跃市场,发展生产,通过"迂回过渡"的道路走向社会主义。

列宁曾指出,在经济建设的一些根本问题上必须采取"审慎迂回"方法,[①] 即"不摧毁旧的社会经济结构——商业、小经济、小企业、资本主义,而是活跃商业、小企业、资本主义,审慎地逐渐地掌握它们,或者说,做到有可能只在使它们活跃起来的范围内对它们实行国家调节"。[②] 布哈林赞同列宁提出的通过利用城乡资本主义和商业而"审慎迂回"地恢复和发展经济的观点。他认为,在新时期,对经济管理采取的"审慎迂回"方法,就是在无产阶级掌握经济命脉的条件下,要更多地从经济合理性的角度出发考虑问题,创造出更多竞争形式,通过竞争,通过增强国营工业和国家组织的实力的途径,开放流通、活跃市场,允许农民经济和资产阶级经济在法律范围内活动,利用城乡资本主义经济提供的税收为社会主义经济服务。社会主义经济通过经济竞争的办法排挤它们,随后通过合作社等途径审慎地逐渐地掌握它们,最终在市场关系的基础上来克服市场关系,最终彻底克服、消灭城乡资本主义经济成分,保证排挤并克服其他阶级所代表的其他各种经济形式,使它们通过各种途径长入社会主义,回归到社会主义经济。

---

① 参见《列宁全集》第42卷,人民出版社1987年版,第244页。
② 《列宁全集》第42卷,人民出版社1987年版,第245页。

2. 改良主义的方法

"既然社会发展的类型基本上是进化发展的类型，那么，在当前经济实践方面所采取的方法就可以相对地称为'改良主义的'方法。"① 在无产阶级专政下，工人阶级主张走向共产主义的进化式发展，在逐渐掌握了国家的政治、经济和军事命脉后，开始实施巩固整个社会的总路线，新社会便开始有机地进化增长。由于存在着非常广大的农民阶层，苏联社会主义发展的类型基本上是进化发展的类型。布哈林认为，与战时共产主义时期对非社会主义经济成分采取的"暴力镇压的流血斗争""吞噬""消灭""拆屋顶""打掉门牙的形式"和简单的行政强迫、压制措施相比，在建设经济实践过程中所采取的"和平的"组织方法、"缓慢的改造"就可以相对地称为"改良主义"的方法。运用这种"改良主义"的方法，是为了"不至于一下子急剧地破坏农民习惯了的生活秩序，从而不至于激起广大劳动农民群众的小资产阶级习惯和迷信来反对"社会主义建设。②

用改良主义的方法增进工农之间的结合，发展城乡商品经济，加速城乡经济相互影响的速度，可以加快"整个经济中的各种经济液汁的流转"。③ 发挥资产阶级（富农、耐普曼等）发展商业、促进流通、提供税收的经济作用，组织农民经济加入农业合作社，促使农民发财致富、农村繁荣昌盛，使它们客观上为社会主义国营工业和整个经济服务，从而不断地提高国民总收入，使得城市能够在经济上促进农村的繁荣，同时也使得农村能够在经济上促进城市的繁荣，逐渐平衡城市和农村生活的物质条件，实现群众生活条件不断提高，生活水平日益改善。

3. 文明管理的方法

"实行科学的经济领导是改造时期的历史真理。"④ 布哈林认为，一定的经济发展环境要求有相应的管理方式与之相适应，在改造时期进行经济建设要实行科学的、民主的管理方法，即文明管理的方法。

在无产阶级专政条件下，当党和国家的工作重心由战争和军事斗争

---

① 《布哈林文选》中册，人民出版社1981年版，第205页。
② 《布哈林文选》上册，人民出版社1981年版，第440页。
③ 同上书，第354页。
④ 《布哈林文选》中册，人民出版社1981年版，第332页。

转移到经济建设的和平组织工作上,无产阶级政党不再是"国内战争的政党",而是"和平的政党",大规模的、激烈的阶级斗争已基本结束,阶级关系转向阶级合作,社会趋于统一。在这种条件下发展经济,应实行科学的经济领导,采用文明的管理方法。但是,由于广大群众文化水平普遍太低,在经济生产中经常出现巨大的失策,因此,文明的管理方法受制于群众较低的文化水平。"在我们的基本建设工作中有一系列巨大的缺点:有失算和疏忽,有大量糟糕的设计方案等等,归根到底,这是我们的文化问题;我们的建筑造价太贵,因为我们的材料贵,因为我们采用过时的技术方法。城乡机关的恶劣工作与此联系。由于我们不够文明,我们常常在直接生产方面大吃苦头。"①

布哈林指出了当时经济生活中存在的反常的、"头足倒立的"、必须予以纠正的现象:马吃烤面包,而有些地方的人却在吃糠;农民需要到附近城市去买粮;一个农业国进口粮食,却出口工业品。他认为,造成这些失误的原因之一是缺少解决这一时期任务的文化水平,文化和管理的本领不够。布哈林认为一位德国教授评论布尔什维克的话是基本符合实际的:"他们是最优秀的第一流的政治家,卓越的政治战略家,出色的鼓动家,卓越的改造人的教师;但是他们缺乏经济训练,缺乏经济修养。别看经济战线上有一两万布尔什维克埋头工作,弄得疲惫不堪,但他们还缺乏足够的经济上和文化上的训练。"布哈林指出,如果居民有更多的文化,学会更好的管理,苏联的经济建设就能够而且会较少动荡地成长。

社会主义建设本身就是行动中的科学,社会主义和科学是不可分割的,科学是苏联进行"社会改造的巨大杠杆","科学履行着极其崇高的使命:它有助于建设一种由理性的人们管理的合理的经济。它有助于建设社会主义"。② 布哈林要求广大群众在生产和经营活动中学习、发展和运用科学这一"社会改造的巨大杠杆"③,尽可能多地汲取、利用资本主义的先进科学技术,不断提高技术素养、技术知识和技术经验,把科学技术思想同物质生产紧密连接,努力进行技术改良和寻求降低成

---

① 《布哈林文选》中册,人民出版社 1981 年版,第 253 页。
② 同上书,第 131 页。
③ 同上书,第 128 页。

本的各种方法，运用科技的力量增加生产，提高劳动生产率。工人阶级必须提高干部队伍的文化水平和专门知识，学会文明的管理，采用文明的管理方法，尽可能快地肃清经济管理中的混乱、烦琐等现象，通过文明的力量把经济建设推进到一个良性发展的轨道。关于民主管理，要吸收更多的群众参加到经济管理工作中，多听取工人和群众关于改进经济工作的意见和建议。

4. 以法制保障经济发展的方法

随着向和平时期的过渡，特别是随着向国民经济全面高涨的过渡，无产阶级同农民建立了经济联盟，无产阶级对资产阶级主要采取经济斗争的手段。在这种情况下，必须以法制保障经济的发展，以法制的方法开展城乡经济活动，以法规制度取代行政专断的一切残余。

在和平建设时期，当经济活动处于首位的时候，上边随意的行政干涉在下边就会表现为严重的经济灾难。只有建立一套稳定的、人们事先知道的、务必严格和无条件执行的法律规定，才能保障经济活动的顺利进展。无产阶级要正确地安排全部经济管理事务，实行以立法方面的决定为根据的管理，制定的经济法规要在群众中大力宣传，做到众所周知，因为"对经济生活过程的一切朝令夕改、随心所欲、心血来潮、毫无预见的干涉，都可能给这种经济生活造成非常不幸的后果"。[①] 城乡资产阶级必须在法律范围内开展经济活动，依法缴纳税收。

5. 灵活机动的方法

在经济建设过程中，应采用灵活机动的方法，改变中央集权的经济管理状态，适当下放对经济的管理权限，减少经济管理中的过分集中化现象，要"少一点压制，多一点周转自由，少一点行政影响，多一点经济斗争，更多地发展经济周转"。[②]

布哈林批评了当时经济生活中超集中的官僚机关，认为中央机关和党的中央委员会给自己背的包袱太大了——承担大大小小的领导，而不是把领导限制在一系列经过深思熟虑的基本经济问题上。在经济机关方面，仅仅用来自国家、来自上头的主动性取代各种形式的主动性，扼杀

---

① 《布哈林文选》上册，人民出版社1981年版，第353页。
② 同上书，第365页。

了下层合作社的主动性、地方的以及其他各种各样的主动性，结果就造成超集中的官僚机关和上头负责制。这种过分中央集权的管理造成很多弊端：由于它管的事情太多了，就需要一个庞大的行政管理机构，它的开支比由于小生产领域中的无政府状态而产生的耗费还要大得多。另一方面，过分集中化会丧失额外的力量、资金、后备和潜力，而且由于许多官僚主义的障碍不能利用这些潜力，致使无产阶级国家的整个管理形式、整个经济机关都阻碍着生产力的发展。这种状况应该得到改变。英国首相丘吉尔精简机构的做法给布哈林提供了解决思路。丘吉尔战时上台执政做的第一件事，就是使业务机构非集权化，砍掉整个业务机构的四分之三。布哈林指出，"我不知道我们是否需要按此比例搞非集权化，但我认为这是个重大问题"，经济建设应适应苏联国内实际的具体条件，朝着"列宁的公社国家"的方向采取一些步骤：中央只需进行根本性的领导，解决最重要的问题，下级机关在中央决定的严格范围内行动，但可以对自己的问题负责。这样，就可以"把个人的、集团的、群众的、社会的和国家的主动精神错综地配合起来"[①]，把那些为社会主义工作的经济成分最大限度地开动起来，使之变得极其灵活机动，从而为国民经济的整体发展做出更大的贡献。

四 经济发展的调节手段：计划和市场

（一）布哈林对市场和计划的认识

计划和市场是过渡时期经济发展的调节手段。要实现国民经济的按比例平衡发展，规避短缺经济现象，必须通过市场和计划两种调节手段，既充分发挥计划的宏观调控功能，又努力发挥市场关系的积极作用，通过市场常态化走向计划经济。布哈林指出："问题根本就不在于什么东西'一般说来'要好一些：是'计划'还是'无政府状态'，是社会主义还是商品经济；也完全不在于我们在走向计划，走向社会主义，等等；问题在于，在存在大量的小业主、市场起巨大作用、纸币破产和销售危机的情况下，如何朝着我们现在实现的计划的

---

① 《布哈林文选》中册，人民出版社1981年版，第298页。

方向迈出下一步。"①

1. 布哈林对市场的认识

在反思战时共产主义政策失败的原因中,布哈林开始对社会主义和市场的关系有了新的思考。在1921年新经济政策实施后,他对市场流通的作用有了新的认识,开始积极宣传和推广市场贸易理论,鼓励加速城乡商品流转。关于市场在社会主义经济运行中的作用,布哈林的认识在新经济政策前后转变剧烈,究其原因,在某种意义上说,来自他对包括奥地利经济学家路德维希·冯·米塞斯在内的资产阶级经济学家对社会主义经济运行可行性提出的诘难的反思,尤其是对米塞斯的论文《社会主义国家中的经济核算》的反思和启发。

1920年,当时任维也纳大学经济学教授、后来被称作新奥地利学派的"最高典范"的路德维希·冯·米塞斯,发表了《社会主义国家中的经济核算》的论文。在这篇论文中,米塞斯根据西方经济学中关于社会主义经济运行的理论观点,并针对当时苏俄战时共产主义的经济现实,提出了战时共产主义经济制度下不可能存在合理的经济核算的观点。他认为,战时共产主义经济中只能由国家或从事国家事务的人来支配资本,这就表示要消灭市场,因为用市场指导经济活动意味着,根据各个成员私人所支配的购买力来组织生产和分配产品,这种购买力只能在市场上被发现。这就是说,消灭市场是战时共产主义政策的目标。正因为消灭了市场,价值、货币等经济机制也就不再存在,更不可能作为经济核算的手段和工具了,而没有价值和货币作为核算手段的经济必然是无效率的经济。据此,米塞斯断言:要把市场和它的价格形成的功能同生产资料私有制为基础的社会分离开来是不可能的;市场是资本主义社会制度的核心,是资本主义的本质,只有在资本主义条件下,它才是可行的,在社会主义条件下,它是不可能被人为地仿制的。米塞斯的最终结论就是:对社会主义经济运行来说,问题必然是二者必居其一,要么是社会主义,要么是市场经济。②

---

① 《布哈林文选》上册,人民出版社1981年版,第253页。
② 顾海良、张雷声:《20世纪国外马克思主义经济思想史》,经济科学出版社2006年版,第268—269页。

米塞斯还针对当时布哈林所概括的计划化、社会化和取消货币的经济形式的效率问题提出质疑,认为计划过程的矛盾在于它无法计划,因为它缺少经济计算。没有私有财产制度,就不可能有真正自由的交换和市场;没有自由交换和市场,人们就不可能根据自己的理解对各种稀缺资源进行合理的估价;没有这种估价即市场价格,也就不能有效率地使用这些稀缺的资源。社会主义希望以社会所有制来取代生产资料私有制,必将导致生产要素市场的缺失,而以货币进行的核算是不可能的,社会主义制度也就不可能实现其主要的经济目标——合理的经济计划。因此,凡是被称为"计划经济"的,根本就不是经济,而只是一种黑暗中的摸索。因此不存在为实现最终目的而合理选择手段的问题。[①]

针对"攻击共产主义的最聪明的评论家之一""攻击俄国无产阶级专政政策的资产阶级评论家"——米塞斯的上述观点,[②] 1925 年 4 月 17 日在莫斯科组织积极分子会议上,在题为"论新经济政策和我们的任务"的报告中,布哈林认为米塞斯"在大量荒谬和愚蠢的言论中,说出了某些不愚蠢的和相对正确的东西"。[③] 他指出,米塞斯同意马克思主义社会主义者提出的最能发展生产力的经济制度就是最好的制度,但是米塞斯认为俄国的战时共产主义是"破坏性"的社会主义,它不是导致生产力的发展而是导致生产力的下降,其原因"首先是因为共产党人忘记了私人的个人主义刺激因素和个人的首创精神的巨大作用"。[④] 米塞斯认为资本主义确实有缺陷,"但是资本主义的竞争导致生产力的发展",而"共产党人想根据命令、用强制办法来建立生产则必将遭到而且已经遭到不可避免的失败"。[⑤]对此,布哈林客观地指出,"战时共产主义制度,从它的经济本质的观点来看,无疑有些地方像这幅对社会主义的讽刺画",[⑥]但是,苏联实施的新经济政策是"合理的经济政策",并不是从共产主义思想退却的开始,并不是"放弃了自己

[①] http://baike.baidu.com/view/1117234.htm#sub1117234.
[②] 《布哈林文选》上册,人民出版社 1981 年版,第 358 页。
[③] 同上。
[④] 同上。
[⑤] 同上书,第 358—359 页。
[⑥] 同上书,第 359 页。

的阵地",并不是"输了",并不是"回复到可敬的资本主义",而是相反。①在这里,布哈林充分肯定了私人的个人利益刺激因素和个人的首创精神的巨大作用,肯定了市场在经济发展中的重要作用,强调了社会主义国家应利用市场发展社会主义经济、增强社会主义经济威力的必要性和紧迫性。强调指出,推广新经济政策意义重大,它打开了通过市场关系发展苏联社会主义经济的大门:"我们利用农民、小生产者,甚至资产者的经济主动性,从而允许私人积累,这样,我们也就在一定意义上使他们客观上为社会主义国营工业和整个经济服务。我们开放了商品流转,这样,就有可能去发挥私有小生产者的经营兴趣,刺激生产的扩大,通过实行形式上和过去一样的工资制度——计件工资制等等,调动工人落后阶层的个人主义的刺激因素为社会主义服务,因为他们前进的动力不是共产主义思想,而是私人利益;我们使大家这样工作:让无产者以自己的私人利益为出发点去促进整个生产的高涨。……我们抓住主要的经济命脉,安排主要的东西;然后我们的国营经济以各种办法,有时甚至通过市场关系和私人资本的残余竞争,逐渐地越来越增加自己的经济实力,越来越加强自己的威力,并且逐渐地用各种方法把落后的经济单位纳入自己的组织,而且这照例要通过市场来实现。"②

莫斯科组织积极分子会议后不久,还是在1925年,布哈林在《到社会主义之路和工农联盟》一文中明确提出"通过市场关系走向社会主义"。他的思路是这样的:在苏联当时的条件下,修缮破损的工农关系,恢复社会主义对民众的吸引力,需要大力发展社会主义经济,发展商品生产,最重要的就是建立市场关系,发挥市场的积极作用,通过市场常态化走向计划经济。"如果我们过去关于社会主义制度的发展的想法是,实行无产阶级专政之后我们立即消灭市场,从而立即消灭资本主义经济和立即实行计划经济,那么在这里我们是错了。不是立即,而是通过排挤、战胜和改造一系列过渡的形式。在这个过程中,市场关系、货币、交易所、银行等等起着非常巨大的作用"。③

在国内战争时期,苏俄党的领导人曾经设想,只要彻底地、迅速地

---

① 《布哈林文选》上册,人民出版社1981年版,第359页。
② 同上书,第359—360页。
③ 同上书,第360页。

在一切地方消灭贸易自由并代之以有组织的分配（发配给证等等），国家就能一下子过渡到有计划有组织的经济，从而实现对社会经济的宏观调控，保障对全国居民的生活供应和物资补给。但是，历史已经证明，这样的任务是力不胜任的，而且，在存在着大量的、绝不可能一下子纳入完整的统一计划中去的小经济的时候，实质上这个任务是无法完成的。长期禁止小生产者的，首先是农民的自由贸易，是不可能的，这意味着破坏农民所习惯的全部关系，引起广大农民阶层的反对，因而必然遭到失败。习惯于自由支配自己的产品（如果愿意就可以出售）的农民和一般小生产者，在战时共产主义体制下丧失了任何改良和扩大自己的生产的兴趣。因此，在这种体制下，农业生产不可能发展和前进。当时在小生产者的私人利益和无产阶级的社会主义建设的任务和目的之间没有一种正确的结合。首先必须找出这种结合、这种联系。而新经济政策首先就意味着这种联系和结合。"现在我们看清了我们走向社会主义的道路，它不在，或者确切地说，不完全在我们过去所探求过的地方。过去我们认为，我们可以一举消灭市场关系。而实际情况表明，我们恰恰要通过市场关系走向社会主义"。[①]"通过市场关系走向社会主义"这一理论观点的提出，"是布哈林对新经济政策时期经济结构和经济条件科学分析的必然结果，也是列宁新经济政策思想的进一步发展"[②]。

1929年，布哈林明确指出，市场关系是商品生产的另一面，在某种程度上，市场关系的存在是新经济政策的决定性因素，是确定新经济政策实质的最重要标准。作为农民国度的苏联，应该开放市场，发展市场关系，推动社会主义经济发展，满足人民群众不断增长的需求。他详细论述了其中原因："我们这里为什么存在货币经济呢？因为我们这里还有市场关系。为什么我们这里还有市场关系呢？因为我们这里还有分散经济，有着大量小生产者。……在整整一个历史时期里毫无疑问还将存在小生产者。市场关系是小生产者存在的外部表现。从阶级观点看来，这是无产阶级和农民之间的相互关系问题，这是把小生产者吸引到

[①] 《布哈林文选》上册，人民出版社1981年版，第441页。
[②] 顾海良、张雷声：《20世纪国外马克思主义经济思想史》，经济科学出版社2006年版，第250页。

社会主义经济轨道上来的方法问题。"① 市场关系是特种生产关系的表现，这种生产关系的特征是形式上独立的个体小生产者的分散劳动。市场关系的基础是形式上独立的个体小生产者的分散劳动。市场关系的容量同个体小生产者的比重成正比例，愈是工业发达的国家，愈是高度工业化的国家，在无产阶级掌握政权之后，国内的市场关系就起着愈小的作用。当时苏联的农民占全国人口的绝大多数，决定了苏联经济的特点是市场关系的容量和范围很大，因此，开放流通，恢复市场流通和城乡贸易是发展苏联经济"无法跳跃的必要阶段"。

实行新经济政策并非是要放弃对市场自发势力的影响。布哈林强调："我们在一定范围内容许资本主义的存在，但是我们对它加以调节，而调节的限度和深度由我们即苏维埃国家确定。"② 在过渡时期，存在着大量的、习惯于自由支配自己产品的农民和一般小生产者，无产阶级绝不可能一下子把小农经济纳入完整的统一计划中，不可能一下子过渡到有计划有组织的经济。在当时的条件下，城乡关系的基础，生产力发展的基础还是农业的商品化。市场是实现小生产者的个人利益与社会主义建设的整体利益结合的平台，是国内各种经济力量得以自由运转的舞台，是联系工农业之间商品流转的重要机构，开辟了各种经济力量、各种经济成分互相繁荣的可能性。开放市场流通，就有可能发挥私有小生产者的经营兴趣，刺激工农商品的流转，工农业之间商品流转的普遍活跃会促使生产力得到充分发展的余地，实现生产增加、购销两旺、税收增多，支持社会主义的各种经济形式，加快社会主义积累。

"我们过去的想法是，我们认为几乎立刻就能达到计划经济。我们现在的想法不同。"③ 从客观现实出发，布哈林提出，无产阶级领导经济朝着有利于社会主义的方向前进时，应抓住主要的经济命脉，安排主要的东西；国营经济以各种办法，有时甚至通过市场关系和私人资本的残余竞争，逐渐地越来越增加自己的经济实力，越来越加强自己的威力，并且逐渐地用各种方法把落后的经济单位纳入自己的组织，而且这

---

① 《布哈林文选》下册，人民出版社1981年版，第393页。
② 《布哈林文选》中册，人民出版社1981年版，第224页。
③ 《布哈林文选》上册，人民出版社1981年版，第359—360页。

照例要通过市场来实现。通过活跃市场，让国营企业、合作社以及私人资本主义经济在市场竞争，使社会主义经济成分在排挤私人资本主义的基础上得到发展。而排挤、战胜私人资本主义经济后，市场关系的容量和作用也相应地缩小，以至消失。这就是说，布哈林从动态的观点看待市场的作用，目的是通过恢复市场最终克服市场："在市场关系的基础上来克服市场关系。在市场关系背景上发展的社会主义经济，将伴随着整个经济机构的成长：市场关系的容量将缩小，市场关系消亡的速度将更快，社会主义经济从萌芽形式向完全成熟形式的社会主义的发展速度将更快，这种社会主义经济所代表的是统一的单一的有机体。"①

2. 布哈林对计划的认识

"市场经济存在着市场对外部性的失灵、市场反馈信号滞后使市场调节作用和效应受到一定限制等明显缺陷。"② 布哈林认为，市场经济本身具有盲目性和自发性，为经济发展带来危机的隐患。为保证经济的"无危机"高速发展，就需要制订国民经济计划，发挥计划的宏观调控功能，以抑制市场经济的弊端。

在过渡时期的社会统一体内，存在多种经济成分，制订国民经济计划的目的就是要把国民经济的各种基本成分尽可能正确地结合起来，消灭比例不协调现象，使经济发展保持动的平衡。布哈林提出，发展社会主义经济，要高度重视计划的作用，通过制订和贯彻一定的经济计划以保证正常的经济秩序，保证经济按比例平衡增长："在这个计划下，任何东西都不会白白浪费掉，不会有任何多余的消耗和开支，因而，在这个计划下，产品的生产成本将越来越低。"③ 在此思想指引下，布哈林提出："我们的任务在于，在我们存在大量小经济的分散的农业中，逐步并且非常缓慢地从无计划经济向计划过渡。"④ 通过对分散的农民经济的调节、根据对大致的收获量的统计进行的核算，确定税收额的基础，制订国营工业的大体上准确的生产规划……

"计划"是什么呢？布哈林运用政治经济学的语言解释说，"计划"

---

① 《布哈林文选》下册，人民出版社1981年版，第394页。
② 习近平：《中国农村市场化建设研究》，人民出版社2001年版，第30页。
③ 《布哈林文选》上册，人民出版社1981年版，第414页。
④ 同上书，第254页。

就是"消灭比例失调的现象",或"消灭无政府状态",它不能一下子从上面先天地、唯理地规定出来,只有随着社会主义大生产的增长、随着社会主义大生产的集中、在工人阶级国家政权的调整了的原则的经常压力下才能形成。也就是说,计划经济因素将在很大程度上促进生产力发展,而生产力的发展又会促使计划和经济过程的合理化因素的发展。

为避免对"计划"的不正确认识和实践,布哈林援引列宁的话说:"关于计划,……最大的危险就是把国家经济计划问题官僚主义化。这是莫大的危险。……现在对我们来说,完整的、无所不包的、真正的计划='官僚主义的空想'。不要追求这种空想。"① 要制订出好的计划,不能用知识分子式的和官僚主义的空想计划来代替实际工作,必须细心研究事实、数字和材料,分析实际经验。应该尽量平衡主要的经济因素,充分考虑国营工业和农民经济之间的相互关系是整个计划的基础,"农民市场的统计问题是制订计划的基本工作之一"。② 在制订好复杂的计划后,还应采取切实措施,促进社会经济合理化因素的增长。

在布哈林的用语中,"相对无计划性"和"相对计划性"具有同样的含义。他认为,在过渡时期制订的计划远不是发达社会主义社会的比较完备的计划,因而不能过高估计计划经济的因素,也不应当忽视大量的自发性因素。执政党应该清醒地认识到:"经济领导如果犯了破坏国家的基本经济比例的严重错误,就会引起对无产阶级极为不利的各个阶级的重新组合。破坏必要的经济比例,其另一面就是破坏国内的政治平衡。"③

尽管计划具有巨大的作用,布哈林清醒地指出,计划不是万能的、绝对的,也不可能是"理想的""完备的",坏的计划甚至会把好事办糟。因为"计划因素本身在很大程度上是建立在对起同样作用的各自发因素的预测上的"。④ 他以实例说明计划的作用的相对性:农民市场里含有很多粮食产量、商品粮食额、全部农民生产的产品的商品量以及价格等自发因素,对这些因素只能做出预测,而无法确定每个因素的准

---

① 转引自《布哈林文选》上册,人民出版社1981年版,第311页。
② 《布哈林文选》上册,人民出版社1981年版,第309页。
③ 《布哈林文选》中册,人民出版社1981年版,第276—277页。
④ 同上书,第87页。

确数字。在这样的预测基础上，只能制订出相对的计划去确定国营工业同农民市场的比例系数，所谓"理想的""完备的"计划是不存在的。制订工农业经济比例的计划是这样，制订工业内部、农业内部的计划也是如此。

计划经济的优越性取决于计划的质量和执行的情况。如果说任何"好的"计划都不是万能的，那么坏的"计划"和所有坏的经济调节则会把好事也都办糟。在一个高度中央集权的国家里，这个强大的手段如果使用不当反而会产生重大的危害——"无能但大权在握的计划制订者们所造成的损失和混乱，其破坏作用要比资本主义无计划的自发性所产生的破坏性更大。如果计划制订者们过于长期地无视经济的各个领域和各个部门之间的相互关系，那么国家就可能犯下最粗暴地违反基本经济比例的错误"。要消除经济计划可能造成的危害，发挥其积极作用，布哈林指出，计划工作的方向必须是保持经济发展的动态平衡，计划必须建立在科学和客观统计的基础之上；必须放弃制订无所不包的经济计划的空想，制订计划指标必须预先考虑到在财力和物力上留有后备；要考虑市场自发力量的作用，根据实践及时修正计划指标；要灵活执行计划指标，不能将其视为不管发生什么情况都需执行的强制性指令。

五 遵循按比例的劳动消耗规律发展经济

社会主义经济必须按比例有计划地发展，经济建设中必须保持经济平衡，按比例分配劳动，以达到劳动消耗的最佳比例和资源的最佳配置，这是实行新经济政策以后布哈林经济思想中的一个突出特点。布哈林强调，要保持国民经济的动态平衡，实现工农业之间、工业和农业内部各部门之间的平衡发展，不断提高劳动生产率，在最大限度节约活劳动的条件下满足群众的需要，必须遵循按比例分配社会劳动的"劳动消耗规律"。

当时有学者提出，过渡时期是社会主义原则同商品资本主义原则斗争的时期，在过渡时期有两个相对立的经济调节者：同计划相适应的调节者是社会主义原始积累规律，同自发势力相适应的调节者是价值规律。布哈林则认为，过渡时期只有一个统一的调节者——劳动消耗规律，这一规律的实现机制有两个，即计划和价值规律，而且这两者并不是对立的,计划的制订必须考虑到价值规律的因素,利用价值规律的作用通过计划实现平衡,价值规律最后"只能转变为普通的劳动消耗规律"。①

劳动消耗规律是布哈林根据马克思的一段论述展开的观点。1868年7月11日,马克思在给库格曼的信中说:"任何一个民族,如果停止劳动,不用说一年,就是几个星期,也要灭亡,这是每一个小孩都知道的。人人都同样知道,要想得到和各种不同的需要量相适应的产品量,就要付出各种不同的和一定数量上的社会总劳动量。这种按一定比例分配社会劳动的必要性,决不可能被社会生产的一定形式所取消,而可能改变的只是它的表现形式,这是不言而喻的。自然规律是根本不能取消的。"② 布哈林认为,任何社会,都要按一定的比例来分配社会劳动,这就是"按比例的劳动消耗规律",它是保持社会平衡的必要条件。在资本主义社会,不可能自觉地按比例分配社会劳动,而要由价值规律来自发调节,所以劳动消耗规律是披上价值规律拜物教的外衣的。在由资本主义向社会主义过渡的时期,劳动消耗规律逐渐脱去价值规律的外衣,逐渐由价值规律调节向计划调节过渡。

过渡时期并不存在必然产生危机的基础,但必须注意保持基本的比例关系,否则,相对无计划性的国民经济如果违背基本的比例,在生产和消费各部门之间、生产各部门之间失去正确的比例,失去"动的经济平衡",在无产阶级专政下也会出现经济危机,布哈林将其称为"独特的'危机'"。这种"独特的"危机具有"颠倒的"性质,表现为资本缺乏,商品荒,求过于供,有支付能力的需求得不到满足。布哈林指出其危害性:"经济领导如果犯了破坏国家的基本经济比例的严重错误,就会引起对无产阶级极为不利的各个阶级的重新组合。破坏必要的经济比例,其另一方面就是破坏国内的政治平衡。"③

价值规律和劳动消耗规律的关系如何?布哈林认为,在过渡时期,劳动消耗规律仍部分地通过价值规律起作用,到了共产主义社会,由于实现了完全的计划经济,价值规律就不再起作用,只有劳动消耗规律调

---

① 《布哈林文选》中册,人民出版社1981年版,第93页。
② 《马克思恩格斯全集》第32卷,人民出版社1974年版,第514页。
③ 《布哈林文选》中册,人民出版社1981年版,第277页。

节社会生产。

在过渡时期,存在市场自发因素,私人经济、农民的小经济等多种经济成分难以完全纳入计划。由于需要通过商品交换把私人经济和农民的小经济同国营经济联系起来,只能通过价值规律对它们进行调节。价值规律在过渡时期仍起作用,劳动消耗规律仍部分地通过价值规律起作用,因此在编制计划时要把价值规律的作用考虑在内。布哈林认为,随着向社会主义社会的过渡,计划原则的作用将越来越大,而价值规律的作用将逐步缩小,到了共产主义社会,价值规律就不再起作用,那时的经济平衡就可以完全按照计划进行了,劳动消耗规律会完全脱去价值规律的拜物教外衣,以"最'纯粹'的形态"出现。[①] 但在这之前,必须利用价值规律,以促进生产力的发展。用布哈林的话说,社会主义计划原则的胜利的过程无非是劳动消耗规律脱去自己身上价值外衣的过程,也就是说,是价值规律转变为劳动消耗规律的过程,是社会基本调节者消除拜物教的过程,[②] 是我们迫使价值规律为我们的目的服务,价值规律帮助我们——不管这是多么奇怪——并准备着自己灭亡的条件。[③]

§第三节 经济发展的关注焦点

> 需要我们的全体干部每小时,每分钟,每秒钟都考虑劳动群众的需要和要求,考虑如何正确地满足这些需求,包括当前的需求和长远的需求,主要的需求和具有决定意义的需求。正确地满足这些需求,其实就是更快地、更顺利地和尽可能平稳地沿着社会主义建设的道路前进。
>
> 布哈林

在布哈林眼里,人民群众是"最可宝贵的"。在布哈林的社会主义经济建设思想中,他始终把关注的焦点集中在满足群众需求和维护群众利益上,体现出他对社会主义经济建设目的的正确认识和对"最可宝

[①] 《布哈林文选》中册,人民出版社1981年版,第98页。
[②] 同上书,第93—94页。
[③] 同上书,第100页。

贵的"人民群众的关爱情怀。

一 满足群众需求

"社会主义应以满足群众日益增长的需求为目的。"① 布哈林提出，在社会主义建设时期，满足广大群众日益增加的需求是社会主义经济发展的目的和动力，正确地满足群众的需求可以"更快地、更顺利地和尽可能平稳地沿着社会主义建设的道路前进"②，满足群众需求发展的原则应作为苏联的基本经济原则。

（一）满足群众需求是经济发展的目的

满足群众需求是社会主义经济发展的目的。布哈林认为，社会主义经济是最完善的经济，在社会主义社会，"群众希望而且也应该生活得更好"③，满足群众需求是社会主义经济的特征之一，是社会主义经济发展的目的。

"形势既然变了，行动就必须跟着彻底改变。"④ 在过渡时期的社会中，伴随着社会向高级形态的发展转为一种进化的过程，党和国家的工作重心因此转向最大限度地发展生产力，千方百计改进生产，扩大生产，更多地直接生产消费资料或间接地生产生产资料，以夯实坚实的物质基础，更好地满足广大群众的需要。布哈林把这种满足群众需求的经济视为一种"正常的"社会主义经济，把满足广大群众的需求当作党和国家在新时期的重要任务。⑤

（二）群众需求的增长是经济发展的动力

"社会主义经济是为消费而生产，群众需求的发展是发展生产的巨大推动力。"⑥ 在苏联，生产成为手段，广大群众需要的增长已成为社会经济发展的直接动力，"生产不断追赶作为整个发展基本动力而走在前面的群众消费"。⑦

---

① 《布哈林文选》下册，人民出版社 1981 年版，第 416 页。
② 《布哈林文选》中册，人民出版社 1981 年版，第 321 页。
③ 《布哈林文选》下册，人民出版社 1981 年版，第 432 页。
④ 《布哈林文选》上册，人民出版社 1981 年版，第 180 页。
⑤ 同上书，第 237 页。
⑥ 《布哈林文选》下册，人民出版社 1981 年版，第 416 页。
⑦ 《布哈林文选》中册，人民出版社 1981 年版，第 276 页。

社会主义制度在苏联建立后，由于"对人本身，对人的劳动，对人的健康给予极大的注意"①，党领导无产阶级在国内大力发展工农业，引起人民群众需求的广泛增长。在城市，随着时间的流逝，城市的扩大，广大群众在交通、住房、教育等方面的需求急剧增加、日渐迫切；在农村，随着农民需求的扩大，农民市场容量的增加，农民在对农业机械、化肥农药等农用工业品的消费迅速增加的同时，生活消费品方面的需求也增加很快。这些日益增长的群众需求在得到满足的同时，为经济发展注入强大动力，激发了工农业多个领域的发展，又引发出新的、更大范围、更宽领域的需求。布哈林因此得出结论："究竟是什么推动着我们的生产前进呢？……群众需求的增长。"②

（三）确立群众需求发展的基本经济原则

社会主义希望丰富群众的生活，极大地发展人类生活的一切方面，满足一切人类的合理需要。因此，社会主义经济是"以满足群众需求为准则的经济类型"③，应确立群众需求发展的基本经济原则。布哈林强调，"我们要消灭群众一贯地消费不足的现象，我们想要使作为基本经济原则的群众需求发展的原则成为发展的真正杠杆，这样就能保证经济的最迅速增长"④。为此，苏联必须贯彻满足群众需求发展的基本经济原则，满足群众的合理需求："苏联的真正建设者在自己面前经常应当有活的群众，同他们一起、在他们前面和为了他们而建设社会主义。社会主义建设需要全体干部每小时，每分钟，每秒钟都考虑劳动群众的需要和要求，考虑如何正确地满足这些需求，包括当前的需求和长远的需求，主要的需求和具有决定意义的需求。正确地满足这些需求，其实就是更快地、更顺利地和尽可能平稳地沿着社会主义建设的道路前进。"⑤

二 尊重群众利益

布哈林指出，追求利益是人民群众前进的动力，执政党应尊重人民

---

① 《布哈林文选》中册，人民出版社1981年版，第246页。
② 《布哈林文选》上册，人民出版社1981年版，第237页。
③ 《布哈林文选》下册，人民出版社1981年版，第415页。
④ 同上书，第434页。
⑤ 《布哈林文选》中册，人民出版社1981年版，第321页。

群众对个人利益的正当追求,领导广大群众以利益为出发点去促进整个生产的高涨。

(一)"群众利益":促进生产高涨的出发点

对生产缺乏个人的和团体的直接物质利害关系,对个人利益注意不够,就会压制群众的生产积极性,导致农民对增加生产不感兴趣,造成生产下降、生产效率下降等诸多不良现象,影响经济的发展。为消除这些制约社会主义建设的因素,执政党应注意广大群众的利益,发挥利益对群众的刺激因素和首创精神,领导广大群众以利益为出发点去促进整个生产的高涨。①

(二)"私人利益":群众"前进的动力"

广大群众长期遭受贫困的折磨,对物质具有正当而合理的占有愿望,再加上由于受到思想文化等水平的制约,广大群众尚不能达到"无私"的精神境界,在过渡时期,他们"前进的动力不是共产主义理想,而是私人利益"。② 执政党应充分认识到广大群众的这种实际状况,顺应这一民情,尊重群众对个人利益的正当追求,发挥群众的经济主动性和经营兴趣,以"私人利益"为动力,鼓励群众发财致富,进行私人积累,推动整个社会经济生产的高涨。

§ 第四节 保持经济建设的"动态平衡"

实行科学的经济领导是改造时期的历史真理。

布哈林

一 保持国民经济基本成分的动态平衡

"实行科学的经济领导是改造时期的历史真理。"③ 布哈林认为,要实行科学的经济领导,最重要的就是要保持经济建设的动态平衡。他以按比例的劳动消耗规律为基本依据,根据他一贯倡导的动态平衡思想,

---

① 《布哈林文选》上册,人民出版社1981年版,第359页。
② 同上。
③ 《布哈林文选》中册,人民出版社1981年版,第332页。

指出，在经济建设中应该正确厘定国民经济各种基本成分的比例，使它们保持动态平衡。他把各种经济成分之间的正确结合，看作是避免社会主义经济动荡、保持整体经济动态平衡的"最重要和最根本的任务"。他说，社会主义经济建设的"任务是如此艰巨和如此复杂，以致必须时时刻刻考虑恰当的比例"[①]，"在经济政策方面的主要之点和基本之点是，在确定我们的最近实际经济年度的计划时，我们应该站在我们急于要办的事情的中心，这个问题是怎样平衡主要的经济因素"[②]。

尽管过渡时期的苏联社会是一个矛盾的统一体，各种经济成分之间客观上存在着矛盾，但是，国民经济各部分是相互依赖和相互制约的，人们依然能够参照《资本论》第2卷来规定社会再生产的图式，即规定使生产和消费的各个领域以及生产的各个领域正确协调一致的条件，确定动的经济平衡的条件。布哈林强调，"为了使社会再生产和社会主义不断增长尽可能有利地（尽可能没有危机地）进行，必须力求把国民经济各种基本成分尽可能正确地结合起来，它们必须'保持平衡'，安排得恰到好处，积极影响经济生活"。[③] 只有保持国民经济基本成分之间动的平衡，才能正确处理和安排不同生产部门之间的比例关系，有效地发挥各种经济力量的积极性，保持社会再生产的均衡发展。

二　保持经济平衡必须处理好的几组关系

要保持国民经济的平衡协调发展，"使国民经济诸因素保持正确的平衡"[④]，必须处理好工业和农业的关系，处理好工农业内部的关系，处理好计划经济和市场调节的关系，处理好产品生产供应、积累与消费的关系。

（一）保持工业和农业发展的平衡

在工业和农业的关系上，社会主义工业和农业应该相互依赖，互为促进对方发展的条件，建立起工业和农业即无产阶级与农民之间在经济方面的正确的相互关系。布哈林强调，工业要得到发展，需要农业取得

---

① 《布哈林文选》中册，人民出版社1981年版，第52页。
② 同上书，第226页。
③ 同上书，第277页。
④ 同上书，第23页。

成就；反之，农业要取得成就，也需要工业得到发展。这种互相依赖的关系是最根本的东西，它本身应当决定执政党的正确政策。

当时，在社会主义工业发展和农业发展的关系问题上，苏联存在着两种观点：一种观点是，通过最大限度地把资金从农业抽调到工业中去的办法，抽取"技术许可"抽取的一切，要比沙皇制度拿得更多，以保证整个工业的最大发展速度。另一种观点是，"保护"农业的生产形式，并使其免受工业的一切"扣款"。布哈林认为，这两条观点显然都是不正确的：前一种观点不懂得工业的发展要依靠农业的发展。实践已经证明，只有工业在农业迅速增长的基础上达到高涨这样的结合下，才能长期地保持最大的速度，工业的发展才会打破纪录。然而，这要以农业能够有迅速的真正积累为前提，而远不是以剥夺农民的政策为前提。后一种观点的立场实质上是要永远保持小经济和它的可怜的技术，永远保持它的家庭结构及其低下的文化水平，他们同样不懂得农业的发展要依靠工业的发展。布哈林指出，大工业是全部技术发展的出发点、共产主义社会经济关系的基础、实现共产主义革命的社会力量即工业无产阶级的支柱，社会主义工业化是对农业进行巨大改造和使农业得到巨大增长的手段，农业的发展要依靠工业的发展，如果没有拖拉机，没有化学肥料，没有电气化，农业就注定要陷于停滞状态。布哈林把工业视为迅速改造农业的杠杆，认为没有工业的领导，就不可能消灭农村的落后、野蛮和贫困。对于社会主义建设的根本利益就是大工业的利益。经济建设的基本任务是要建立"红色的工业军队"①，即社会化的大工业。同时，农民经济的高涨是发展大工业的必要条件，工业的消费市场在很大程度上是农民市场，工业的行情、积累的速度等取决于农民经济的发展。

从克服工农业关系问题上存在的两种错误思想的必要性出发，布哈林提出，必须解决当时苏联工业和农业关系中存在的反常现象。这些反常现象包括：在城乡周转普遍增长的同时，存在着商品荒，农村的需求不能得到满足，似乎工业落后于农业；另一方面，存在着粮食困难，与需要相比粮食供应不足，似乎农业处于落后状态；工业的巨大增长，基

---

① 《布哈林文选》上册，人民出版社1981年版，第32页。

建投资大量增加，同时商品极为缺乏。为解决苏联经济生活中所有这些反常现象，必须从具体的国情出发，繁荣工业发展，提高农民经济，制定恰当的工农业商品价格，实现工业和农业的良性互动和平衡发展。最重要的是，必须制定正确的价格政策，调整农产品的价格，特别是其中的谷物的价格。布哈林强调，必须摒弃提高工业品价格实现工农平衡的方法，因为那样会使工业走上"独自腐烂的道路"。①

（二）保持计划经济和市场调节的平衡

在计划经济和市场调节的关系上，安排好二者之间的比例是极其重要的经济问题，一定要非常慎重地确定"受约束的社会主义经济和必须保留的自由经济"之间的比例系数，保持计划经济和市场调节的平衡。

布哈林认为，总的来说，苏联经济中存在着"无产阶级能够使之实现合理化、加以组织、有计划地进行管理的生产形式和无产阶级在自己的发展初期不能使之实现合理化和有计划地进行管理的生产形式"这两种生产形式，即计划经济和市场经济。② 他清醒地指出，如果以为计划经济的增长会造成（在价值规律消亡的基础上）一种按我们意愿行事的可能性，那他就是不懂得经济学的起码常识。他强调，"自在"的，即与农民市场无关的各工业部门之间的比例的概念是一种荒谬的概念，"计划的力量是相对的，不能过高估计计划经济的因素，也不应忽视大量的自发性成分"。③ 在社会上同时存在着社会主义经济成分和非社会主义经济成分，允许市场经济存在的情况下，无产阶级不可能组织一切，必须使计划经济同市场调节有机地结合起来，无产阶级只需掌握经济命脉，平衡好二者之间的比例系数，组织适当的计划生产，制定适当的法律，让非社会主义成分的经济因素在法律许可的范围内开展市场经济活动，发挥积极作用，为社会主义经济服务。

（三）保持生产、积累与投资的平衡

在加大社会生产的过程中，必须正确处理产品生产供应、积累与消费的关系，不能片面地追求积累或片面地追求消费，要保持生产、积累与投资的平衡。一方面，要加大工业和农业的产量和供应，生产出足够

---

① 参见《布哈林文选》中册，人民出版社1981年版，第228页。
② 《布哈林文选》上册，人民出版社1981年版，第65页。
③ 参见《布哈林文选》中册，人民出版社1981年版，第277页。

数量的产品,满足群众日益增长的、有支付能力的消费需求,消除商品荒现象,避免出现因供求关系脱节,生产和需求的比例失调而造成的社会主义"独特的""颠倒的"经济危机。另一方面,要保持积累和消费之间的合理比例,既不能片面地追求积累,也不能片面地追求消费。社会主义工业应当交出适当部分的收入来做积累基金,但不能片面追求积累,影响群众消费。同时,农民经济也需要积累,广大农民不能把收入全部用于消费,不要把一切都吃光、用光,而要进行适当积累,要用一部分资金去购买先进的农业器械和采用先进的农业科技,从而提高农业生产力。布哈林认为,农业积累意义重大,农业积累就意味着对工业品的需求日益增长。这种需求能引起工业的巨大发展,而这种发展反过来又能使工业对农业起到良好的促进作用。

出于扩大再生产和保持工业的高速度进展的需要,进行大规模的基本建设无疑是必要的。但是,不能把一切都用于基本建设,必须考虑到积累的界限问题,投资的最大界限问题。布哈林特别强调了同生产性消费和个人消费都密切联系在一起的后备问题,指出不能盲目地把过多的资金用于工业积累和基本建设上。"我们必须力求使工业化有一种尽可能高的速度。但不是把一切都用于基本建设。这包含着另一个问题:这就是积累的界限问题,投资的最大界限问题。"[①] 国家在制订基本建设计划时,不能以为投资越多越好,规模越大越好,必须从国家拥有的外汇后备、货币后备、粮食后备和商品后备等后备实力出发,严格掌握积累的界限和投资的最大限度,不能片面追求积累。如果在不仅没有后备,并且供应经常中断,排队成为一种日常现象的经济状况下,还在扩大基本建设规模,就难免陷入冒险主义的危险之中。

如何获得较高的工业积累速度?布哈林提出,应通过薄利多销、"似慢非慢"的办法。这种办法不是笼统地主张工业的最低利润,而是主张单位商品的最低利润;不是笼统地主张工业积累的低速度,而是主张工业积累不脱离农民经济。他解释说,如果追求单位商品的最低利润,就能缩短生产时间和流通时间,扩大农民市场的容量,加速资本的周转,这样,"同农民群众,同普通劳动农民汇合起来,开始一道前

---

① 《布哈林文选》中册,人民出版社1981年版,第291页。

进,虽然比人们所期望的慢得多,慢得不知多少,但全体群众却真正会同我们一道前进。到了一定时候,前进的步子就会加快到我们现在梦想不到的速度"。①

非常可贵的是,布哈林提出应制定合理的税收政策保持生产、积累与投资的平衡。以农业为例,他指出当时的税收政策不利于保持生产、积累与投资的平衡。当时,非农业收入占农民纯收入的27.8%,仅占赋税额的5.2%,而大田作物占农民纯收入的39.5%,但却占赋税额的66.59%。而且,对富农经济的税率提高得不够。他强调,税收政策是这样的杠杆,它可以从富农那里征取社会主义建设事业所需的积累资金,而又不伤及中农,然而有关部门却太少考虑为什么和怎样运用这一杠杆。

面对社会上多次出现的商品荒,布哈林开始思考社会主义"独特的经济危机",提出应辩证地看待生产和消费的关系:社会主义国家应鼓励、满足广大群众的合理消费,同时,应通过征税抑制部分群众的过度消费。他反对漠视居民消费要求的思想,提出经济发展应为消费者服务,应该鼓励、满足广大群众的合理消费需求。当时由于消费不发展,投入的资金无法回收,工业只能自身内部循环,导致整个国民经济出现严重的比例失调。布哈林因此做出了"消费不发达,生产也无法发展"的判断,认为,归根到底推动经济前进的是群众需求的增长。不能片面追求重工业化,不能借口发展生产不断压缩群众的消费。与此同时,对于部分富裕群众过分增长的需求,布哈林提出,应通过税收的方式对群众的需求进行调节,通过相应提高赋税的方法抑制他们的过度消费,从而保持市场的平衡。

（四）保持工农业内部比重的平衡

在处理工业生产内部比重的关系上,必须使二者平衡,力争达到最完满的结合。布哈林指出:"在重工业和轻工业发展的比重方面……将重心放在生产资料的生产上是正确的,……另一方面必须注意,轻工业（生活必需品的生产）的周转较快,可以在发展轻工业的条件下,利用

---

① 《列宁全集》第43卷,人民出版社1987年版,第77页。

其资本来从事重工业的建设。"①

在处理农业生产内部比重的关系上，布哈林提出："必须从使谷物同技术作物和畜产品之间在生产上和市场上保持比较正确的对比关系方面，来平衡经济的基本因素。"② 他要求有关部门在种植面积、价格、税收等方面制定正确的政策，保持谷物同技术作物和畜产品之间适当的比例，保持农业生产力的适当分布，以保证谷物业、畜牧业和技术作物的生产平衡。

在对粮食收购危机的根本原因进行分析后，布哈林强调，农业内部必须保持平衡。他认为，谷物业生产下降的最重要原因是价格因素。从政治经济学理论和苏联的实际经济状况出发，布哈林阐述了价格所起的特定的决定性作用。一般说来，价格在很大程度上不起生产调节者的作用，也不具有这种决定性意义。但在市场关系起决定性作用的时候，价格范畴是有决定性意义的，在这里价格不能不是生产的调节者。如果某一生产部门在后备的分配上"受委屈"，它就必然倒退。由于谷物的价格下降，而经济作物和畜产品价格大幅度上涨，种植的粮食不能给农民带来任何利润，就会使得农民不愿意直接出售粮食，而宁愿用粮食去饲养牲口，然后再出卖畜产品，或者不种谷物而改种经济技术作物。他以粮食情况最好的地区之一北高加索的情况为例，说明从 1925 年起农民从每俄亩小麦所得的收入逐年下降。当地农民每俄亩小麦所得的收入从 1925—1926 年的 72 卢布下降为 1926—1927 年的 32 卢布再到 1927—1928 年的 24 卢布。在这种情况下，农民种植和出售小麦的积极性自然也随之下降。这表明，正是因为当时谷物价格和其他农产品价格之间的比例极不相称，导致农业中出现生产力不利于谷物业的重新配置。布哈林认为，如果某个生产部门不能经常地收回生产费用并加上一个增加额（这个增加额相当于一部分剩余劳动，能够成为扩大再生产的来源），那么这个部门就会停滞或退化。这个规律也适用于谷物业。如果它的临近的农业部门处于一种较有利的地位，那么就会出现生产力的重新分配过程。同时，谷物是出口创汇的主要产品，谷物生产下降导致谷物出口

---

① 《布哈林文选》中册，人民出版社 1981 年版，第 295—296 页。
② 同上书，第 229 页。

创汇率下降，外汇收入的减少导致进口的下降，从国外购买的原料和装备减少。而国家为了获得进口所需要的外汇，只能削减国内消费以供出口，这就使国内粮食市场更加恶化。

如何解决粮食危机？布哈林提出的解决方案是：坚决抛弃非常措施，用赊购的办法进口粮食。由于当时的收购价同自由市场的价格出现严重的脱节，布哈林提议，制定一个较为灵活的按照季节和地区进行区分的价格政策，尤其是确立民主法制。他强调，苏联需要的民主法制是真正的、长期的、牢固的、经常的民主法制。经济要求相关法律的保障，它们一旦受到破坏，经济就往往不能发展。农民有权事先知道，要从他们那里拿走多少，在什么期限内，按照什么样的日程安排，等等。

§第五节 工业建设：经济建设的"重中之重"

我们整个计划计算的轴心，我们全部经济政策的轴心，应当是对日益展开的国家工业化的关怀。从任何角度（发展生产力，发展农业，扩大社会主义的比重，加强国内的结合，提高我们的国际经济比重，加强国防能力，群众需要的增长等等）来看，苏联工业化是我们的法律。

布哈林

一 组织国有化大工业：经济建设的主要任务

布哈林极其重视苏维埃国家的工业建设，认为工业化是苏联"全部经济政策的轴心"，是"整个计划的轴心"，是国家的"法律"。[①] 组织国有化大工业，建立"红色的工业军队"是苏联社会主义经济建设的主要任务。

社会主义大工业是对农业进行巨大改造和使农业得到巨大增长的手段，是农业兴旺发达的基本源泉。它为农业提供机器、劳动工具以及为改善农业生产所必需的许多东西，同时还提供正在日益成为农业生产方

---

① 《布哈林文选》中册，人民出版社1981年版，第290页。

面的决定性力量的科学。布哈林提出:"在任何条件下,不管执行什么样的经济政策的方针,对于共产主义建设来说,根本的利益就是大工业的利益。大工业是全部技术发展的出发点;大工业是共产主义社会经济关系的基础;大工业是实现共产主义革命的社会力量即工业无产阶级的支柱。因此,按照发展生产力的路线而制定的经济政策的根本任务,就是要加强大工业。"①

从政治的角度,布哈林提出发展工业的必要性和重要性在于:国家工业化也意味着农业工业化,是为消灭城乡对立做准备的,"如果我们不建立大工业,那么,到时候我们要么就会蜕化变质,要么就会被推翻"。②

二 保证工业发展的资金充足

为保证发展社会主义大工业所需的巨额建设资金,必须多方筹备。由于帝国主义国家对苏联实施财政封锁,加之苏联本身经济基础就很薄弱,经济建设特别是工业发展的资金十分紧张。布哈林提出:"我们要前进,就必须从各方面积累资金来发展我们的工业。"③ 社会主义大工业的发展需要巨额的建设资金,在资金紧张的情况下,必须多方并举,保证工业发展的资金充足,并有效地利用它们,使它们构成社会主义经济发展的物质基础。除了国营工业和国有化企业本身的利润可作为工业发展的资金,农业和私人资本提供的税收是工业资金积累的重要来源。

农民经济是社会主义工业化资金的主要来源,"社会主义工业是否能从小生产者那里得到剩余价值充作积累资金呢?是的,这是毫无疑问的。"④ 但是,布哈林反对剥夺农民,反对通过提高工业品价格,压低农产品价格,通过不等价交换,吃剪刀差的方法获取工业资金,认为那样会毁灭工农联盟。从农民经济中获取工业资金的办法,不是通过国营经济对农民的剥削或剥夺,而是通过促进农村经济、扩大农村市场容量的办法,实现农民富裕、农村发展,就会为工业品提供广阔的市场,就会创造丰厚的资金,为工业发展提供税收。"只有创造额外的物质财

---

① 《布哈林文选》上册,人民出版社1981年版,第28—29页。
② 同上书,第36页。
③ 《布哈林文选》中册,人民出版社1981年版,第308页。
④ 《布哈林文选》上册,人民出版社1981年版,第219页。

富，即提高劳动生产率和增加劳动量，才可能得到这些资金。要更多地生产！更好地生产！更省地生产！"① 布哈林主张，在加速农民经济和私人资本的发展以增加税收额的同时，必须精简行政机构，缩减一切非生产性开支，改进生产技术，提高劳动生产率，改善管理水平，尽可能地节约材料的耗费，为工业发展积累更多的资金。

三　保持适当的工业发展速度

工业发展的速度要合理，即"尽可能快"，但"不能绷得太紧"，不能片面地超高速地发展重工业。

（一）"尽可能快地"发展工业的重要性

从政治的高度，布哈林强调了工业发展速度的重要性。他说："我们生活在资本主义国家之间，我们被敌人包围着。现在我们取得进展的同时，资产阶级国家也在增长，这就是眼下呈现在我们面前的整个世界历史图景中的某种新现象……结论：现在我们和我们的临近的资本主义敌人同时在增长着，在这种情况下，关于发展速度的问题，即关于我国发展快慢的问题具有特殊的意义。"②

刚刚建立的苏联，经济状况十分薄弱，"还处在落后和半行乞状态"③。布哈林指出，"社会主义希望极大地发展人类生活的一切方面，一切人类的需要，扩大和丰富生活。"④ 广大群众迫切希望摆脱贫穷软弱的落后面貌，取得群众福利的大发展，把苏联建成又强大又富饶的国家。因此，工业发展的速度要"尽可能快"，但与此同时，也不应当忘记事情的另一方面，即"不能绷得太紧"。布哈林强调，"在发展速度问题上必须……注意这一任务的极端复杂性。这里必须考虑的不是最近一年或数年内积累的最高速度，而是能保证长期的最快发展速度的国民经济各个因素的对比关系"⑤，不能以预算的极端紧张、后备短缺、削减消费部分等为代价达到较高的发展速度，要"又好又快"，保证工业

---

① 《布哈林文选》中册，人民出版社1981年版，第306页。
② 《布哈林文选》上册，人民出版社1981年版，第354页。
③ 《布哈林文选》中册，人民出版社1981年版，第393页。
④ 同上。
⑤ 同上书，第295页。

长期的稳定发展。即以尽可能快的速度来发展工业，又要以这种速度保证工业长期的、稳定的、"比较无危机的发展"。①

（二）实现工业的健康高速发展

要实现工业的健康高速发展，必须做好以下工作。

1. 以农业的发展和高涨促进工业的快速发展

工业的消费市场在很大程度上是农民市场，降低工业品的价格，农民的购买愿望就能够实现，农民市场会增大，会使工业发展速度大大提高，因此，应以农业的发展和高涨促进工业的快速发展。布哈林强调，农民经济的高涨是发展苏联大工业的必要条件，只有对农民采取正确的态度，实现城乡间高速度的经济周转，才能实现工业的高速度发展。应采用先进的科学技术和管理方法，利用农业机械提高农业劳动生产率，促进农业的发展，为工业发展提供充足的粮食和原料，通过出口粮食换取工农发展所需的先进设备。通过农民经济的发展推动农民较高的积累，从而提高购买力，为工业的快速发展提供宽阔的消费市场。这样，就在工农业良性循环的基础上实现了工业的健康快速发展。

2. 反对片面地超高速发展工业特别是重工业

布哈林反对片面地超高速发展工业特别是重工业，认为工业化的速度过快，会导致资金向工业的过度集中，这样，农业就会因为缺乏资金而萎缩，就会出现自然经济倾向的普遍过程，最后的结果是既损害工业的长期发展，更损害工农联盟这个社会主义事业成败的基础。如果片面追求高速度，极力扩大基本建设规模，就会造成以下后果："1. 使实际的建筑工作不能以同样规模跟上；2. 一段时间以后将导致收缩已经开始的工程；3. 会对其他生产部门发生非常不利的影响；4. 使各方面的商品荒更加严重；5. 最终会减慢发展速度。"②

3. 降低工业品价格

要实现工业的健康高速发展，必须降低工业品价格。如果凭借掌握的国家经济命脉，用高价向农民出售工业品，用低价收购农产品，就是"一种行会的、狭隘的、笨拙的、目光短浅的政策"。③ 布哈林比较现实地

---

① 《布哈林文选》中册，人民出版社1981年版，第297页。
② 同上书，第296—297页。
③ 《布哈林文选》上册，人民出版社1981年版，第424页。

提出，用薄利多销的办法加速资金的周转以实现社会主义的积累，通过获得单位商品的最低利润，以低廉的工业品价格扩大农民的市场容量。他解释说，如果从单位商品上拿得少些，但能扩大农民市场的容量，同时既缩短生产时间，又缩短流通时间，从而加速资本的周转，这样开始时固然走得慢些，归根到底是获得了比较高的、最高的积累速度。

当时有人主张，利用无产阶级国家拥有的垄断地位，提高工业品的价格以获得超额利润。布哈林指出，实行这种政策的结果是，虽然得到"现成的"超额利润的可能性增加了，但是由此也产生出"寄生的腐朽和停滞的危险性"①——享有行政特权，想要什么就拿什么，遇到困难和商业周转不灵就向国家伸手，靠对社会主义国家有功而索取贷款等做法，其后果是，虽然有一两次在短期内收益甚多，但最后却陷入了绝境：生产缩小了，销售危机掐住了工业的脖子，再生产过程停顿下来了。对此，布哈林予以特别警告，提出应防止"工业走上因垄断而腐朽的道路"。

4. 其他方面的措施

要实现工业的健康高速发展，布哈林还提出调动个人的、集团的、群众的、社会的和国家的主动精神，用更高的生产率来实现工业发展。他认为，在工业建设中，"最新发明，最重要的技术成果，严肃认真的合理化工作，吸引群众，发展和运用科学（其意义现在重要好几倍）——所有这一切应当成为我们注意的中心。我们必须消除俄国的闭塞性；我们必须注视欧美科学技术思想的每一个进展并利用它的每一项实际进步；我们必须把我们的统计建立在科学的基础上；我们必须尽可能快地肃清我们经济管理中的混乱、烦琐等现象。我们必须在改造时期的复杂条件下学会文明的管理。"②

此外，布哈林还提出，通过进口外国的先进设备加快工业的健康高速发展。他以进口拖拉机为例，说明可以通过进口外国的先进设备来改变整个国内经济的发展速度，从而加快工业本身的发展速度："进口的拖拉机能起什么作用呢？进口的拖拉机能立即提高农业的产量。这意味

---

① 《布哈林文选》上册，人民出版社1981年版，第237页。
② 《布哈林文选》中册，人民出版社1981年版，第298页。

着：扩大国内市场的容量，提高对于工业品（不论是消费资料，还是生产资料）的需求，增加农产品的出口；拖拉机本身也将提出对许多工业品，例如对石油的需求；对石油需求的增加，又会对许多与石油生产等等有关的部门发生作用。"①

四 用"物理存在"建造"现实的"工厂

只有用"物理存在"的材料，而不是"金钱"，才能建造"现实的"工厂。布哈林反对那种认为"有了钱，就有了一切"的"货币拜物教"观点，提出工业化建设必须重视基本建设的物质因素问题。

在工业化建设过程中，不是数字，不是金钱，而是现实的物理存在的材料，才能建造出真正的工厂。对此，布哈林做了这样形象的描述："为了使国家工业化得到实现，而不是停留在纸面上，为了使基本建设成为现实，而不是停留在官僚主义的'数字游戏'上，不仅应当保证表现对建筑材料等等的需求的相应的货币，而且应当保证这种建筑材料相应的供应，保证它的自然的物理存在，保证它的真正的存在，并且不是未来的'存在'，而是当前的存在，不能用'未来的砖头'建造'现实的'工厂。"如果没有必要数量的这种或那种"真实存在"的物质材料，如果生产这些材料所需要的期限超过它们应在生产中被消费的期限，那么"任何金钱也帮不了我们"。②

§第六节 农业："全部经济的基础"

在我国，农业是全部经济的基础，工业的发展也取决于农业的增长。

布哈林

在农村推广和落实新经济政策，通过组织合作社改造和发展农民经

---

① 《布哈林文选》上册，人民出版社 1981 年版，第 209 页。
② 《布哈林文选》中册，人民出版社 1981 年版，第 293 页。

济，提高农业生产，增加农民财富，提高农民生活，改善农村面貌，消灭城乡和工农差别，是布哈林社会主义农业建设思想的核心。

一 发展农业的重要意义

农业是国民经济的基础，农业、农村和农民在苏联社会主义建设中具有重大意义。从政治上说，"经济政策的基础是工农联盟以及在这方面的'极其慎重'"①。巩固无产阶级专政和工农联盟、加强工人阶级对农民的政治影响，要求更加重视农业和农民问题。无产阶级掌握政权后必须为其政治领导奠定经济领导的基础，而要奠定经济领导权，首先必须发展农业，活跃农民经济，使工业适应农民市场，逐步掌握这个市场。

在苏联，农业是全部经济的基础，工业的发展也取决于农业的增长。从经济上说，无产阶级工业只有依靠农民市场，才能起到经济上的领导作用。农业为城乡居民的生活提供必不可少的农产品，为工业提供原料和燃料，通过缴纳税收增加整个国民收入的总额，服务社会主义建设事业。更重要的是，农业、农村和农民还为工业提供广阔的市场和丰厚的积累资金，它们是工业得以发展的最重要前提，是工业发展的决定因素。从进出口角度来看，农业的发展可以提供出口粮食，换取农业外汇用来支付进口的设备。

农业为工业提供了广阔的市场，农民需求的数量变化和质量变化决定社会主义工业的发展。特别是十月革命后，由于帝国主义的包围封锁，由于不再执行扩张政策，苏俄几乎没有国外市场；由于取消了舰队等巨额军事订货，军工必须转向民品生产，首先是农业所必需的用品、农具，因而国内的农村市场就显得尤为重要。农民经济的需求有两种：一种是消费的需求，即对纺织品、印花布等的需求；另一种是生产的需求，即对农具和各种生产资料的需求。这两种需求为工业提供了宝贵的积累资金。如果没有农民经济中的积累，社会主义工业中的积累是无法长期进行的。布哈林提出："工业的发展依赖于农业。农民的有支付能力的需求愈大，则我们的工业就发展得愈快。我们的农民经济中的积累

---

① 《布哈林文选》中册，人民出版社1981年版，第348页。

进行得愈快,就是说,农民经济愈快摆脱贫困,它愈富裕,能够向城市工业购买的东西愈多,——则我们的工业中的积累就进行得愈快。"①

发展农业原料生产和谷物生产,可以保证粮食自给,还可以提供粮食出口,换取外汇,购回国外先进的设备。布哈林清醒地指出:"暂时在设备进口方面依靠外国,这对我们来说已经够受的了。如果我们在设备、原料和粮食方面都要依靠外国,那是不堪设想的。我们应当依靠我们的农业基地,应当利用农业基地的生产,用'农业外汇'来支付进口的设备(这当然不排斥增加工业品出口的必要性),发展自己的重工业,在设备方面也逐渐摆脱依赖状态,用这种办法愈来愈使自己自立(这当然不排斥进一步利用国际经济联系的必要性)。"②

二 布哈林的农业建设思想

在农村推广和实施新经济政策是布哈林农业建设的指导思想。要在一个农民国家内建设社会主义农业,改变农业的落后状况,发展农业生产力,提高农民的生活水平,改善农村的贫穷面貌,消灭城乡差别和工农差别,面临许多艰难险阻。其中,影响农业建设的最大障碍之一,就是苏俄广大民众受习惯势力的影响很深,精神上因循守旧,很难接受新鲜事物,不愿、不敢改变现状。布哈林提出,工农群众应该解放思想,摆脱各种僵化思想的束缚,在农村中大力推广和真正实施新经济政策,以新经济政策吸引农民参加社会主义建设,实现农业生产发展、农民发家致富、农村繁荣兴盛的美好图景。

为完成上述建设任务,要重点做好两方面的工作:一是解放思想,开放农民的自由贸易,加快市场经济的周转速度,促进城乡的贸易联系,提高农民的生产积极性,让广大农民发家致富;推广和应用先进科技和农业机械,发展农村的生产力,实现最大限度的增产。二是吸引和鼓励农民参加合作社,帮助和改造农民及其经济结构。布哈林提出,"在无产阶级专政条件下,合作社的增长实质上意味着社会主义的增长"③,通过合作社把广大农民改造成社会主义新人,通过组织合作社

---

① 《布哈林文选》上册,人民出版社 1981 年版,第 422 页。
② 《布哈林文选》中册,人民出版社 1981 年版,第 287 页。
③ 《布哈林文选》上册,人民出版社 1981 年版,第 426 页。

把农民经济同无产阶级的国营经济结合起来，使农民经济"变成一种新的、高级的形式，更加大型的、更加文明的和沿着社会主义道路发展的形式"①，发展成为有组织的社会主义经济的单一链条中的环节，最终"长入社会主义"。

（一）发展农业生产力

1. 发展应用科学技术，促进农业生产力发展

农民占苏联全国人口的绝大多数。由于帝国主义战争和国内战争的巨大破坏，农业经济遭受严重打击，农民陷于破产和贫困。尽管广大群众努力医治沉重的创伤，着手修补破烂的经济，尽力向贫穷和困苦开战，尽量消除经济混乱现象，但是，由于基础薄弱技术落后，苏联到处仍然是贫困和愚昧的汪洋大海，农民的生产生活依然不容乐观，农村面貌依然贫穷落后。

"改变农业技术（用新机器代替木犁！）是我们的金科玉律。"② 布哈林坚持马克思主义的生产力观点，强调科学技术在农业发展中的重要作用，认为科学技术能提高农村落后的生产水平，是推动农业和农村发展的巨大杠杆，提出党的任务就是要增加全体劳动者的财富，广大党员应当成为最优技术、最优耕作方式、最优劳动组织方法的传播者，充当一切经济改进措施的承担者，教会广大人民群众做到经济合理化和善于正确计算。

刚刚建立社会主义制度的苏联，在力量巨大的历史惯性作用下，依然存在封建意识的残余，小农经济的闭关自守和封建迷信的落后思想仍在沿袭。为提高农业生产力，布哈林提出，必须摆脱落后的封闭保守、封建迷信的陋习，学习和运用科学，在科学的领导之下，提高农民阶级的整体科学文化素质，才能取得农业的发展。他要求竭力利用外国的技术经验，注视欧美科学技术思想的每一个进展并利用它的每一项实际进步，使用先进的农用机器以扩大播种面积，加大科学的应用以增加农作物产量，科学规划和进行农业中大规模的基本建设，以新技术实现农业拖拉机化、机械化、化学化等。

---

① 《布哈林文选》上册，人民出版社1981年版，第445页。
② 《布哈林文选》中册，人民出版社1981年版，第306页。

2. 允许市场贸易，规范市场秩序，依法保障流通

市场作为商品交换的场所，是联结生产与消费、城市与农村的桥梁和纽带。城乡商业的自由流转也可以促进农业发展，因为从整个经济来看，建立城市和农村的商业联系意味着使得城市能够在经济上促进农村的繁荣，同时也使得农村能够在经济上促进城市的繁荣。在城乡流转的推动下促进农村市场化建设，有利于农村向城市工业输出更多的农产品，也有利于城市的科技优势及时传送到农村，从而对农业和农村经济的快速发展起到有力的推动作用。

在当时条件下，长期禁止小生产者，首先是农民的自由贸易，是不可能的。布哈林认为，这意味着破坏农民所习惯的全部关系，引起广大农民阶层反对工人阶级，因而必然遭到失败。为了刺激广大农民的生产积极性，必须允许他们交纳粮食税后能自由支配农产品，在市场上进行自由贸易，在这个基础上扩大农业生产。因此，发展农业生产，需要允许市场贸易，以利益为动力刺激个体农民经济的发展。

在农村恢复市场贸易是一个涉及农村生产、生活各个方面的复杂社会问题，受到经济、政治和文化等因素的影响和制约。管理部门应提高对新经济政策的认识，要制定正确的价格政策，规范市场秩序，依法保障流通；要培训出熟练的、文明的经济管理干部，尽可能快地肃清经济管理中的混乱、烦琐等现象，以保障农村市场的流通顺畅。

为保持农村市场的稳定，布哈林提出，要依法保障正常的市场贸易秩序，对那些不按照司法手续没收余粮或者一概禁止粮食自由买卖，取缔粮食自由市场，为查清余粮而进行各种搜查，在许多地点建立阻截队，强行摊派公债的过火行为，必须绝对制止，因为政治过火行为必然造成"长期的不良的经济的和政治的后果"。① 此外，必须建立稳固的信贷系统，把货币稳固到可以作为积累手段的地步，使货币不仅是支付手段、流通手段，还是稳固的积累手段。在满足群众对生产和生活消费品需求的同时，必须采取许多措施来缓和农村方面的过多的有支付能力的需求。

难能可贵的是，布哈林提出，发展农业生产，不要害怕雇佣劳动，

---

① 《布哈林文选》中册，人民出版社1981年版，第222—223页。

应完善相关立法，使农村的租佃和雇工合法化，将其置于法律的监督之下，依法保障农村富余劳动力就业和富农用工。随着新经济政策在农村的推广实施，出现了许多新的问题。其中一个就是由于雇工和租佃没有合法化，遭受人口过剩痛苦的农村贫农无法满足就业的愿望，因而心生埋怨。当时，雇工和租佃没有合法化，为了谋生，一些缺少农机具的贫农及部分中农想出租土地和出卖自己的劳动力，但是由于缺乏相应的法律规定，只能偷偷地去富裕农民那里干活，这样他们往往遭受更为严重的盘剥而得不到法律的保护，而富裕农民也对不能正常雇工表示不满。解决这个问题，就要依法保障农村富余劳动力的就业。

布哈林非常重视对农产品的价格和价格政策的研究，认为农产品的价格，特别是粮食价格，直接影响农民的收入和工业的发展，是决定农村市场稳定的最重要因素，更是影响工农联盟的重大问题。他以大量统计资料为依据分析了商品价格与整体经济发展状况之间的联系，提出，稳定农村市场，最重要的就是必须稳定农产品的价格，特别是粮食价格，要通过制定调节和保护农产品价格的政策和法律，保持稳定而合理的农产品价格。

工人阶级和农民之间具有根本的和完全共同的利益，从巩固无产阶级专政和工农联盟的政治需要出发，应适当降低工业品价格，从而扩大农民市场容量，使农业经济获得全面发展，使农产品价格稳定在合理水平。此外，还应成立统一的国家粮食收购机关，建立相应的组织，把各种共和国组织和以前的粮食公司合并起来，建立起其他的次要的组织同这个全国性的粮食收购机关之间的相互关系，从而在宏观上了解市场行情，在实物上掌握农产品，根据市场需求合理调控农产品的价格。

3. 扩大农民需求，鼓励农民积累

应发展生产，扩大农民需求，鼓励农民积累。农民的需求既包括消费性的需求，如对纺织品的需求；也包括生产性的需求，如对农机具及各种生产资料的需求。农民有支付能力的需求是由农民的经济状况、水平及其生产力的发展来决定的，其需求将随着生产的发展而发展。农民有支付能力的需求为工业提供广阔的市场，为工业提供资金。反映农民需求的数量变化和质量变化的农民市场决定社会主义工业的兴衰。

布哈林认为，社会主义不是贫穷的代名词，社会主义建设采取的是长期的、稳定的、能够消除贫穷的政策。为了发展生产，农民经济需要积累，农民需要积累一部分资金去购买农具和科技产品。农民经济的积累不仅意味着农民经济的发展，还意味着对工业品的需求日益增长，这种需求能引起工业的巨大发展，而这种发展反过来又能使工业对农业起到良好的促进作用。他指出，"只有白痴才会说，我们永远应当贫穷"，应当鼓励农民发展生产，发家致富，加快积累。

当时的农村存在着被布哈林称为"反常现象"的状况——富裕的上层农民和渴望成为富裕农民的中农，不敢积累；农民不敢盖铁皮屋顶，因为怕被宣布为富农；如果农民买机器，他就不让共产党员看见。布哈林针对当时农村存在的把贫穷当光荣，认为应当保持贫穷本色的论调和怕积累、怕发家的思想，大胆地提出"应当对全体农民，对农民的所有阶层说：发财吧，积累吧，发展自己的经济吧！""现在我们应当采取的政策，是要能在我国消除贫穷的政策。"① 布哈林提出的"发财论"，体现了巨大的理论勇气。

4. 扩大农民市场容量

在回顾俄国历史时，布哈林指出了沙皇制度崩溃的真正原因——第一次世界大战前，俄国农村市场销售量占全部工业产品的40%和轻工业产品的60%，后来生产力的发展和狭小的国内市场容量之间出现矛盾，这个矛盾的不断激化是沙皇制度崩溃最深刻的真正原因。以史为鉴，苏联应该吸取教训，大力发展农村市场，扩大农民市场容量。

扩大农民市场容量，意义重大。农村是国内最大的市场，工业只有拥有广阔的农村市场才能取得资金，才能获得积累，才能得到发展。农村市场的容量取决于农民的购买力，只有农民的经济发展了，农村才会出现有支付能力的需求，工业品才会拥有广阔的市场。为了扩大农村市场的容量，一方面，发展农村的多种经济成分，让它们互相竞争，互相繁荣，用经济的办法引导农民走合作化的道路；另一方面，工业的发展要着眼于扩大国内市场的容量，在生产循环中不断扩大生产领域，加速各种经济因素间的流转速度，提高资本的利用率，通过技术改良提高科技水平，降低生产成本。

---

① 《布哈林文选》上册，人民出版社1981年版，第368页。

（二）通过合作社"长入社会主义"

布哈林认为社会主义经济形式的增长，首先是国营工业，其次是农业合作社，这两种基本形式之间的结合是社会主义胜利的必要条件。出于对农村社会主义命运的关怀，布哈林认为发展农民经济，发展农村生产力也需要引向社会主义，他把合作社看作是发展农村经济的基本形式，提出通过组织合作社把农民经济"长入社会主义"，即"引导到社会主义"。①

1. 合作社：农民走向社会主义的康庄大道

布哈林指出，合作社是农民走向社会主义的大道，这一思想来源于列宁的"合作制计划"。他详细阐述了列宁的合作化思想："列宁在具体说明应当在什么样的组织基础上使日益增长的工业和小的以及最小的农民经济结合起来时，阐述了'合作制计划'，即通过'合作社的流转'实行结合的计划。这种结合为什么一定要通过合作社呢？为什么提出合作社作为决定性的方法呢？因为这是'采取尽可能使农民感到简便易行和容易接受的方法'向'新制度'过渡。那时候居民根据个人的利益通过合作社可以走向社会主义。列宁指出应学会实际建设社会主义而使所有小农都能参加这项建设。列宁说，在我国条件下，使居民各个参加合作社，这就是社会主义，这就是我们需要作的'仅有的'事情。"②

参加合作社是农民由小生产走向社会主义大生产的康庄大道。在苏联，农民如汪洋大海，列宁主义要求使各种社会主义成分不断增长，工人阶级在无产阶级专政时期的重大任务之一就是改造农民，"力求把农民阶级提高到自己的水平，从经济上和文化上改造农民阶级，溶化农民阶级"③，保证使每一个小农有可能参加工人阶级领导下的社会主义建设事业。

"小农是小私有者，他没有社会主义的气味。"④ 如何用最简便易行的而不需要任何暴力的方式，通过让农民感到容易接受的方法，吸引农民

---

① 《布哈林文选》上册，人民出版社 1981 年版，第 361 页。
② 《布哈林文选》中册，人民出版社 1981 年版，第 349—350 页。
③ 《布哈林文选》上册，人民出版社 1981 年版，第 208 页。
④ 《布哈林文选》中册，人民出版社 1981 年版，第 22 页。

参加社会主义建设事业？布哈林认为，如何选择农民经济的组织形式意义重大，它事关工农联盟的巩固、事关社会主义事业在农村的成败。"无产阶级的城市和劳动的农村之间的中间环节是合作社，合作社正是城市与农村之间的连接点，它首先体现工人阶级和农民之间的经济结合，而加强这种结合是工人阶级和我们党的基本任务。"① 合作社是工人阶级和农民阶级在经济方面实现联盟、帮助农民经济走向社会主义的桥梁。通过合作社这座桥梁，农民经济就会"变成一种新的、高级的形式，更加大型的、更加文明的和沿着社会主义道路发展的形式。这个过程的发展将不是通过'排挤'、'吞噬'、'消灭'农民经济，而恰恰是通过对它进行缓慢的改造"②。通过让农民经济加入合作社这一途径，引导农民参加合作社，使他们随着经济的发展，随着他们加入的合作社的发展而逐渐消除他们同工人的差别，最后，同工人溶为一体，"长入社会主义"。也就是说，"越来越成为有组织的农民经济的体系就这样增长着，农民经济由单个的、分散的单位变成一个有组织的整体。农民经济逐渐改造自己固有的本性，同国营工业结合在一起，组成一个更大的整体。而这样一个由各个部分构成的经济链条，实际上就是社会主义"③。

2. 组织合作社符合农民的利益和需求

农民加入合作社是符合农民的利益和需求的。"农民从自己的私有经济即单个的小农户的利益出发，必然会走上自身联合的道路。"④ 农民都希望尽量廉价地购买满足生产和消费需要的工业品，在这种情况下组织起来，进行有组织的采购，可以更全面地了解行情、获得批发价的优惠，同时节省人力、时间和运费。同样，农民组织起来共同销售自己的农产品，也能获取比个人单独销售更多的便利。农民为了解决困难或发展生产，希望能得到低利息的贷款，因此，组织信贷合作社势在必行。组织起来的销售合作社在共同销售农民的产品时，又会根据市场供求变化决定再生产，从而在生产上组织起来。这样，从商业合作社组织开始的组织农民经济的过程，将从流通领域开始，先在流通领域组建消

---

① 《布哈林文选》上册，人民出版社1981年版，第434页。
② 同上书，第445页。
③ 同上书，第420页。
④ 《布哈林文选》中册，人民出版社1981年版，第414页。

费合作社、供销合作社，再发展到生产领域，通过在农产品加工方面组织生产，逐步发展到直接意义的农业生产本身，并随着向电气化的过渡而彻底完成。

3. 组织合作社的原则和任务

列宁曾提出，在农民中进行文化工作是"两个划时代的主要任务"之一，而这种在农民中进行的文化工作，其经济目的就是合作化。布哈林指出，为了实现合作社计划需要进行文化建设，需要有文明的合作社，首先需要使合作社工作者文明地买卖。要办好合作化，必须提高全体居民特别是农民群众的文化水平，停止合作社的铺张浪费，根除对农民的行政方面的拖拉作风。在这样的前提下，布哈林提出了组织合作社的三个原则。其一，组织合作社必须坚持完全自愿的原则，绝对不能强迫农民入社。因为用强制手段把农民赶进公社，就会招致农民暴动。其二，要实行社内民主原则，管理委员会和一切负责人员都要选举产生。在选举中必须靠说服来竞选，并且必须由农民自己选举。农民希望把股金委托给他们所认识、信赖的人，而不是"完全由上面委派的人"。只有这样建立的合作社，农民群众才会感到放心，感到合作社同自己休戚相关。其三，实行"政社分开"的原则，合作社应摆脱多余的、应当直接由国家机关去解决的任务。

作为农民经济的机关，合作社的任务是在无产阶级的领导下，在无产阶级国家的资助、扶植和社会主义工业的大力援助和支持下进行的。合作社肩负两项重要任务："第一，在经济上巩固合作社的任务，即积累合作社的'资本'的任务，提高合作社周转额的任务等等；第二，吸引群众参加合作社建设事业的任务，如果不把群众吸引过来，那么，合作社就失去了自己的一个最重要的特点。"①

（三）发展农村经济的其他形式

布哈林认为，除了合作社这一农村经济发展的基本形式，还有集体农庄、国营农场、个体小农经济等其他发展农村经济的形式。

1. 适当发展农业集体化

社会主义农业是不可能建立在小农经济的基础上的，小农经济是没

---

① 《布哈林文选》上册，人民出版社1981年版，第469页。

有出路的，小农改造是不可避免的，应通过实施渐进的过渡办法，实现使用机器的社会化大农业。在提倡把个体农民经济合作化的同时，布哈林还提出了以现代化大生产技术为标志的农业集体化思想，提出适当发展集体农庄和国营农场。他说，由于复杂的机器不能在极小的经济中使用，因此，应在同贫穷做斗争之中用最新技术把经济联合起来，"建设集体农庄，组织国营农场，把它们变成影响农户的杠杆，变成农民经济进一步集体化和合作化的杠杆。"①

但布哈林同时指出，从当时的落后国情出发，农业集体化只能在部分地区适当发展，不能随意推广普及；集体农庄是强大的东西，但不是走向社会主义的康庄大道，而是一条补充的道路。布哈林认为，在社会生产力不高的情况下集体农庄面临两种危险：一种是可能发生资本主义的蜕化，变为资本主义小企业；另一种是可能变为共产主义的寄生机构。"由于劳动组合的成员要吃饭，于是他们就从全国的大锅饭中盛饭吃"；"如果国营农场或集体农庄不善于很好地经营自己的经济，靠国家来过活，那么，农民就不相信需要经济的集体化，而相信私有经济是很好的东西"。② 作为农村经济的基本形式，合作社和市场机制一样在公有经济和私有经济、工业和农业、计划与市场之间起着极其重要的中介作用，是广大的农民阶级易于接受的发展农村经济的基本形式，不能急躁冒进地用国营农场和集体农庄取代合作社。

2. 关怀"小的和极小的农户"

当时的个体经济是各种各样的，其中包括个体的贫农中农经济。对于那些"小的和极小的农户"，布哈林提出要"关怀"他们。他反对那种一谈到提高个体经济似乎"就是主张发展资本主义经济"的观点，提出必须关心、扶持个体农户，发展、改善他们的个体经济。他说："在我们这里大约有2500万小的或极小的农户。粮食的决定性数量或绝大多数是这些农户生产的，并且还将长期由这些农户生产。而且为数极多的活人，即苏联居民也正是由中农和贫农组成的。他们生活得愈好，他们生产得愈多，他们出售得愈多，对于苏维埃国家就愈好。"③

---

① 《布哈林文选》中册，人民出版社1981年版，第307页。
② 《布哈林言论》，生活·读书·新知三联书店1976年版，第165页。
③ 《布哈林文选》中册，人民出版社1981年版，第307页。

（四）加强农村建设，缩小城乡差别

为缩小城乡差距，布哈林提出，要加强农业发展，发展农村经济，加强农村建设，加快在农村实行工业化的步伐，提高农民的文化程度和生活水平，实现农村文明富强，逐步填平由于以往人类社会发展的全部历史所造成的城乡之间的深渊。

1. 加快农村工业化步伐

要通过加快在农村实行工业化的步伐，加强农村建设。城市是政治、经济、科技和文化的中心，城市工业化进程的发展可以不断地把城市文明和生活方式向农村辐射。在苏联广阔的农村，广大农民囿于自己的小生产者地位，文化水平普遍很低，文盲半文盲很多，精神上受习惯势力的影响很深，封建小农意识根深蒂固，因循守旧，安于现状，不愿意接受新鲜事物，不适应社会主义建设对于农业集约化经营和农业产业化的新要求新举措。在农村推进工业化的进程，就是从农村内部推动工业化的发展，即城市给予农村以多种援助，给予农村更多积极的文化影响，把城市文明和生活方式普及到农村，把先进的科学技术和生产方式引入农业生产，实现农村电气化；在农村中直接修建遍及全国的高科技工业生产单位，吸纳农村富余劳动力，使农民在这些现代工业中的就业比重不断提高，使农业生产经营的效率和效益不断提高，使这些企业成为在全国农民中传播文明、改良经济、提高政治觉悟的苗圃和基地，培育出社会主义农村建设的新人，逐步把农村的落后面貌改造成文明富裕的新颜。

2. 发展富农经济

农村建设离不开发展富农经济。由于农村中广大小农的经济基础、从事职业、生产技能、拥有资源等方面处于弱势地位，他们的经济收入单薄，就业机会微少。在城市贫民都面临就业紧张局势的情况下，农村的富余劳动力不可能也不被允许去城市找工作，大批的农村富余劳动力要增加收入，找到就业机会，最现实的途径就是参加到富农经济的业务中，让富农经济消化吸收农村富余劳动力。这样，小农的收入会增加，富农的经济会发展，农民阶层中的贫富差距会有减少，农村的整体经济水平会有提高，农村的整体面貌会得到改善。

面对当时的富农经济，布哈林的态度是，对富农要限制，要排挤，但不应剥夺，不要搞"第三次革命"，应沿着征税的路线展开。为了使赋税能准确地落到富农身上，布哈林要求更加仔细地查明富农的地区性特征，根据地区的差异，制定深思熟虑的税收制度，确定适当的赋税定额，通过税收制度合理地收回那些富裕户手中的财富。客观而言，布哈林对待富农的态度是有利于当时的经济发展，也是富农能够接受的一种经济改造方式。

§第七节　正确处理两制关系，参与世界经济运行

虽然根本不存在一个作为有组织的体系的世界经济，但是各国之间有经济联系。

布哈林

一　正确处理两制关系

十月革命后，布哈林曾经幻想"用无产阶级专政的利剑割断同资本主义世界的所有联系"。但是战时共产主义的幻想破灭后，冷峻的现实一再教育他应冷却狂热的"左"倾思想。列宁指出："我们已经习惯同巨大的困难作斗争。我们的敌人把我们叫做'硬骨头'和'碰硬政策'的代表不是没有道理的。但是我们也学会了——至少是在一定程度上学会了革命所必需的另一种艺术：灵活机动，善于根据客观条件的变化而迅速急剧地改变自己的策略，如果原先的道路在当前这个时期证明不适合，走不通，就选择另一条道路来达到我们的目的"；① 在"决不接受任何对我们不利的东西""不做有损我国权利的事"的条件下，②"我们处理问题现在应该和过去不同。从前一个共产党人说：'我要献出生命'，他觉得这很简单，虽然往往并不那么简单。现在摆在我们共产党人面前的是截然不同的任务。我们现在对一切都要算计，每一个人都应当学会算计。处在资本主义环境里，我们应当算计怎样保证我们的

---

① 《列宁选集》第4卷，人民出版社1995年版，第569页。
② 《列宁全集》第42卷，人民出版社1987年版，第438、413页。

生存，怎样才能从我们敌人那里获得利益"。①

领悟到列宁这些教导的正确性和深刻性，布哈林开始理性地对待两制关系，逐渐清醒地认识到，资本主义社会仍有发展的空间。他坚持1920年列宁就提出的正确观点：只要苏维埃共和国还是紧挨着整个资本主义世界的一个孤立地区，"那种认为我国经济完全可以独立和各种各样的危险已经消失的想法，就是十分可笑的幻想和空想"。② 布哈林逐渐察觉到，随着科学技术的进步，生产力的发展，以经济联系的范围来分类的世界经济纳入了越来越多的国家，其国际经济联系在范围上不断扩大，日益向纵深发展，随着经济生活的脉搏愈快，生产力的增长愈迅速，经济的国际化过程就愈广阔、愈深入。

布哈林正确地认识到，虽然根本不存在一个作为有组织的世界经济，但是各国之间有经济联系。"建立在各国经济的交往的基础上"的世界经济在俄国十月社会主义革命胜利后，依然是"一个现实的统一体"，它"用牢固的经济联系把我们这个星球上的各个部分联结在一起"。③在资本主义和社会主义两种制度并存的国际环境中，应该正确处理好两制关系。社会主义社会应该是一个开放的社会，开放包括两个方面：一方面是继承全人类的优秀文化遗产；另一方面是吸收、借鉴同时代其他国家的先进文明成果，同其他国家交往合作，取长补短，加入到世界经济的体系中去。因为苏联一旦脱离世界经济，自我封闭，得不到世界科技知识的滋养，就会不可避免地影响到整个国民经济的发展。他从世界经济客观存在的现实出发，认为应该处理好社会主义苏联与资本主义国家之间的关系。在利用资本主义发展社会主义的总的指导思想下，加大世界交往，抛弃盲目的"原则上的纯洁性"，积极参与世界经济运行。布哈林同时强调，苏联在学习西方先进科学技术、与资本主义国家交往的过程中必须牢记"谁战胜谁"的问题，明确"利用资本主义，最终战胜资本主义"的战略目标，要警惕资本主义，坚决抵制资本主义改变社会主义制度的企图。这种态度是非常正确的。

---

① 《列宁全集》第43卷，人民出版社1987年版，第299页。
② 《列宁全集》第40卷，人民出版社1986年版，第135页。
③ [苏] 尼·布哈林：《世界经济和帝国主义》，中国社会科学出版社1983年版，第6页。

二 积极参与世界经济运行

由于世界各国在经济上存在相互依赖关系，布哈林认为新生的苏维埃俄国同世界经济是有机联系着的，不应当把苏联从它同整个世界经济、从而同西欧经济的整个循环中割裂开来。应该正视这一现实，重视世界经济对苏联社会主义建设的作用。布哈林认为，不论外国资本的意志和愿望如何，它在苏联的总的经济中只是扮演了"协助我们把苏维埃经济的沉重马车从泥潭中拉了出来的'专家'的角色"①。因此，苏联应积极参与世界经济运行，让世界经济为苏维埃社会主义服务。苏联参与世界经济运行的途径是利用国际分工，利用世界经济所达到的成就，利用资本主义的先进科学技术、资金、市场发展自己，弥补不足，增强自己的综合国力。即使在受到资本主义国家的封锁或制裁而不得不处于孤立状况的情况下，社会主义国家也应该设法打破这种封锁，打开国门。

通过从国外进口先进设备提高国内生产水平是参与世界经济运行的一种必然选择。当时的现实是，一些人为了所谓"原则上的"纯洁性和"神圣的抽象性"，出现了"非凡的勇敢行动同对最微小变革的畏怯心理令人吃惊地同时并存"的现象。②布哈林反对为了所谓"原则上的"纯洁性和"神圣的抽象性"而保护工业，不进口的错误观点，认为那样会放慢积累的总速度，从而也就放慢了社会主义工业的发展速度。他重视从国外进口先进设备，并以拖拉机的进口为例，说明了进口对苏联经济建设的积极作用：扩大国内市场的容量，提高对于工业品（不论是消费资料，还是生产资料）的需求，增加农产品的出口，对许多工业品及有关部门提出需求。③

马克思和恩格斯曾提出："共产主义是以生产力的普遍发展和与此有关的世界交往的普遍发展为前提的。"布哈林吸收了这一思想，认为在国际局势相对和缓的局势下，尽管当时各资本主义国家对新生的苏维埃国家进行包围封锁，苏联应该靠自己的力量去进行社会主义经济建

---

① 《布哈林文选》上册，人民出版社1981年版，第35页。
② 《列宁选集》第4卷，人民出版社1995年版，第793页。
③ 《布哈林文选》上册，人民出版社1981年版，第209页。

设，但不能幻想谋求完全自给自足的社会主义经济。他强调，苏联的社会主义建设不能脱离落后的国情，不能以社会主义意识形态作为对外交往的唯一出发点，必须抛弃那种只依凭朴素的阶级情感，为了保持所谓"真正工人"的"无产阶级的""原则上的纯洁性"，而拒绝与世界资本主义国家进行任何经济往来的"理想主义"和关起大门闭关锁国的错误思想。苏联的经济发展不能脱离客观存在的世界经济体系，应该千方百计打破封锁，争取同资本主义国家恢复经济联系，按照价值规律进行等价交换的市场经济原则，在参与世界经济的运行中利用资本主义的先进科学技术，通过出口贸易换取自己发展所需的资金，通过进口机器设备提升本国经济的发展速度，扩大国内市场的容量，加快积累速度，让世界经济为社会主义服务。"因为物本身是'中性的'：同样的一门大炮，当它从白匪手里转到红军手里之后，就开始起着完全相反的社会作用。"[①]

[①]《布哈林文选》中册，人民出版社1981年版，第392页。

第六章　布哈林的社会主义文化建设思想

全体合作化的农民同摆脱了官僚主义祸害的国家政权的骨干——真正是"组织成为国家政权的工人阶级"的骨干之间的结合，这就是时代的伟大的文化组织任务。

布哈林

1921年后，随着对社会主义认识的根本改变，苏联国家的工作重心逐渐从革命和政治斗争等方面转到和平的经济文化组织工作。国际上，西方资本主义国家在科学技术的推动下，生产力发展的空间依然存在，国家整体实力仍很强大。在继承列宁文化建设思想的基础上，布哈林从苏联当时"还漂浮在没颈的贫困与文盲的海洋之上"的现实出发，从巩固无产阶级专政、发展社会主义文化、改造工人阶级的本性、达成社会主义建设目标等多个角度，充分论证了文化建设作为苏联"党和苏维埃工作的中心问题"的必要性、紧迫性和重要性，提出一系列关于大力开展社会主义文化建设的新思想和新观点。

§第一节　坚持马列主义在意识形态领域的指导地位

无产阶级在建设时期所直接面临的任务的极端复杂性，要求大大地丰富正在马克思主义的建设实践的基础上发展起来的马克思主义的理论思想。

布哈林

开展社会主义文化建设，最关键的是要注重意识形态建设，坚持马列主义在意识形态领域的指导地位，不断丰富和发展马克思主义，以与时俱进的马克思主义理论指导社会主义建设。作为理论家的布哈林立场坚定，被广泛地认为是苏联党内马克思主义的主要理论家。他一生致力于宣传、阐释和发展马克思列宁主义，以丰硕的著述对如何认识和发展马克思列宁主义、如何理解和把握马克思列宁主义世界观和方法论等重大理论和实践问题做出了自己的诠释。他以实际行动证明了他一直强调的社会主义意识形态建设的重要性，他运用马克思主义方法论创作的很多论著本身就是他对马克思列宁主义理论做出发展的例证。

"无产阶级在建设时期所直接面临的任务的极端复杂性，要求大大地丰富正在马克思主义的建设实践的基础上发展起来的马克思主义的理论思想。"[①] 布哈林认为，社会主义建设，需要注重社会主义意识形态建设，坚持和发展马克思列宁主义在意识形态领域的指导地位。他把经典性的马克思列宁主义理论和布尔什维克的革命和社会主义建设实践经验出色地结合起来，既肯定了经典的马克思列宁主义的基本论点，保留了马克思列宁主义理论学说的核心，又详细阐述、发展创新了马克思列宁主义理论学说。十月革命胜利后不久，他就以《共产主义 ABC》《过渡时期经济学》等著作为载体，向世人宣介马克思主义基本理论和苏俄的社会主义方针、政策、纲领，揭示从资本主义到社会主义的过渡时期经济的特点和规律。特别是在 20 世纪 20 年代以后，布哈林大力宣传列宁主义对马克思主义的新发展，强调社会主义建设的顺利推进必须以适应新时代特征的、创新发展了的马克思列宁主义为指导思想，并以自己的理论创新推动了马克思列宁主义的发展，为马克思列宁主义理论的传播和发展做出了卓越贡献。

"社会科学是推动一切的看得见的动力"[②]，布哈林指出，"马克思主义理论一经掌握群众，也会变成物质力量"这一原理在苏俄社会主义革命和建设中表现得特别鲜明。对于一个马列主义执政党来说，强有力的思想意识形态工作就是它凝聚党心、凝聚民心、率领自己的党和人民，统一步伐、迈步前行的理想、意志和号角。在某种程度上说，正是

---

① 《布哈林文选》中册，人民出版社 1981 年版，第 207 页。
② 《布哈林文选》上册，人民出版社 1981 年版，第 1 页。

共产党注重意识形态建设,同时注重维护人民群众的利益,把广泛宣传马克思主义理论与维护人民群众的利益结合起来,共产党才赢得了巨大的号召力和动员力。广大人民群众也因此对社会主义和共产主义这一共产党所持守的核心意识形态和价值体系充满了美好的憧憬与真诚的向往,对共产党的执政充满了期待、信任与支持。在高扬共产主义理想、吹响社会主义建设号角的关键时期,必须注重意识形态建设,坚持和发展马克思列宁主义意识形态领域的指导地位。

一 列宁主义是建设时期的马克思主义

布哈林认为,苏维埃政权建立后的列宁主义是建设时期的马克思主义,是马克思主义的逻辑的和历史的完善和发展。

"在我的政治生活的最主要阶段中,布列斯特时期以后的整个时期是列宁对我的影响越来越大的时期,我对他的感激之情是超过对任何别的人的。从我所受的马克思主义教育这一点来说是这样,从我有幸能和他同在一个队伍,并且他作为一个同志和人,而我有幸能站在他的身边这一点来说,也是这样。"[①] 作为经常聆听列宁教诲的学生和亲密战友,布哈林对列宁的社会主义革命和建设思想有着特别深刻的领悟。从1924年起,布哈林把大量精力用于研究列宁主义的理论问题,如土地和农民问题、合作化问题、阶级斗争和国内和平问题、国家机关和社会组织的职能问题、城乡关系问题、价格政策问题、失业和农业人口过剩问题、国内市场机制问题等,还深入探讨了列宁主义和马克思主义的关系问题。其主要观点包括:

"马克思主义"是方法论,即研究各种社会现象的方法体系,是最敏锐的认识工具,它同时是整个一组特定思想的总和,包括历史唯物主义理论、关于资本主义关系发展的学说、包括一系列具体的原则,即具体应用其方法所得出的种种思想的整个总和。马克思主义理论体系是一种"不断发展和变化着的活动的量值",它最早由马克思和恩格斯创立,后随时代的变迁而发展变化。列宁主义即"列宁的马克思主义"。

---

① 中国社会科学院马列主义毛泽东思想研究所编:《论布哈林和布哈林思想(译文集)》,贵州人民出版社1981年版,第5页。

列宁积极投入并认真总结了苏俄社会主义革命和社会主义建设的实践经验，以崭新的社会主义革命和建设经验推进了马克思主义的发展，"是马克思主义的逻辑的和历史的完善和发展"。[①] 1917年十月革命使无产阶级专政在俄国诞生，开始了"真正的"社会主义建设的过程。"这一发展的新时期开始了，用马克思主义观点来整理这一时期的经验，是列宁主义的最大特点，是列宁主义为丰富和发展马克思主义的思想和马克思主义的实践活动而作出的最新贡献"[②]：它为"马克思的马克思主义"的思想总和中增加了一套新的具体原理，包括对最新的社会经济现象所做的分析成果，对崭新历史阶段中工人阶级社会主义革命和建设理论的阐述。这些内容体现了列宁主义"特别有价值的、有积极意义的特点"是强调理论对服务实践、改造社会的作用，[③] 是一种完全深思熟虑的认识；其耐人寻味的特点是"非偶像化"[④]，即撕下任何原理、教条等的偶像化外壳，根据时间和条件的变化，从理论上解答新时期提出的新问题。

"列宁主义是建设时期的马克思主义"[⑤]，"列宁主义就是已经丰富了的和得到进一步发展的马克思主义"[⑥]。布哈林提出，列宁把马克思的"摧毁性的"学说变为"建设性的"学说。列宁掌握着马克思主义这一非常锐利的武器，但是从来不把马克思主义视为一种一成不变的教条，而是善于把理论与实际联结在一起，把它作为在一定环境中判明方向的工具，以一定的实践的尺度去衡量和处理意识形态问题。列宁从苏俄社会和经济政策中的新事实出发，运用马克思主义的方法论，对新时代出现的全部大量新事物进行马克思主义的辩证分析，对马克思主义理论做出了巨大而伟大的贡献："马克思所贡献的主要是资本主义发展和革命实践的代数学；列宁的贡献既有这种代数学，也有破坏性方面和建设性方面的新现象的代数学，还有它们的算术，即从更具体、更具实践

---

① 《布哈林文选》上册，人民出版社1981年版，第171页。
② 《布哈林文选》中册，人民出版社1981年版，第200页。
③ 《布哈林文选》上册，人民出版社1981年版，第179页。
④ 同上。
⑤ 《布哈林文选》中册，人民出版社1981年版，第206页。
⑥ 同上书，第199页。

性的观点来解代数学的公式。"①

不能把马克思主义与列宁主义"对立""割裂"。布哈林强调:"绝对不能把列宁主义与马克思主义对立起来……后一种学说(列宁主义)乃是前一种学说(马克思主义)的逻辑的和历史的完善和发展。"② 他提到在红色教授学院的一面旗帜上写着这样一句话:"科学上的马克思主义,策略上的列宁主义,这就是我们的旗帜。"布哈林认为,"这样的划分是极端不妥当的,……因为,这样把理论与斗争实践割裂开,是绝对不许可的。如果把列宁主义视为实践原则而与马克思主义有所不同,那么就会产生……有害的理论与实际的脱离。"③

列宁主义是"建设性的"学说,④ 列宁主义的最伟大之处是提出与社会主义革命的建设时期有关的一些问题,这些问题是同苏联社会主义革命的建设时期相联系的,是同巩固了工人专政以后的时代相联系的。列宁用马克思主义的方法去分析新的形势,抓住无产阶级专政时代的本质,即对这一发展时期的特殊性进行理论论证。在这个时期,列宁主义强调的是统一的因素,认为社会向高级形态的发展是一种进化的过程,统一因素越来越压倒对立因素,矛盾不断缩小。因此,工人阶级在新的建设时期,必须巩固工农联盟,将工作的重心由进行破坏性的工作转移到进行建设性的、和平的组织活动,运用无产阶级专政这一强有力的政治杠杆,巩固和组织社会主义新社会,吸引农民参加社会主义建设事业,改造全国居民,克服各个阶级之间的矛盾,保证社会主义各种经济形式的增长,主要在各种经济形式中进行阶级斗争,推动各项社会主义建设向前迈进。这些列宁学说中最新的、独创性的东西,在马克思和恩格斯那里不可能有的新东西,是补充到马克思主义中去的基本的和最独特的东西,是列宁在马克思主义方法论轨道上对马克思主义理论的进一步丰富和拓展。

---

① 《布哈林文选》上册,人民出版社 1981 年版,第 177 页。
② 同上。
③ 同上。
④ 《布哈林文选》中册,人民出版社 1981 年版,第 206 页。

二 坚持和发展马克思列宁主义

党只有团结在一定的思想政治的轴心周围，才能把事业进行到底。布哈林提出，马克思列宁主义是把布尔什维克党团结在一起的"思想政治的轴心"，因此，必须在党内保持并加强布尔什维主义意识形态的继承性，坚持和发展马克思列宁主义。

唯物主义辩证法是马克思主义的基础，其基本要求之一是要在人类社会发展的每一历史时期的具体特点和独有特征中去考察该历史时期。这些专有的、特殊的、只是具体历史时期才具有的特点就是所谓时代的"本质"，时代的"精神"。列宁重视辩证法，多次论述辩证法，强调学习辩证法的必要性。"列宁主义方法的基本特点，马克思主义辩证法的真正表现是善于看到独特的关系，善于看到从一种关系向另一种关系的过渡和善于找到能把握整个链条的那个基本环节。"[1]布哈林分析了列宁熟练地掌握马克思主义辩证法的三个特点："第一，首先是极其善于在每一个场合找到特殊之处，在每一个历史时期，在每一个历史关头看到独创的、单独的、不会重演的东西；第二，善于看到从一种状态过渡到另一状态，看到一个历史时期怎么过渡到另一历史时期，一种形势、一种局势怎么过渡到另一种形势、另一种局势；第三，是由上两个基本特点派生出的，即极其善于在每一个历史时期区分出需要'紧紧抓住'的基本环节。"[2]

必须遵循马克思列宁主义的唯物主义辩证法精神，坚持和发展马克思列宁主义。随着时代的变迁，发展了的马克思列宁主义不能是对以前理论的简单重复。因为"形势既然变了，行动就必须跟着彻底改变"。[3]实时察觉分析新事物并给出合理回应是理论家和实践家不可推卸的责任，是每一个马克思主义者的责任，"除了固定的方法论，固定的方法论的内容之外，任何时候都要考虑到特殊的情况。谁不考虑事变的运动，谁不考虑特殊的情况，谁就提不出理论上和实践上正确的东西。看不见这种新的东西的增长，就不可能理解新的事变，因为生活就是永远

---

[1] 《布哈林文选》上册，人民出版社1981年版，第252页。
[2] 同上书，第250页。
[3] 同上书，第180页。

的运动,而且它不断地产生新的形式、创造新的形式和关系。觉察这种新事物就是理论家和实践家不可推卸的责任,就是每一个马克思主义者的责任。"①

"未来的每一年都将越来越清楚地告诉我们,在列宁那里,适用于每一个个别场合的现成处方将越来越少。然而,列宁主义决不能归结为这些现成的处方。列宁要求我们具体地,抓住全部特点去研究现存的东西"②,布哈林多次强调了不能把列宁主义作为现成的"处方",提出在社会主义建设任务极端复杂的条件下,研究和发展马克思列宁主义,就是具体地,抓住全部特点去研究现存的东西,看到新事物的增长,理解新发生的事变,考虑事变的运动特征,考虑特殊的事变情况,提出理论上和实践上正确的东西,对新事物、新问题做出相应的回答和相应的反应,以充满新时代精神的理论去发展和完善马克思列宁主义,尽可能地丰富正在社会主义建设实践基础上发展起来的马克思主义理论思想。

布哈林要求苏联的理论工作者,要从科学的高度对列宁主义进行比较扎实的、有计划的和系统的研究工作,研究马克思主义和列宁主义的相互关系,收集并归纳列宁在理论领域中的新贡献,并将之系统化,用马克思列宁主义思想去教育高等学校的学生和共青团员,使他们拥有共产主义的美好信念。他说:"人是靠信念而得救的,这种信念就是:事物是向前发展的。……就象一条小河向出口流去一样。……这条小河要经过最难通过的地方,但它还是向前流去。……人民也是不断成长的,并且在成长的过程中壮大起来,最终建立一个新社会。"③

当时,曾经在席卷全俄的战争中英勇无畏、顽强拼搏的苏联党员,文化素质和理论水平普遍较低,马克思主义的理论修养不高。这些党员,在社会主义建设时期,大多在群众中担任领导组织工作,新的形势要求他们提高文化科学素质和马克思主义理论水平,以适应社会主义建设时期的要求,成长为积极活跃的政治先锋队,在了解群众情绪的同时向群众传播先进的思想。广大的群众也需要在马克思列宁主义的指导下,改造成为社会主义新人。布哈林强调,只有群众掌握了马克思列宁

---

① 《布哈林文选》上册,人民出版社1981年版,第200—201页。
② 《布哈林文选》中册,人民出版社1981年版,第252页。
③ [美]斯蒂芬·F. 科恩:《布哈林政治传记》,东方出版社1988年版,第567页。

主义，理论成为群众完全能掌握的某种工具、某种武器时，才能是好的。不能机械迂腐、教条呆板地理解马克思列宁主义，不能把科学辩证的马克思列宁主义视为万古不变的"金科玉律"。

马克思列宁主义不是适用于每一个个别场合的现成处方，学习掌握马克思列宁主义的关键是掌握马克思列宁主义的方法，运用马克思列宁主义的方法研究、解决问题，而不是拿剪刀和糨糊把列宁的著作"粗暴地弄得乱七八糟"①，断章取义，机械套用。布哈林要求同那些经常拿列宁主义和列宁的名字来凭空发誓和说大话的现象进行斗争，反对把一些在一定的历史时期和一定的局势下完全正确的理论和措施机械地搬用于另一个历史条件、另一种力量对比和另一种局势之下。

三　布哈林对马克思列宁主义的发展

作为一个马克思主义理论家，布哈林以自己的方式，对马克思列宁主义的发展做出了重要贡献。他从来不为理论而理论。他总是针对当时苏俄工人运动最迫切需要解决的问题，抓住当时必须抓住的理论环节，为满足广大工农群众和干部学习理论的迫切需要，展开理论探讨和宣传。不管是为宣传共产主义与解释党的新纲领而和普列奥布拉任斯基合作撰写的、带有激进共产主义思想烙印的《共产主义 ABC》普及读本，还是写出具有开创性的社会主义经济论著《过渡时期经济学》、通俗宣介马克思主义理论的系统论著《历史唯物主义理论》，特别是 1921 年后积极阐释、宣传新经济政策的诸多文章著作，布哈林都以积极的热情和自己的方式，对马克思列宁主义大力宣传、创新和发展，为后人提供了珍贵的关于社会主义建设的"新东西"。

"如果马克思主义的理论永远停滞不前，那就未免太奇怪了。"②布哈林的《历史唯物主义理论》就是他创新发展马克思列宁主义的最好诠释。由于篇幅所限，本书仅以《历史唯物主义理论》为例，说明布哈林对马克思列宁主义的发展。

恩格斯在逝世前不久说过，当时的马克思主义者在历史唯物主义领

---

① 《布哈林文选》中册，人民出版社 1981 年版，第 63 页。
② ［苏］尼·布哈林：《历史唯物主义理论》，人民出版社 1983 年版，第 2 页。

域里还只是迈出最初的几步。布哈林指出,"深入研究一些理论问题是伟大导师的学生们的直接任务。"① 针对当时马克思主义的论敌们的著作在大量增加的状况,布哈林提出,"必须给予回答","在我们自己的理论原理越来越提高的基础上进行反击"。正是这些可贵的思想推动着布哈林成长为一名马克思主义理论领域创造性的革新者,他以自己独特的思想观点对创新发展马克思列宁主义做出了重大的贡献。

历史唯物主义是马克思主义理论的"基础的基础",是人类思维和认识的最锐利武器,是每个准备献身于社会主义建设事业的人理应掌握的基本理论,无产阶级可以借助它搞清楚社会生活和阶级斗争中的复杂问题。无产阶级专政时期工人阶级要处理好面临的各种社会主义建设问题,需要掌握马克思列宁主义的科学理论知识,运用马克思主义的世界观和方法论。然而直至1921年底,布哈林的《历史唯物主义理论(马克思主义社会学通俗教材)》问世前,苏俄还没有一本系统阐述历史唯物主义的教科书。当时,马克思和恩格斯的相关论述,大都分散在他们数量庞大的文章之内。列宁的相关论述——《唯物主义和经验批判主义》也是一部论战性的巨著,《哲学笔记》首先是供自己用的札记,不是大众读物,何况当时还没有发表。普列汉诺夫写过几本相当优秀的此类马克思主义著作,如《论一元论历史观之发展》《论唯物主义的历史观》《马克思主义的基本问题》等,但都不是通俗读物,不是系统的教科书。这样,作为一名富有创造性的理论家,布哈林开始把通俗的叙述同发展马克思主义理论结合起来,以"系统的"方式构筑出《历史唯物主义理论》这一新的体系,向工人阶级通俗地阐述历史唯物主义,宣介马克思主义唯物史观,为人民提供"指路明灯"。正如他在此书序言中的声明所说:"在某些相当重要的地方,作者没有采用对问题的通常解释;在另一些地方,作者认为可以不局限于人所共知的一些原理,而是把它们进一步加以发挥。如果马克思主义理论永远停滞不前,那就未免太奇怪了。然而,作者无处不是继承了马克思的最正统的、唯物主义的和革命的观点的传统。"②

---

① 《布哈林言论》,生活·读书·新知三联书店1976年版,第126页。
② [苏]尼·布哈林:《历史唯物主义理论》,人民出版社1983年版,第2页。

布哈林在自己的《历史唯物主义理论》中，"试图不仅重复以前说过的东西，而且试图一方面对这些东西做出某些不同的表述，另一方面确切地阐明和发挥历史唯物主义的原理，进一步深入研究历史唯物主义的一些问题。"他在书中坚持物质第一性，同时也指出意识的反作用；正确阐述经济基础和上层建筑的关系；用历史唯物主义观点说明阶级和阶级斗争、政党和国家政权、阶级、政党和领袖的关系的同时，布哈林列举了自己的11条"新东西"，并声明："这些'新东西'全都是（我敢肯定这一点）遵循'对马克思作出最正统的、唯物主义的和革命的解释'的路线的。"[①]

§第二节　苏联社会主义文化建设的必要性和紧迫性

关于工人阶级夺取政权后的文化问题，在一定的革命阶段会成为整个革命的中心问题。……我们革命的结局，归根到底将取决于这一点。

布哈林

在探索社会主义建设的实践中，布哈林深深感到苏联文化的落后状况严重阻碍生产力的迅速发展，制约社会主义建设的健康推进，阻滞社会主义民主法制的深入开展。他主要从六个角度论述了苏联社会主义文化建设的必要性、紧迫性和重要性。

一　无产阶级"先天不足"的文化缺陷

就文化原则而言，无产阶级的文化原则是比较高的，例如在社会科学方面的马克思主义理论是人类最先进的文化，但是，就总体而言，无产阶级在文化上落后于资产阶级，无产阶级在文化领域存在"先天不足"缺陷。为什么会出现这种状况呢？其原因是：在资本主义制度下，无产阶级在经济上、政治上是受剥削和压迫的阶级。资产阶级垄断了生产资料，与此相适应也垄断了教育。无产阶级所获得的技能，只是从事

[①]《布哈林言论》，生活·读书·新知三联书店1976年版，第127页。

体力劳动所必需的最低限度的社会技能，工人阶级"不能不"成为在文化上深受资本主义制度的整个机构压迫的阶级。在很多文化领域，无产阶级不能培养出自己的自然科学家、工程师、技术员、农艺师、法学家等。布哈林认为，无产阶级只有在自己专政的时期，千方百计地去学习、传播科学文化知识，提高自己的文化科学水平，掌握管理国家和工厂企业的技能和知识，才能弥补"先天不足"的文化缺陷，才能"改造自己的本性，并且成熟为社会的组织者"①，才能做到列宁所说的不仅"夺取俄国"，而且还要"管理俄国"。

二 无产阶级摆脱"两大困境"的必然选择

加快社会主义文化建设是解决无产阶级在执掌政权后面临的"两大困境"的必然选择。由于无产阶级在资本主义社会内部是受压迫受剥削的阶级，没有力量打破资产阶级的教育垄断，没有机会接受教育、获取知识，还来不及把自己训练成为新社会的成熟的组织者，因此，在文化方面比被它推翻的资产阶级"弱小许多、许多、许多倍"。无产阶级在深刻地摧毁了资产阶级统治，胜利地掌握了社会主义政权后，面临着两大困境：一是"由于它的文化程度低，将要不可避免地做出很多错事，显得十分笨拙，而且在一切领域里都会这样。所以，有本领的人就要对它进行怠工。由此就产生了无产阶级革命的巨大耗费"；② 二是"工人阶级在文化上落后，却又掌握了政权，那它不可避免要利用在社会上与它敌对、但在文化上却高于它的其他社会力量。由此就出现复辟的可能性"。③ 因此，"关于工人阶级夺取政权后的文化问题，在一定的革命阶段会成为整个革命的中心问题。……我们革命的结局，归根到底将取决于这一点。"④

三 工人阶级在社会"锥体"中的矛盾地位

布哈林把"社会"比作"锥体"，形象描绘了工人阶级在政治和文

---

① 《布哈林文选》上册，人民出版社1981年版，第53页。
② 同上书，第90页。
③ 同上。
④ 同上书，第90—91页。

化上的矛盾地位："工人阶级一方面站在社会锥体的下面，另一方面又站在社会锥体的上面。"无产阶级在革命胜利后，成为掌握了国家政权的领导阶级，成为管理社会的领导者，"站在社会锥体的上面"。但由于工人阶级在文化上仍然是落后的，缺乏先进的科学文化知识和管理国家的经验，因而还是"站在社会锥体的下面"。这种情况突出地表现在一系列经济建设问题碰到文化问题上的障碍："在我们的基本建设工作中有一系列巨大的缺点：有失算和疏忽，有大量糟糕的设计方案等等，归根到底，这是我们的文化问题；我们的建筑造价太贵，因为我们的材料贵，因为我们采用过时的技术方法。城乡机关的恶劣工作与此联系。由于我们不够文明，我们常常在直接生产方面大吃苦头"①，这是一个很大的矛盾，这个矛盾又会引起一系列其他矛盾，影响社会主义建设的整体进程。

四 落后的文化阻滞民主进程

在无产阶级专政的条件下，尽管无产阶级倡导的社会主义先进文化具备了发展的条件，但是，由于苏联是一个经济文化落后的东方国家，群众中文盲众多，封建意识残存严重，科技文化水平落后，民主法制观念淡薄，群众落后的文化素质严重阻滞着社会主义的政治民主进程。正是经济和文化的落后性贬低了苏维埃政权，使无产阶级不能在思想和文化上得到真正的解放和胜利，致使蜕化现象出现和官僚主义复活；正是广大工农群众的文化落后严重阻碍了苏维埃俄国追求民主法制的步伐，为社会主义建设事业带来巨大困难。布哈林深刻地指出，囿于落后的文化水平的制约，广大群众很少知道自己的民主权利，也不懂如何行使自己的民主权利，不可能对国家行政管理实行有效的监督，更不善于同官僚主义现象进行有效的斗争。此外，无产阶级专政时期是一个存在多个阶层的时代，由于部分工人文化素质低，抵挡不住封建世袭等落后思想的腐蚀和资产阶级腐朽文化的影响，他们往往期望长期占据垄断地位，以至变成特殊等级。这样，"甚至无产阶级出身和异常粗糙的手以及其

---

① 《布哈林文选》中册，人民出版社1981年版，第253页。

他优秀的无产阶级属性"[1]，也不能保证他们脱离群众、蜕化变质，以至阻滞社会主义民主政治的发展进程。

五　与西方国家发达科技水平的强大反差

"我们生活在一个完全特殊的时代。资本主义世界已注定要灭亡，并正在危机的绝境中战栗，但仍然强大。"[2] 布哈林清醒地认识到，西方资本主义国家由于科学技术的推进作用，生产力仍在发展，国力仍然强大。在20世纪20年代的整个世界历史图景中，各先进资本主义国家把对世界的科学认识变成了技术改革的强有力的杠杆，在"科学领导企业"的精神带动下，已经毫无疑问地沿着发展生产力的道路大踏步前进了，又一次揭示出技术进步的惊人奇迹。在布哈林看来，资本主义国家在不可避免的总崩溃命运下，能够"向前跃进"取得"巨大成就"的重要原因在于科学和技术起了巨大作用。尽管与沙俄相比，苏俄的科学技术取得了进步，但同科技先进的资本主义对手比起来，"是太落后了"，这种科技水平上的强大反差，势必严重制约苏俄社会主义事业的发展，阻碍苏俄赶超资本主义国家的战略步伐。

六　预防无产阶级由"胜利的野蛮民族"变成"战败者"

为预防无产阶级因文化落后而由"胜利的野蛮民族"变为"战败者"，必须加快社会主义文化建设。布哈林多次以历史上"野蛮民族"的胜败故事来强调苏联社会主义文化建设的紧迫性。

"当一个胜利的野蛮民族定居在文化较高的部落中的时候，过了一段时期实际上便成了战败者，因为他已经接受了'战败'民族的生活方式、风俗习惯、行为规范、甚至语言。较高的文化、灵巧机警、熟练的技能、技术上的优势、实际的训练、确定方向的能力等，这一切，通过无数的途径，通过微小的分子运动，使胜利的民族所习惯了的生活内容和社会联系瓦解、蜕化、变形、改造，在这种情况下胜利的民族作出

---

[1]《布哈林文选》上册，人民出版社1981年版，第98页。
[2]《布哈林文集》，莫斯科1989年版，第116页。转引自闻一《布哈林晚年的科技理论》，《世界历史》1991年第6期。

了有历史意义的投降。无产阶级所处的地位同这种野蛮民族很相似。"①布哈林指出,如果无产阶级意识不到自己文化落后,不能尽快地改变自己文化落后的状况,就有可能像"胜利的野蛮民族"一样成为"战败者",就有可能被资产阶级"有意无意地,在一丁点儿一丁点儿的很难察觉的过程中,一小步、一小步地实行渗透,掌握了他们所能得到的一切……工人阶级可以简单地镇压敌人,工人阶级可以彻底粉碎资产阶级集团,在物质上可以把一切都掌握在自己手里,但是有可能被自己敌人的文化更高的力量从下面吃掉。不是在战斗里,不是在厮杀中……而是在一种缓慢的、逐渐发生的、社会演变的过程中。"布哈林认为,假如这种历史悲剧出现了,那就意味着无产阶级由于文化水平低而把自己的事业彻底地输了个精光。

为解决工人阶级在政治和文化上的矛盾地位,为消除无产阶级由于文化上的"先天不足"而带来的潜在隐患,克服无产阶级国家和政党内部发生的蜕化危险,创造和发扬社会主义政治民主,发展壮大社会主义各项事业,执政的共产党必须领导人民尽快大力建设社会主义文化。

§ 第三节 苏联社会主义文化建设的伟大意义

  最大多数的人民群众破天荒第一次参与文化生活。对他们来说,受教育的道路上的障碍破天荒第一次被排除了。这种教育破天荒第一次开始丧失极少数社会集团的等级垄断和阶级垄断的性质。

布哈林

十月革命后,苏维埃政权的一切敌人多从俄国文化问题入手,攻击俄国无产阶级和共产党人是野蛮人,他们的革命将使文明和文化处于刀斧之下,遭受毁灭的危险;断言由于群众不具有高度的文化水平,"落后","不文明","布尔什维克是在从事空想的社会主义建设事业",

---

① 《布哈林文选》上册,人民出版社1981年版,第58页。

"违背了历史的铁的规律","注定不可避免地要破产、要毁灭"。① 针对这些责难,布哈林进行了强烈反击,论证了苏联社会主义文化建设在世界历史上的伟大意义。

一 掀起波澜壮阔的群众文化运动潮流

苏联社会主义制度的建立,开启了人类历史文化建设的崭新篇章,苏联的社会主义文化建设掀起了波澜壮阔的群众文化运动潮流。"无产阶级民主是国家生活的一种完美形式。最大多数的人民群众破天荒第一次参与文化生活。对他们来说,受教育的道路上的障碍破天荒第一次被排除了。这种教育破天荒第一次开始丧失极少数社会集团的等级垄断和阶级垄断的性质。"② 社会主义文化建设唤起曾受压迫折磨的民族投身于历史生活,使文化全面卷入人民群众生活的旋涡,使科学发展的节律符合整个伟大的历史进程的脉搏。苏俄的社会主义文化建设"不仅拯救了旧社会留下的全部珍品,并且以最快的速度,比谁都快的速度,领导大量群众沿着文明的道路前进,创造伟大的群众文化运动,用文化的拖拉机把广阔的国家全部耕遍,引来的不是个别的钻石般的文化细流,而是群众性文化建设的波澜壮阔的巨流"。③

二 在广泛领域"带动实践的飞轮转动"

在苏联,社会主义文化建设开启了人类历史文化建设的崭新篇章,城市文明正以各种独特的形式向农村传播,工人阶级成长为一个能够管理社会的阶级,它领导广大群众以文化科学带动实践的飞轮转动,以多种途径促使群众参与教育。社会主义文化建设在经济领域、群众工作领域、科学创造领域、整个文化领域给世人展现了创造性的、建设性的劳动的广阔前景。社会主义文化已经不再是少数书斋中的学者的行当,广大社会主义的文化使者,正走出室内文化的小书斋,进入城市的大街广场,深入农村的穷乡僻壤,直接接触经济建设的伟大任务,从经济生活

---

① 《布哈林文选》中册,人民出版社1981年版,第242页。
② 同上书,第130页。
③ 同上书,第245页。

出发提出和解决理论任务，按照建设社会主义的新方向促使理论与实践、科学与生活相互接近。

三 人民群众成为文化工作的中心

苏俄社会主义文化建设把目光关注于"人"，注重提高人的素质，改造人的本质，发挥人的潜能，使人得到全面发展，广大的人民群众已经成为社会主义文化工作的中心和重心。布哈林指出，资本主义社会漠视人、摧残人，无视人的需要，将无数朝气蓬勃的人变成憔悴不堪的"城市牲畜"。而"社会主义希望极大地发展人类生活的一切方面，一切人类的需要，扩大和丰富生活"①。社会主义文化建设"对人本身，对人的劳动，对人的健康给予极大的注意"②，这里的"人"是"群众"，不是"个别的祭司"，不是个别"娇生惯养的人物"。社会主义文化建设把先进文化全面地卷入人民群众生活的旋涡，使新的社会主义文化原则"在他们身上扎根、积累、集合，深入到他们的血液中"③，使越来越丰富的科学文化听命于群众生活的新需要，而这本身又诱发了新的文化知识领域的幼芽，为文化建设提出新的任务，使文化建设的方向与人民群众的生活和实践更加接近。

§第四节 社会主义文化建设的原则和任务

在文化工作观点上，工人阶级及其政党放在首位的是群众。群众是我们文化工作的中心，我们文化工作的重心就在于此。

布哈林

一 社会主义文化建设的原则

（一）无产阶级要"总的领导"社会主义文化

布哈林提出了无产阶级要"总的领导"社会主义文化的文化建设

---

① 《布哈林文选》中册，人民出版社1981年版，第393页。
② 同上书，第246页。
③ 《布哈林文选》上册，人民出版社1981年版，第92页。

原则。在社会主义文化建设过程中,"领导权问题无疑是存在的,它甚至日益重要了"①。无产阶级不仅能拯救世界,不仅能建立新的经济关系的基础,而且能创造新的文化工作形式,实现和贯彻新的文化原则。无产阶级政党必须掌握文化建设的"总的"领导权,并"依靠自己的力量在文学和文化等领域中争得社会领导的历史权利"②。

社会主义文化建设的原则是无产阶级政党掌握文化建设的领导权。苏维埃政权建立后,群众首创精神的价值不在它自身,它只有在被引上由党预先规定的轨道才是积极的。曾在资本主义社会里教育机会困乏的无产阶级,在社会主义革命胜利后,取得了政治领导权,在文化发展的指导思想方面,取得了领导权,但在艺术、科学等具体文化领域,无产阶级"暂时还不可能实行全面领导,因为我们还有一系列东西不懂"③,无产阶级需要"依靠自己的力量在文学和文化等领域中争得社会领导的历史权利"。布哈林解释了其中原因:"在资产阶级社会的怀抱中,我们作为一种有组织的政治力量成熟起来,但决不是作为一种文化力量成熟起来的。由此出现了下述情况:当我们取得政权时,我们通过自己的斗争和直接的革命变革,我们便夺得了具有历史意义的领导权。我们已经有了这个领导权。我们是在巷战中依靠自己的力量夺得这一领导权的,这一斗争已经作出总结,总结了我们过去的组织工作的成就,政治上的磨炼和政治经验,总结了为进行胜利的革命而必备的一切特点。然而,当我们接触到艺术、科学和其他领域时,我们扪心自问,我们是否已经成熟到可以独掌领导权了呢?我确信,还没有。既然我们还没有成熟,既然我们正处于虽已取得政权,却尚未成熟到可以掌握文化领导权这样一个时期,那么,我们应该提出取得这一领导权的任务……依靠自己的力量在文学和文化等领域中争得社会领导的历史性权利。"④ 他认为,无产阶级文化理应高于资产阶级文化,在科学上,应创造出比资本主义更先进的科学技术,更高的生产力和生产效率,在文艺方面,需要

---

① 《布哈林文选》上册,人民出版社 1981 年版,第 345 页。
② 同上书,第 346 页。
③ 同上书,第 349 页。
④ 同上书,第 346 页。

无产阶级在自由的文艺竞赛中以优秀作品取胜。[①]

(二) 细节问题开展广泛竞赛

在坚持马克思主义原则和立场的前提下，实行在细节问题上开展广泛竞赛的原则。无产阶级政党在领导文化建设时，不能放弃原则、丧失立场，更不能成为"自大狂"。布哈林强调，"共产党人的自大狂"和"放弃原则、丧失立场"这两种错误倾向是列宁生前最为深恶痛绝、不可容忍的，必须坚持不懈、铁面无私地同这些倾向进行斗争。

由于文化问题有自己的特殊性，布哈林主张进行"总的领导和开展最广泛的竞赛"[②]，无产阶级在艺术、科学等具体文化领域的领导，是宏观指导思想的领导、发展方向的领导，即总的领导，意识形态方面的领导，文化领导者"在一系列艺术的形式问题上，在形式、风格的创造等问题上不能……提出详尽无遗的指令"[③]，不应做出特别具体的结论。在文化的细节问题上，要用同理性的批判的方法相适应的综合的办法解决，主要运用在相应的作品上竞争的办法，开辟最广阔的竞赛天地。

二 社会主义文化建设的任务

(一) 建设无产阶级文化

要完成社会主义文化建设的任务，必须正确认识无产阶级文化，建设和发展无产阶级文化。

1. 无产阶级文化是客观存在的

当时在无产阶级文化问题上，存在两种观点：一种观点是认为无产阶级文化并不存在，另一种观点是主张单纯的无产阶级文化。托洛茨基是持第一种观点的代表人物。托洛茨基过分乐观地估计，只需 20—50 年，无产阶级世界革命就会胜利。无产阶级在形成自己的无产阶级文化之前，其本身就已经不存在了，因此谈不上无产阶级的阶级文化。无产阶级文化派以波格丹诺夫提出的"无产阶级文化"理论为指导，以无

---

① 《布哈林文选》上册，人民出版社 1981 年版，第 346 页。
② 同上书，第 352 页。
③ 同上书，第 350 页。

产阶级文化协会为据点,主张抛弃人类文化遗产,提出"纯粹的无产阶级意识形态的实验室"口号,宣传在空白地上创造"纯粹的无产阶级文化",提出脱离无产阶级国家政权机关的法律命令而独立的要求。

布哈林反对托洛茨基否定无产阶级文化可能性的观点。他虽然并不完全赞同无产阶级文化派的主张,反对无产阶级文化协会提出的"实验室脱离政权机关的法律命令而独立的要求",但他承认"无产阶级文化"这一提法,认为无产阶级文化是存在的,并认同无产阶级文化派提出的强调无产阶级文化和文化教育运动的必要性。

布哈林认为,社会主义社会在无产阶级掌握政治和经济命脉以后,就进入一个渐进的、比较缓慢进化的有机发展过程,在这一过程中,旧文化在"消散",无产阶级完全有时间创造具有自己特点的无产阶级文化。① 他认为,当时无产阶级文化的特点是具有"反无政府主义、反个人主义的集体主义精神",并同革命无产阶级的战斗特征结合起来,给包括文学在内的整个文明打上社会主义烙印。

2. 开展无产阶级文化和文化教育运动

布哈林强调:"假如我们俄国工人阶级没有意识到,它同资产阶级相比是不学无术的,它就会把自己的事业彻底输光。问题的关键就在这里。"② 他论证了苏俄无产阶级文化教育运动的必要性,指出文化领导者应积极创造新的文化工作形式,贯彻新的文化原则,千方百计帮助工农提高他们的文化素质,使他们认识到走向新生活和亲自参加建设这种新生活的必要性,组织和全力支持群众通过参与文化建设走进新生活;工人阶级应在党的领导下,成为文化拓荒者的榜样,成为有文化、懂业务的内行。他希望通过内部的、深刻的改造,"从我们自己人中间分出这么一些人,他们什么都懂,什么都会,而且干得不是比那些在某些方面对我们有危险的人坏,而是比他们好。这是我们在文化工作领域的政策的中心点。"③

普及文化发展无产阶级的社会科学在当时具有重要的政治意义——

---

① 郑异凡编译:《苏联"无产阶级文化派"论争资料》,人民出版社 1980 年版,第 389 页。
② 《布哈林文选》上册,人民出版社 1981 年版,第 97 页。
③ 同上书,第 100 页。

"我们必须提高广大的工农各阶层，使他们达到新的文化水平，使他们同新的干部结合起来，因为大家不能一下子都进入天堂。而如果出现下面这种情况，我们就不可避免要垮台；如果我们一批人只是游游荡荡，不会读书，不会写字，而另一些人却具有真才实学，那时蜕化就不可避免。"① 布哈林同时指出，无产阶级文化理应高于资产阶级文化，应当进行文化提高的任务，否则就形成不了无产阶级文化。他提出："如果我们现在只教所有人学文化，而不培养我们在社会科学的教授，……那我们就在这儿把事情搞坏了。我们就从另一头把链条弄断了。应当在广泛的战线上开展文化工作。主要的注意力要放在消灭文盲上，但不应当忘记熟练干部，必须注意培养他们，使他们成为更加熟练的干部。"②

3. 发展无产阶级文化的必由之路

为防止文艺创作过程中出现强制命令等官僚主义化现象，损害文学艺术领域的全面发展，布哈林提倡在文学领域，百花齐放、百家争鸣，主张成立各种各样的、不同风格的文艺流派和文艺团体，开展自由的文艺竞赛，提出成立各种各样的文艺团体是发展无产阶级文化的必由之路。他号召"组织起一千个、两千个团体吧，除莫普和伐普之外，能成立多少文学小组和团体就成立多少吧"。③

布哈林强调，任何文艺团体都不能也不应该以党的名义发号施令，中央委员会并不把自己像发针一样别在某一团体身上。不能把文艺团体和小组建成和党、工会和军队一样类型的组织，应把它们建成完全自愿、非常灵活、不是靠拨款生活的组织，它们之间可以自由开展最广泛的竞赛。这样才能更好地发展无产阶级的文化。

4. 宽容"同路人"，引导农民作家

由于文学界具有自己的独特特点，布哈林认为，当时对待各阶级的一般政策也应该适用于文学界，但应做很大的修正。当时，无产阶级专政下的苏联存在三个阶级——工人阶级、农民阶级和资产阶级。与此相似，文艺界的情况也大体相似。除了无产阶级作家以外，还有农民作家和承认苏维埃政权的党外作家的"同路人"。布哈林认为，"在改造人

---

① 《布哈林文选》上册，人民出版社1981年版，第103页。
② 同上书，第104页。
③ 同上书，第351页。

的问题上,应该有一定的分寸感"①,不能因为他们是非无产阶级而扼杀他们,对"同路人"应抱宽容态度,要引导农民文学"追随无产阶级文学"。②

(二)"头等重要"的任务

为维护无产阶级统治社会并领导社会的历史权利,社会主义文化建设的"头等重要"任务是培养出足够数量的工人阶级自己的干部。鉴于"不文明的无产阶级有被较文明的资产阶级吃掉的可能性,资产阶级将凭借其文化素养战胜我们"③,布哈林提出,在无产阶级专政的时代,培养出文明的、文化水平高的、足够数量的工人阶级自己的干部以取代旧知识分子和旧职员,或者与他们相抗衡,是"具有头等重要意义的"文化建设任务。这是布哈林提出的非常可贵的、具有前瞻性的战略性观点之一。

在无产阶级专政的时代,在某种新的社会平衡确立以后,布哈林清醒地提出:"资本主义和社会主义之间的这个斗争就在文化战线上、在较量技术的灵巧和能力、组织经验和素养的战线上以及在社会上层建筑各个部门进行意识形态斗争的战线上具有小冲突,但就其整体来说是大冲突的形式。由于所有这些过程都是在人们的一定的技能中固定下来的,而且进一步发展的进程取决于人的数量和质量,因此,这种文化上的斗争首先是争取行政管理方面的和意识形态方面的阶级干部的斗争。只有那个能够从本阶级推举出足够数量的管理人员、组织者和思想家来引导社会按照确定的阶级路线前进的阶级,才能享有统治社会并领导社会的历史权利。"④ 布哈林强调,培养出足够数量的工人阶级自己的干部,不仅在无产阶级专政时期非常重要,不但从一般建设来看,而且从今后社会阶级的前途来看,都是具有"头等重要意义的"。

(三)"划时代的主要任务"

苏联社会主义文化建设的"划时代的主要任务"是提高广大工农群众的文化素质。社会主义文化建设不能热衷于臆造的、狭隘的实验室

---

① 《布哈林文选》上册,人民出版社 1981 年版,第 348 页。
② [苏]尼·布哈林:《革命和文化》,莫斯科 1993 年版,第 64 页。
③ 《布哈林文选》上册,人民出版社 1981 年版,第 198 页。
④ 同上书,第 61 页。

的、温室里的问题而抛开群众性的、最起码的，正因其起码而显得绝对必要的文化需要。在无产阶级政党的领导下，提高工农的文化素质是当时最重要的"划时代的主要任务"。这一观点是布哈林从列宁的相关思想提升发展而成的。

列宁提出的改造国家机关和在农民中进行文化工作这"两个划时代的主要任务"，布哈林认为，其实质就是提高工人阶级和农民的文化素质。列宁的文化革命思想不仅同合作化直接相关，而且同改造国家机关紧密相联。列宁曾指出："我们面前摆着两个划时代的主要任务。第一个任务就是改造我们原封不动地从旧时代接受过来的简直毫无用处的国家机关；这种机关，我们在五年来的斗争中还来不及也不可能来得及认真加以改造。我们的第二个任务就是在农民中进行文化工作。这种在农民中进行的文化工作，就其经济目的来说，就是合作化。"① 布哈林强调，必须提高广大的工农各阶层，使他们达到新的文化水平，使他们同新的干部结合起来，"如果出现下面这种情况，我们就不可避免要垮台；如果我们一批人只是游游荡荡，不会读书，不会写字，而另一些人却具有真才实学，那时蜕化就不可避免。"②

"在教育事业上我们不能吝啬"③，布哈林强调，在国力弱小的情况下，必须节省行政开支，把同一系列组织问题联系在一起的非生产费用减少到最低限度，把节省下来的经费用于发展文化教育事业，提高工农的文化素质和精神面貌，使工农群众拥有更多的文化知识，学会更好更科学文明的管理，能够而且较少动荡地成长，最后实现"全体合作化的农民同摆脱了官僚主义祸害的国家政权的骨干——真正是'组织成为国家政权的工人阶级'的骨干之间的结合，这就是时代的伟大的文化组织任务"④。

1. 源源不绝地培养新的工人知识分子

社会主义建设问题的关键是国家工作人员的文化问题。布哈林提出，在苏联无产阶级专政条件下，工人阶级掌握国家政权，国家机关是工人

---

① 《列宁全集》第43卷，人民出版社1987年版，第367页。
② 《布哈林文选》上册，人民出版社1981年版，第103页。
③ 同上书，第253页。
④ 《布哈林文选》中册，人民出版社1981年版，第250页。

阶级的工具。由于工人阶级的整体文化水平很低，参与社会管理和国家管理的能力很差，势必产生官僚主义，制约社会主义民主的建设与发展。"当列宁同志说到改造我们的国家机关时，他是把这一问题同提高工人阶级本身文化的问题紧密地联系在一起的。"① 改造国家机关，在很大程度上乃是文化问题，提高工人群众的文化水平是真正改善国家机关的前提。假如工人阶级没有意识到，"它同资产阶级相比是不学无术的，它就会把自己的事业彻底输光"②。为了执行"同官僚主义斗争的路线，教育工人群众的路线，教给工人群众管理的艺术的路线"③，实现国家机关的改造，必须"用文化上成熟的工人去充实它的所有毛孔"④。

源源不绝地培养新的工人知识分子是向"公社国家"过渡的政治民主化的前提。培养出足够多的新型工人知识分子和干部，就可以逐步地、在日益增长的程度上取代来自旧知识分子和旧职员的干部，从而消除蜕化的危险。也就是说，正是在这个进行种种组织的、思想意识的、行政的等斗争的战场上，无产阶级将拥有同样多的或更多的文化机器。而且，如果他们在质量上不比旧的低，数量上又比旧的大，那么在这盘棋上无产阶级就赢定了。

要解决实际问题，防止工人阶级自己的干部蜕化为垄断的特权阶层，消除社会主义国家机关的种种弊端，必须扩大教育，源源不绝地培养新的工人知识分子，提高工人阶级新干部的整体文化水平。布哈林强调，不能在教育领域形成工人阶级的"小圈子"，必须防止工人阶级蜕化变质。

2. 普及文化，扫除文盲，提高群众文化素养

无产阶级专政的建立已经为迅速繁荣群众文化生活创造了某些前所未见的前提："群众的心理变得更加活泼得多，变得更不守旧得多；眼界非凡地开阔了；意志受到了锻炼；经验无比地丰富了。面向广大群众的政治著作以及经济著作、俱乐部网、文艺小组等；群众性的宣传和鼓动方式；……这是未来空前的文化繁荣的基础。"⑤ 在社会主义建设时

---

① 《布哈林文选》中册，人民出版社1981年版，第248—249页。
② 《布哈林文选》上册，人民出版社1981年版，第97页。
③ 《布哈林文选》中册，人民出版社1981年版，第249页。
④ 同上书，第250页。
⑤ 《布哈林文选》上册，人民出版社1981年版，第159页。

期，文化建设是党和国家的工作重心，文化问题是"党和苏维埃工作的中心问题"①，群众是文化工作的中心，在文化工作观点上，工人阶级及其政党把群众需求放在首位。要解决改造时期的复杂任务，需要同时做好文化的普及和提高工作，在广泛的战线上开展文化工作，促进广大群众"内在的文化发展"。为此，必须把主要的注意力放在消灭文盲上，提高广大群众的文化素养；但同时注意培养熟练干部，使他们更加熟练，为实现人人参政、更有效地反对官僚主义打下文化基础。

农民占苏联总人口的绝大多数，他们的文化素质关系到社会主义建设的成败。布哈林认为，对农民进行文化工作是"具有世界历史意义的"文化任务，提高农民素质的重要途径是在农民中进行文化工作，这一工作的经济目的就是促进农民合作化。由于农民中的文盲众多，农村中的物质匮乏，"农民群众的合作化，需要整整一场文化革命"。② 为此，每一个领导者，首先是共产党人，都应当是文化拓荒者的榜样，应关心农村的实际经济和文化问题，组织真正合理的娱乐，编制合适的电影和广播，全力发展体育运动，更广泛地关怀群众的健康，甚至在极微小的娱乐、俱乐部、广播、电影问题，关于洗澡房、洗衣房、面包房、学校和图书馆问题，以及其他一系列日常生活的小问题上，给农民群众以现实的实际帮助，以实际行动激发起群众的文化需求，让群众沿着最起码的能读能写的路线前进。布哈林同时提出，必须竭尽全力教会广大人民群众实现经济合理化和生活合理化的知识，帮助农民关心他们自己和整个乡村的预算，善于正确计算"公共"经济，努力使乡村变成列宁称为"公社国家"的组成部分。

（四）文学领域的建设任务

布哈林视野中的"文化"涵盖文学、艺术、科学等领域，他认为，文学领域的建设任务是社会主义文化建设中与广大群众联系最密切的重要任务。他在多篇论著中提出了文学领域的建设任务。

要圆满完成文学领域的建设任务，无产阶级首先必须正确对待和掌握文化领导权。布哈林强调，对于无产阶级在文学领域的领导权问题，

---

① 《布哈林文选》中册，人民出版社 1981 年版，第 247 页。
② 同上书，第 250 页。

关键在于应该怎样对待和怎样取得这种领导权。他提出，由于文化事业和文学艺术具有本身的"独特性"，党对文化艺术的领导是在方针、路线上进行领导，无产阶级不能无视文学艺术本身的固有规律，不能简单粗暴、狂妄自大，企图通过"过火的策略"和棍棒政策，强行夺取文学领域的领导权。无产阶级在文学领域的领导要讲究分寸，只能就"一般路线"实行总的领导，不对文学艺术的风格、形式等具体问题做过多管束。开辟在党的领导范围内的最大限度的自由竞赛天地，让各个文学团体、各个文学流派和各种艺术风格展开自由竞赛，绝不能用行政命令的手段，更不能用"骑兵突袭"的方式。

依据列宁"党和国家重心转移到和平经济改造"的思想，遵循"巩固整个社会的"无产阶级总路线，布哈林提出，文学不能不从属于阶级斗争的规律，文学政策也应实行在一定程度上缓和阶级斗争的政策。"文学界有其它领域中所没有的很重要的特点"①，文化问题不同于战斗问题，不是靠打击，靠机械的、强制的办法能解决的。在把对待各个阶级的一般政策运用于文学界的时候，要采取十分审慎小心的态度，应当做很大的"修正"。考虑到农民在当时社会的分量和特点，布哈林提出，应给农民文学和小资产阶级文学以应有的地位，领导农民在逐步前进中慢慢地消除其中的非无产阶级思想意识。

1. 文学作品应坚持政治原则，以健康的意识形态引导读者

应该从政治的高度认识文化工作，按照服务于社会主义的政治原则去对待文化工作者，不能对所有的文艺观点放任自流，对错误的观点应予以驳斥。布哈林强调："如果要求按文化原则，决不按政治原则去对待文化工作者，那就使我们偏离了我们很好地阐述过的立场"；"正如我们所理解的那样，生活本身告诉我们，具体领导就是原则。我们从来不会承认，让事情毫无监督地进行"；"我们必须从意识形态上去培养同志们。是的，我们将培养知识分子并创造他们，正如我们在工厂里生产产品一样。既然我们以共产主义为目标，我们就必须使一切服从于共产主义。"②

---

① 《布哈林文选》上册，人民出版社1981年版，第345页。
② 郑异凡、殷叙彝主编：《布哈林问题国际学术讨论会论文集》，黑龙江人民出版社1993年版，第446、447页。

文学作品应在表达观点的时候重视政治考虑，注重用健康的意识形态倾向引导读者，同时应该丰富表达方式，采用读者喜爱的口味进行创作。布哈林强调，文学作品具有巨大的教育作用，能够影响塑造读者的性格，他呼吁作家应在自己的作品中注入健康的意识形态倾向，正确引导读者。对叶赛宁现象的抨击和对叶赛宁诗作的评价充分显示了布哈林的这种观点。被布哈林誉为"用诗的丝线编织创作生命""天才的抒情诗人""优秀的真诚的诗人"——谢尔盖·叶赛宁，"用自己的方式反映了时代，用诗歌丰富了时代，用新的手法描绘了爱情、落在小河里的蓝天、在天上牧羊的月亮以及不再有的精华——诗人自己"。① 布哈林高度评价叶赛宁的诗歌才华，把叶赛宁诗歌的声音比作发出银样的声响的小溪。但是，在叶赛宁自杀后，当时青年中流行着因叶赛宁诗作的消极面而引起的酗酒、放荡、打闹以及对自杀的崇拜的"叶赛宁现象"。② 布哈林认为，叶赛宁和叶赛宁现象不是一回事，他认为叶赛宁现象是当时文坛最有害的现象，需要予以猛烈抨击。

2. 文化工作者应创作出具有强大感染力的文化作品

文化工作者创作出的作品应具有强大感染力。布哈林反对给读者提供"令人吃惊的单调的意识形态食品"，要消除质量低劣的模式化的材料这种官僚的思想创造物，要向读者呈现高质量的、有吸引力的、有教育启迪意义、能拨动读者心弦的优秀作品，丰富群众的精神文化生活。

从叶赛宁诗作能吸引大批青年读者的现象中，布哈林意识到，无产阶级作家应该创作出具有强大感染力和丰富多彩的文学艺术。他指出，共产主义当然很好，并且越多越好。但是不能忘记消费者的不同口味，不应按照一种共产主义的配方配制，提供千篇一律的意识形态的食品。"如果我们把由国家领导文艺的思想当成是金库和特权的施舍者，那我们就毁灭了无产阶级文艺。"③ "一本好的文学作品胜过二十个提纲"，文学作品应能够激起读者的兴趣，而不是写得单调枯燥、"一模一样的条文和通告"。作家的任务不是起草各种各样的提纲、宣言，而应深入

---

① 转引自郑异凡《布哈林论》，中央编译出版社 2006 年版，第 171 页。
② 同上。
③ 郑异凡、殷叙彝主编：《布哈林问题国际学术讨论会论文集》，黑龙江人民出版社 1993 年版，第 445 页。

生活，观察、概括并竭力把握尽可能多的生活面，为自己树立一定的威望。过渡时代的生活是丰富复杂的，充满着社会的、日常生活的、个人的悲欢离合。广大群众都是有血有肉的活人，他们有爱、有追求、有个性。布哈林号召无产阶级作家做需要做的事，深入生活，联系群众，提高自己，写出有感染力的作品，以争得领导读者的历史权利。

3. 文学作品应该"多写群众"

人民群众是创造历史的英雄。布哈林大声疾呼：文学作品应该"多写群众！"应该较好地描绘人民群众！他批评了当时文学作品中存在的"英雄"压倒"群氓"的现象，认为缺少描写群众的文学作品是文化领域中"巨大的空白"。布哈林称颂高尔基是集体主义者，是熟悉群众的行家里手，是文化和劳动的鼓吹者，是反对市侩作风的斗士，期待高尔基能够参与巨大的无与伦比的光荣工作——社会主义建设事业，写出生动刻画群众形象的优秀文学作品，以"填补巨大的空白"。[①]

§第五节 吸收借鉴西方文化遗产，学习利用西方先进科技

> 社会主义建设本身就是行动中的科学。社会主义和科学是不可分割的。
>
> 布哈林

一个社会，一旦自我封闭，得不到世界科技知识的滋养，就会不可避免地影响到整个社会的发展。社会主义社会应该是开放的社会，应该继承全人类的优秀文化遗产，吸收、借鉴资本主义国家在政治、经济、文化科技等各方面的先进文明成果。

一 社会主义文化建设必须吸收、借鉴西方文化遗产

（一）吸收、借鉴西方文化遗产的意义

"科学是巨大的补充的社会生产力。"[②] 布哈林认为，资本主义在促

[①] ［苏］尼·布哈林：《革命和文化》，莫斯科1993年版，第141—143页。转引自郑异凡《布哈林论》，中央编译出版社2006年版，第168页。

[②] 《布哈林文选》中册，人民出版社1981年版，第337页。

进社会劳动生产力的提高和推动劳动社会化的过程中，创造了很多具有历史进步意义的文化。苏联无产阶级十月革命的胜利，使科学从神学的、金钱的婢女变成了劳动人民的朋友，新生的社会主义制度在为科学的发展提供了广阔前景的同时，也提出了吸收、借鉴西方先进科学文化的迫切需要。毕竟，"仅靠摧毁资本主义，还不能填饱肚子。必须取得资本主义遗留下来的全部文化，并且用它来建设社会主义"①。

十月革命以来，苏俄虽然取得了巨大的政治胜利，建立了社会主义制度，但它同资本主义国家在科学技术上的差距依然很大。"社会主义实现得如何，取决于我们苏维埃政权和苏维埃管理机构同资本主义最新的进步的东西结合的好坏。"② 布哈林继承了列宁提出的吸收、利用资本主义文化遗产的思想，提出社会主义文化建设必须反对因循守旧，必须吸收、借鉴西方文化遗产，学习、利用西方先进的科技和管理经验，使越来越丰富的科学听命于社会主义生活的新需要，使科学发展的节律符合整个伟大的社会主义建设进程的脉搏。

人类的优秀文化是丰厚的精神营养，对苏联的社会主义建设事业起着决定性的作用。苏俄的社会主义建设是在落后的文化基础上进行的，同许多资本主义对手比起来，苏联的科技水平非常落后，社会主义建设的伟大时代要求对社会的全部技术基础进行根本改造。这就要求无产阶级必须消除闭塞性，密切注视世界科学技术思想的进展，从资产阶级文化中汲取有益的全部科学、技术、知识和艺术；"利用现成的材料"，发挥和利用资产阶级专家在各种学术、技术和实际工作领域里的积极作用和专业优势，在资本主义已经达到的基础上向高于资本主义的劳动生产率迈进。布哈林指出，俄国的马克思主义是在西方生产成果的基础上发展起来的，也是对资产阶级科学进行革命批判的研究与改造的结果。技术落后的苏联应当利用西方科技的最新成果，在技术科学领域赶上和超过资本主义国家。

（二）借鉴吸收西方文化遗产的态度

借鉴吸收资本主义的科学文化遗产是社会主义建设进程中"绝对

---

① 《列宁全集》第36卷，人民出版社1985年版，第48页。
② 《列宁选集》第3卷，人民出版社1995年版，第511页。

需要的"①，但是借鉴吸收西方文化遗产的态度要端正。吸收西方文化遗产并不是把资本主义文化完整地、不加触动地搬到苏维埃国家来，正确的做法是"应当借用有益于无产阶级的东西，坚决摒弃一切有害的东西"②，应当批判宗教、哲学唯心主义和资产阶级社会科学，坚持唯物主义和无神论，坚定维护和捍卫马克思主义。

二 社会主义文化建设必须学习、利用西方先进科技

（一）社会主义与科学不可分割

"社会主义和科学是不可分割的"③，布哈林强调，科学技术有助于建设社会主义，无产阶级夺取政权后必须最广泛地利用科学技术的力量，因为要完成社会主义建设的宏伟任务，单凭善良的愿望和主观的热情是不够的，社会主义建设"只有在科学的领导之下才能取得胜利"，④必须尊重和利用先进的科学技术，使之成为社会主义建设的推动力。他认为，在改造时期技术决定一切，必须充分发挥科学的领头作用，加速应用科学技术来解决生产、劳动和管理方面的问题，使科学与实践和生产相结合，使科学成为服务社会建设、造福人民群众的"最行之有效的实际杠杆"。

关于学习西方先进科技的重要性和必要性，布哈林指出，"科学在资本主义经济的生产力增长的过程中现在发挥着它空前未有过的作用"⑤，资本主义世界在技术领域、经济组织领域、科学领域正向前跃进，在化学、电气技术等工业领域取得辉煌成就，就是得益于先进科技的日益扩大的作用，社会主义国家必须在技术领域消除闭塞性，大胆利用西方的成就，吸取一切能够吸取过来的东西，要"注视欧美科学技术思想的每一个进展并利用它的每一项实际进步"，竭力利用外国科技的最新成就、最新发明和最重要的技术成果，同时派遣一些严肃认真的人出国，进行严肃认真的学习研究。由于苏俄还处在资本主义的战斗力

---

① 《布哈林文选》中册，人民出版社 1981 年版，第 336 页。
② 同上书，第 251 页。
③ 同上书，第 131 页。
④ 同上书，第 334 页。
⑤ 同上书，第 332 页。

及其技术、科学与经济重新发展的时代,而美国正在进行最广泛的和最新的技术和科学运用,德国重新成了整个欧洲技术改造和迅速改进生产的榜样,布哈林因此提出向科技发达的美国和德国学习先进的科学技术和管理经验,正是苏联"不再做又贫穷又软弱的国家,而永远成为又强大又富饶的国家所需要的东西"。[①]

（二）把科学推广"到群众血肉中去"

"科学,这是巨大的补充的社会生产力。并且,它愈是掌握更多的群众,就愈是成为更加强大的杠杆。"[②] 把科学推广"到群众血肉中去"的事业,是社会主义胜利的主要条件之一,是苏联在科学技术领域赶超资本主义国家的必然途径。[③] 苏联社会主义的发展正在依靠技术变革,并以空前地提高群众的福利为己任。掌握科学技术不是目的本身,而是最大限度地满足广大劳动人民日益增长需要的一种手段。依靠科学技术促进生产力的增长,为建设服务,为人民造福,使之逐渐成为人们日常生活的组成部分,化为人民的血肉,是科学对社会主义建设最好的贡献。

社会主义建设要求广大群众具有科学素养,在群众中推广科学的有效途径是进行大规模的技术改造。"这种技术改造（采用新机器、建设新型工厂、建立一系列新的生产部门、采取新技术生产方法,如此等等）意味着不断地更多运用自然科学,而首先是运用技术科学。"[④] 布哈林指出,在采用科学和技术上一切宝贵的成就进行技术改造时,必须吸引群众,进行严肃认真的合理化工作,根除那种只求一知半解的习气,使那些真正的学者在工作中能发挥必要的主动性和首创精神。

（三）结合社会主义建设实践开展科研工作

科研工作一定要和社会主义建设事业的实践相结合,要解决社会主义建设事业中迫切需要解决的问题。布哈林主张加大科研网的建设,加大重大基础理论课题的研究,既要反对墨守成规的偏好空谈,杜绝热衷于偏题的旧的经院哲学,反对远离生活的喧闹和轰鸣及"大众关注的

[①] 《布哈林文选》中册,人民出版社1981年版,第325页。
[②] 同上书,第337页。
[③] 同上。
[④] 同上书,第336页。

问题",也要反对对待科学的吹毛求疵、舍本逐末和狭隘事务主义的态度。官僚主义的规划只会束缚科研工作,不能以行政命令干涉科学劳动的组织。科研机构布局应当合理,必须保障科研经费足额和科研设备按时到位。科研考核时不能单纯追求数量指标,要强调质量。

(四)学会文明科学的管理

"实行科学的经济领导是改造时期的历史真理。"① 苏维埃俄国技术基础落后,无论是整体社会还是基层生产单位,都需要行之有效的组织劳动的理论,需要进行科学的管理。只有实现科学的管理,社会生产才能正常地进行并取得应有的效益。布哈林提出,在建设过程中要学习西方先进的管理经验,学会文明科学的管理,把统计建立在科学的基础上,发挥个人的、集团的、群众的、社会的和国家的主动精神,尽可能快地肃清经济管理中的混乱、烦琐等现象,有系统地试行适合苏联国情的泰罗制。

§第六节 社会主义文化建设需要循序渐进

我们应当及时放理智些,应当对任何冒进和吹嘘等采取有益的怀疑态度。这里最有害的就是急躁。

布哈林

一 反对急躁冒进,提倡循序渐进

社会主义文化建设需要循序渐进,逐步推进,反对急躁冒进。和列宁一样,布哈林反对在社会主义文化建设中"想立即升入无产阶级的天堂,打算立即在科学技术的一切部门进行革命"的急躁情绪,指出"应当及时放理智些,应当对任何冒进和吹嘘等采取有益的怀疑态度。这里最有害的就是急躁"。② 他批判了"用实验室的试验办法制造无产阶级文化"的幻想,批驳了关于无产阶级文化的"空谈""空话",指出社会主义文化建设不能热衷于臆造的、狭隘的实验室的、温室里的问

---

① 《布哈林文选》中册,人民出版社1981年版,第332页。
② 同上书,第355页。

题而抛开群众性的、最起码的，正因其起码而显得绝对必要的文化需要，首先应解决最起码的、初步的、刻不容缓的任务，解决那些不解决就会导致毁灭和垮台的任务，"让群众沿着最起码的能读能写的路线前进"①，然后，循序渐进，逐步推进社会主义文化建设。

为克服社会主义文化建设中出现的急躁冒进现象，布哈林特别援引列宁的一段话以强调循序渐进开展文化建设的重要性："不能……把纯粹的和狭义的共产主义思想带到农村去。在我们农村中还没有实行共产主义的物质基础，这样做对于共产主义可以说是有害的，可以说是危险的。不能这样做。应当从建立城乡的联系开始，决不能过早地给自己提出向农村推行共产主义的目标。这个目标现在是达不到的，是不合时宜的，现在提出来不但无益，反而有害。"②

二 在精神文化领域尽快建筑起无产阶级的房舍

在循序渐进地逐步推进社会主义文化建设的过程中，无产阶级要在精神文化领域尽快"为自己建筑起房舍"。在生活、艺术领域，在调节人们之间相互关系的行为准则方面，在其他一系列精神文化建设领域，社会主义制度已经打碎了"旧的"资产阶级文化，而"新的"无产阶级文化尚未建成。无产阶级要在精神文化领域尽快"为自己建筑起房舍"，以"新的"无产阶级文化，以无产阶级革命的激情，革命的乐观主义，对社会主义建设事业的明确信念，去同否定、抱怨、悲观主义、灰心丧气和蜕化、颓废、瓦解的任何表现进行坚决斗争，不管它们是表现于文学，表现于政治，还是表现于生活。

三 在广泛的战线上逐步培育"新人"

社会主义制度是新事物，社会主义文化建设就是"生产新的人"，以"新人"建设出"新制度"。社会主义文化建设要循序渐进，逐步推进，就要在广泛的战线上逐步培育"新人"。"今天我们需要什么？我们需要属于什么样的心理类型的人？为了保持胜利，我们需要多少人，

---

① 《布哈林文选》中册，人民出版社1981年版，第259页。
② 《列宁选集》第4卷，人民出版社1995年版，第679页。

什么样的人，他们应当具有什么样的头脑？我们需要一支在很大程度上由工人阶级出身的人组成的干部队伍。他们应当有怎样的心理特征？……现在我们需要属于这样心理类型的人：在马克思主义修养方面，应当具有俄国旧知识分子的好素质，眼界广阔，对事件具有理论分析能力，又有美国人的务实本领。我们需要属于新的心理类型的人。我国的旧知识分子，哪怕是出身于工人的，都具有理论分析和善于概括的优良品质。"① 布哈林提出，主要的注意力要放在消灭文盲上，要使国家预算朝着有利于初级国民教育的方向改变，把人民教师提高到应有的地位，建立群众性的工人组织深入到农村去，建立辅导团体，在广泛的战线上开展文化工作，以不断提高广大的工农各阶层的文化水平。但在文化普及的同时要不能忽视文化提高工作，不应当忘记工人阶级的熟练干部，必须注意培养他们，使他们成为更加熟练的干部和重要的技术专家。

§第七节　做好新时期的舆论宣传工作

意识形态决不是没有力量的"微不足道的东西"，而是非常重要的社会力量。

布哈林

一　宣传舆论工作的重大意义

意识形态是"非常重要的社会力量"。② 为团结、联合、组织千百万群众积极参加社会主义建设，必须开展有效的宣传舆论工作，"这是头等重要的任务"。③ 布哈林强调，在苏联正处于国家重心改变的时期，做好新时期的宣传舆论工作意义重大。

从加强舆论引导和新闻监督职能两个方面，布哈林论证了加强宣传舆论工作的必要性和重要性：一方面，为履行"党和政府喉舌"的职

---

① 《布哈林文选》上册，人民出版社1981年版，第100—101页。
② 同上书，第59页。
③ 《布哈林文选》中册，人民出版社1981年版，第302页。

责，发挥正确的舆论引导作用，必须竭力加强整个苏维埃舆论的积极性和主动性，使苏维埃舆论在党、工会和合作社等方面加强起来和积极起来，推进国家各项方针政策的落实，激发广大群众的激情和信心，克服广大群众对集体价值、现代劳动文明、生活质量甚至公民权利的无所谓态度，鼓舞人民群众意气风发、满怀豪情地建设社会主义。另一方面，为提高整体社会的政治文明，建立群众民主的基础，铲除官僚主义和根除一切邪门歪道，要充分发挥新闻舆论的监督职能，"提高苏维埃舆论的比重并用这个杠杆来除掉苏维埃国家机关的官僚主义疮疤，帮助它同自己的疾病作斗争，即同阿谀奉承，同官僚主义的巴结逢迎作斗争和实现真正的自我批评"①，从而推动广大群众在党的领导下，更加团结有力地参加社会主义各项事业的建设。

新闻宣传系统的从业人员，应多一些首创精神，多一些主动精神，通过报刊、出版物、单页或小册子、通俗读物等宣传品，用简单明了的语言，积极向人民群众宣传阐释党和政府的方针政策，向人民群众说明国家方针政策制定实施的原因，让包括穷乡僻壤的每个农民在内的广大群众都了解苏维埃政府的方针政策。"我们的报刊应当尽量正确地报道情况。如果我们对某些东西（建设中遇到的困难）避而不谈，或者没有很大胆地报道，那么，这最终会向坏的方面影响我们的共同事业。"②同时还应善于听取群众的意见，向他们做耐心细致的解释。布哈林强调说，这种解释工作是特别需要的，"我们之所以有力量，因为我们经常听取群众的意见，甚至当群众产生错误认识时，我们作了耐心的解释，说明了困难在什么地方，一五一十地分析了情况，并且使群众理解和明瞭党所走的道路。"③

二 营造"学科学、用科学、普及科学"的社会氛围

科学是"巨大的补充的社会生产力"，"它愈是掌握更多的群众，就愈是成为更加强大的杠杆"。④ 因此，新闻舆论机关要重视对科学的

---

① 《布哈林文选》中册，人民出版社1981年版，第318页。
② 同上。
③ 同上书，第319页。
④ 同上书，第337页。

宣传，在全社会积极营造"学科学、用科学、普及科学"的良好氛围。

当时的苏联正在经历一个伟大的技术革命时期，布哈林提出，在这种国情下，不能只凭主观愿望和政治热情行事，发展群众的教育事业，把科学推广"到群众血肉中去"的事业，是社会主义胜利的主要条件之一。必须尊重科学，依靠先进的科学技术建设社会主义。他呼吁，在科学文化落后的条件下建设社会主义，必须提高全民的科学素养，开展一个掌握技术的群众性运动，"发动群众参加紧张的建设工作，在进行大规模的技术改造的条件下，善于经营业务，尽量减少缺点。"[①] 为此，新闻宣传单位和人员要积极营造学习、宣传先进科学技术的氛围，为形成"学科学、用科学、普及科学"的群众运动尽心尽力。特别是要大力宣传能促进社会主义农业发展的新技术、新措施、新方法，引导群众提高科学文化素养。在广泛宣传西方先进科学技术的同时，还应积极出版科普刊物、成立各种科学技术协会，大力宣传苏联科学技术及建设情况。

三 反对"空喊口号"，提倡"有说服力"的宣传

布哈林反对"空喊口号"的宣传，提倡进行"有说服力"的宣传。他提出，广大党员干部应向人民群众讲清局势真相，指靠群众，倾听并感觉到群众的需要，同群众在一起开展自己的事业。宣传报道应真正起到号召广大干群积极行动起来的作用，应以活泼生动、缜密有力的报道鼓舞人民群众以实际建设保证社会主义成分的胜利。大力宣传各条战线上"实际执行通过的好决定"的模范典型是宣传国家政策的最好方式，如实宣传优秀党员干部关心农村的实际经济和文化问题，甚至在极微小的"小问题"上给予实际帮助的事例，要比一大堆"政治叫喊"有说服力得多。他号召把这种宣传形式和这种工作方式提到首位。布哈林真诚地希望苏联不要出现这样的情况："如果有一些商店，那里差不多只有一些写着'全世界无产者，联合起来！'的招牌，而没有半点商品；有一些工厂，那里挂着红旗，上面同样写着'全世界无产者，联合起来！'，而那里也没有任何东西，工厂处于停工状态，有一些银行，即银行的房屋，那里同样写着'全世界无产者，联合起来！'，可是几乎

---

① 《布哈林文选》中册，人民出版社1981年版，第333页。

连一文钱也没有，有大量的苏维埃纸币在市场上泛滥成灾，上面同样写着'全世界无产者，联合起来！'，可是它们有一个不大的缺点，即它们没有任何价值。"①

四 填补"漏洞"，消除"剪刀差"

布哈林指出，当时的新闻宣传方面存在"巨大的漏洞"，需要填补。这些"漏洞"包括：未能足够活跃地反映那些经常在人们脑海中盘旋的迫切的和"敏感的"问题，未能对所出现的各种疑问做出充分的解释，未能对国家经济发展状况做出令人满意的严肃认真的报道。布哈林强调，无产阶级必须在填补这些漏洞以后，才有权利谈论吸引群众来积极参加社会主义建设的问题。

当时，新生的苏联正在进行的社会主义建设遭受种种怀疑，"建设中的各种各样的困难会把关于能否在我国实现社会主义的问题一而再、再而三地摆出来。"② 因此，新闻宣传从业人员应积极回应，丢弃老掉牙的、死板的空话，丢弃毫无意义的人云亦云，做出对当前社会重大问题的明智的解释，大力宣传坚持新经济政策、工农联盟的必要性和重要性，宣传发展农民经济和农民市场的意义。要做到宣传和鼓动多样化，不要造成对群众要求的和向他们提供的"精神食粮"之间的"剪刀差"。从事新闻宣传的工作人员"不仅仅是伸着耳朵听"，还应对工人群众在工厂内，在街头巷尾，在电车上和在啤酒馆里所谈论的，所存在的怀疑进行情况反映和解释说明。"我国工人阶级经受各种各样的攻击，这些攻击来自各方面敌人"③，面对敌人散布的荒谬言论，宣传报刊机构和工作人员不应保持沉默，应采取理性的态度和它们做坚决的斗争，有力地回击，"揪着他们的耳朵到太阳下面去"④，向群众澄清事实真相，揭露谣言。

---

① 《布哈林文选》上册，人民出版社1981年版，第363页。
② 《布哈林文选》中册，人民出版社1981年版，第340页。
③ 同上。
④ 同上书，第303页。

五 关注国际局势，促进国际联系

广大新闻宣传通讯员应具有强烈的政治敏感，充分关注苏联当时所处的国际形势特点，紧密结合当时国家和世界的形势进行新闻报道。"国际资本近来也取得了许多成就。国际资本在技术和经济方面取得了一系列的辉煌成就，它在科学方面取得了一系列无疑的胜利；它在军事方面取得了许多令人产生深刻印象的成绩。"对此，布哈林认为，宣传通讯员"无论如何也不应当忘记这一切"[①]，应尽量扩大苏联工农群众和其他国家的劳动群众的国际联系，尽量扩大和加强各个方面和渠道上的国际联系，加大彼此之间交换意见、交流经验的力度。各类报刊出版物应成为扩大苏联与其他国家进行国际联系的"忠实的和聪明的助手"[②]，促使这些国际联系向纵深发展。

§第八节 重视发挥知识分子的作用

工程师、技术员、农艺师是直接在物质生产的时候工作的，他们像是整个科学技术思想链条上的引带。他们把科学技术思想同物质生产紧密连接，把从实践中提升出来的理论重新变为物质劳动的实践。

布哈林

一 知识分子在社会主义建设中的作用

布哈林对知识分子的态度经历了一个曲折的认识过程。最初，他简单地根据收入的多少来划分阶级，忽视了他们同生产资料的关系，把小知识分子同手工业者、小店主、小公务员和小官吏等小资产阶级相对应，认为他们不是一个阶级，而是相当混杂的一部分人，在不同程度上遭受着资本的剥削，提出知识分子是敌对阵营里经济上对新制度也有用的非寄生集团。由于十月革命后国内出现严酷的阶级斗争，部分知识分

---

① 《布哈林文选》中册，人民出版社 1981 年版，第 301 页。
② 同上书，第 304 页。

子因为不理解新政权而消极怠工，致使布哈林在对知识分子的阶级属性判断上出现错误，认为技术知识分子和一般知识分子（多数是工程师、技术员、农艺师、动物学家、医生、教授、律师、记者、教师等等）、城市中的中产阶级及部分小资产阶级，"所有这些阶层、阶级和集团，都必然在金融资本的代表人物的政治领导和将军们的军事领导下，积极进行反对无产阶级的斗争"①。

与此同时，布哈林也正确地指出，社会主义建设离不开知识分子。"苏维埃政权愈是巩固，一些技术知识分子便会愈快脱离资产阶级而转到无产阶级方面来"，"把他们推开是没有道理的"。② 随着无产阶级的胜利，吸收知识分子，特别是技术知识分子是可能的，也是必要的。苏维埃国家肩负着"有机建设"社会主义的迫切任务，但是，仅靠无产阶级本身的力量无法完成，经济建设迫切需要知识分子的参与，无产阶级国家需要运用具有强制作用的组织把这些人集合起来，首先是把受意识形态影响较小的技术知识分子安排到新的位置上去。他认为，要彻底粉碎知识分子的怠工，"让熟练的专家和知识分子搞义务劳动"不能真正解决问题。③ 他赞同列宁提出的"通过思想工作或者支付他们高额薪金"的办法吸收知识分子，提出吸收精通本行业务的第一流专家意味着技术的进步。

布哈林在1921年写成的《历史唯物主义理论》中，把劳动区分为"物质劳动"和"上层建筑性劳动"，认为，如果社会要长期存在下去，生产力要发展，就必须掌握适当的比例，使物质劳动和上层建筑劳动处于"哪怕是非常不稳定的平衡状态"，同时也要保持上层建筑本身内部分工的恰当比例，即"精神"活动、管理活动等不同领域之间的恰当分工。④ 据此，布哈林对知识分子地位的看法发生改变，他抛弃了把知识分子定为小资产阶级的旧看法，不再把知识分子划归为剥削阶级，而

---

① [苏]尼·布哈林：《过渡时期经济学》，人民出版社1976年版，第122页。
② [苏]尼·布哈林、普列奥布拉任斯基：《共产主义ABC》，生活·读书·新知三联书店1982年版，第300—301页。
③ 《共产主义者》1918年第1期，第8—9页。转引自郑异凡《布哈林论》，中央编译出版社2006年版，第174页。
④ [苏]尼·布哈林：《历史唯物主义理论》，人民出版社1983年版，第257—258页。

是把知识分子列为剥削阶级和被剥削阶级之间的中间阶级，认为资本主义国家里的技术员和工程师在生产中处于中等地位，技术知识分子是"第三阶层"。

新经济政策实施后，布哈林更多地认识到，在社会主义建设时期，知识分子对生产发展具有重要的作用，应积极吸收知识分子参加社会主义建设事业。他把知识分子称为在社会主义建设中"整个科学技术思想链条上的引带"①，称赞知识分子把科学技术思想同物质生产紧密连接，把从实践中提升出来的理论重新变为物质劳动的实践——在苏联重耕国家"经济生活最荒芜的土地的时候……新的专家摆脱了保守传统，同无产阶级队伍有血肉联系，经过革命战火的洗礼，以新的速度工作，善于利用一切国外经验，他们是勇敢的革新者，新技术的开拓者，对革命和建设的前途满腔热忱"②。他多次论述专家的作用和利用专家的问题，认为在无产阶级掌握政权后，在组织社会主义建设过程中要重视发挥知识分子的作用，提出"就整体来说，应当明白，工程师和技师比什么都重要"③，他批评了一些人持有的没有技术知识分子和其他知识分子也能对付过去的观念，认为那是非常可笑和绝对幼稚的，是一种有害的幻想，在无产阶级及其政党的队伍中绝对不容许这种幻想存在。

二 坚持原则与关心知识分子并重

对待知识分子，既要坚持原则，又要关心他们，在可能的条件下千方百计地为他们排忧解难，为他们创造良好的工作和生活条件。

原则问题，必须坚持。布哈林是知识分子的真诚朋友，他始终同知识分子保持着友好的关系。但在大是大非面前，布哈林提出必须坚持原则。他以自己对待巴甫洛夫的态度做了有力的诠释。伊万·彼得罗维奇·巴甫洛夫是俄国的大生理学家，在生理学领域进行了开创性的研究，他的研究成果条件反射学说"是完全为唯物主义效劳的"，丰富了辩证唯物主义。布哈林对作为生理学家的巴甫洛夫评价很高，认为他在生理学领域创立了整整一个学派，为人类做出了不容置疑的丰功伟绩。

---

① 《布哈林文选》中册，人民出版社1981年版，第389页。
② 同上书，第388页。
③ 《布哈林文选》上册，人民出版社1981年版，第102页。

在生活中，布哈林是巴甫洛夫的真诚朋友。但是，当巴甫洛夫发表错误言论时，布哈林予以严厉批驳。巴甫洛夫从他自认为"客观"的态度批评"马克思主义……是纯粹的教条主义"。① 对此，布哈林专门写了一篇文章《论世界革命、我们的国家、文化及其他》，逐条批驳了巴甫洛夫的错误论点，为马克思主义的科学性和合理性辩护。为避免再出现类似现象，布哈林提出，党和政府对待知识分子，在坚持原则的同时，要多做宣传教育工作，使他们能够完全懂得马克思主义的一切优点和必要性，帮助更多的专家成为共产党员，或者是共产主义的同情者，推动更多的知识分子具有高度的共产主义觉悟。从当今社会意识多样化的现实视角看，布哈林提出的这一辩证观点，是非常值得赞赏的。

布哈林充分肯定专家、教师、工程师、技术员、农艺师等知识分子在社会主义建设中的作用，提出，相关部门要提高认识，积极为知识分子创造良好的工作和生活条件，保障科研物资和设备的及时到位，提供必须而充足的科研经费，并从制度上加以保证。他要求摒弃对科研工作进行官僚主义规划的做法，认为官僚主义的规划会束缚科研工作，会使科学思想极度僵化，对科学劳动领域带来危险性，强调在科学劳动的组织过程中，切忌形式主义和行政命令。科学劳动领域特别需要勇敢顽强、首创精神和主动精神，需要有创见的遐想，需要尝试，需要探索，更需要敢作敢为，特别需要提出各种新问题和新难题。科研考核时不能单纯追求数量指标，必须以著作的质量来代替其数量，并举了一个颇有说服力的例子：爱因斯坦的《相对论》只用了几页的篇幅就表述了现代物理学的一次革命，字数不多，可仍不失为传世之作。

从领导管理的角度，布哈林提出党和政府应制定科学、合理的科研政策，支持科研人员面向生产，面向工厂和农村，理论联系实际地服务人民群众。应加大教育投入，把人民教师提高到应有的地位，加大对教师的支持。他号召所有技术干部和科学家努力置身于劳动人民之中，明确自己的历史责任，奉献务实精神，燃烧科学激情，秉持唯物主义世界观，运用辩证唯物主义方法，为社会主义建设实践进行科学研究。他批评科研工作的平行主义和无效重复劳动，批评某些学者和科研人员整天

---

① 《布哈林文选》上册，人民出版社1981年版，第118页。

忙于行政事务、开会、要钱、处理人际关系而疏于科研工作。布哈林深刻地指出，不从事科研工作，不是科研人员的过错，而是他们的不幸。他呼吁，有关部门必须坚决保证学者有科研必需的时间，把他们从行政和经济琐务中解放出来，对会议、技术鉴定会、学术会议和出差等的安排做出科学调整。

第七章 布哈林社会主义建设思想的总体特征与当代价值

§第一节 布哈林社会主义建设思想的总体特征

在布哈林前后两个阶段的社会主义建设思想中，既有对社会主义的正确理解和对社会主义建设有益的可行之策，也有对社会主义的不清醒认识和盲目乐观、激进追求社会主义建设速胜的急躁、片面或错误的观点。这些论述组成的理论轨迹反映出布哈林对社会主义的认识逐渐从书本回归现实的过程，也反映出他对社会主义建设由军事激进手段转向和平组织方式的思想历程，表现出明显的阶段性特征。

一 战时共产主义时期布哈林社会主义建设思想的总体特征

在激进的战时共产主义思想阶段，尽管布哈林进行了积极的社会主义建设探索，但"俄国战时统制经济的实际，决定了布哈林可能有的理论视野"[①]。从总体上说，这一时期的布哈林也属于那些忽视了苏俄落后国情的激进乐观主义者中的一员，对什么是社会主义和苏俄社会主义建设的构想过多地囿于马克思、恩格斯对共产主义的设想理念，经常是从"本本"出发，僵化理解马克思、恩格斯著作中对共产主义理想社会的描绘，忽视苏俄当时经济文化落后的现实，对"社会主义"做出了很多极

---

① 顾海良、张雷声：《20世纪国外马克思主义经济思想史》，经济科学出版社2006年版，第249页。

具乌托邦色彩的理解，带有浓厚的"左"倾空想主义色彩，打上了深刻的教条主义烙印。

值得肯定的是，在这个阶段的某些时候，在某些问题上，布哈林清醒地认识到了苏俄的落后，认识到了这种落后会导致社会主义建设的相对困难，并因此提出了一些颇具创建性，闪烁着理智和清醒色彩的社会主义建设思想，对于党在无产阶级取得胜利以后所面临的诸如民主与专政、民族、宗教、军事、法院、银行、货币、工农业生产组织等极为重要的问题，做了理论上的论证。特别是他主张大力发展生产力，提出社会经济、城乡之间、人与自然之间应动态平衡地发展，强调人是"最宝贵和最重要的生产力"①，强调应切实提高工农群众的福利待遇和社会保障水平，彰显出布哈林社会主义建设理论中关注人民利益的崇高情怀。

二 新经济政策实施时期布哈林社会主义建设思想的总体特征

1921年新经济政策实施后，布哈林深刻认识到，巩固、建设和发展社会主义是"一件非常复杂的事情"，社会主义建设理论不能僵化地从头脑中产生出来，不能以对马克思主义理论的片面理解指导社会主义建设，社会主义建设必须从具体的国情、本国的特点出发，不能与世隔绝、妄自空想，需要严肃认真地调查研究现实社会的经济生产和生活状况，在政治的、经济的、社会的、文化的、意识形态的等众多领域，探寻适合本国国情、民众乐于接受、具有"民族面貌"的社会主义建设方法。他开始把生产力的顺畅发展、生产关系的理顺、民主法制的推进、群众需要的满足、阶级差别的消除等，统筹纳入衡量社会主义建设成效的重要指标，以"一个稳定成长中的社会，其各个组成部分应保持有效的、持久的、动态的平衡"为指导理念，认为有计划地满足社会需要的增长是社会主义发展的动力，发展社会生产力、提高生产效率是社会主义发展的根本途径，提出苏联社会主义建设应依托共产党领导下的无产阶级专政力量，以减少社会矛盾、缩小阶级差距、实现城乡一体、改造全国居民为任务，坚持和发展新经济政策，采用改良主义的方

---

① [苏]尼·布哈林、叶·普列奥布拉任斯基：《共产主义ABC》，东方出版社1988年版，第363页。

法，在政治、经济、文化等领域走和平改良、进化发展之路，实现国民经济和社会建设的平衡发展，最终"和平长入"民富国强、文明平衡的"真正完全的"社会主义。这些都反映了布哈林对社会主义在政治、经济、文化、社会等领域建设的深刻认识，为世界社会主义建设提供了宝贵的理论借鉴和有益的思想启迪。当然，由于历史原因和诸多因素的制约，1921年后布哈林的社会主义建设思想中也有诸多激进、片面、错误等缺陷和不足之处，应以历史的、辩证的观点客观分析。

总的来说，新经济政策实施后，布哈林以苏联"落后的社会主义"现状为出发点，在思想博弈中勇敢创新对社会主义及其建设的理解，在追逐共产主义美好理想的过程中清醒地正视现实，主张用和平组织的方法促进社会各项事业的发展。他把社会主义看作一个有机体，努力以动态平衡的理念推动复杂的社会主义建设向前行进，他对社会主义在政治、经济、文化、社会等领域建设的深刻认识表明，这一时期，随着实践的推进，布哈林的社会主义建设思想已经逐步发展为一个系统的有机整体，呈现出探索性、务实性和整体性的特征。

§第二节　布哈林社会主义建设思想的当代价值

1917年俄国无产阶级在十月革命中取得伟大胜利，建立了世界上第一个社会主义国家，从此走上了社会主义道路。但是，取得政权后应该如何建设社会主义，对于以列宁为首的苏俄布尔什维克党来说，除了马克思、恩格斯对共产主义社会的设想和1871年巴黎公社的局部经验可以借鉴参考，俄国的社会主义建设找不到完整的先例可循，苏俄不得不在任务复杂、难题成堆的征途上奋勇探索社会主义建设的道路。在那段充满荆棘的征程上，布哈林是一位为解答"什么是社会主义、怎样建设社会主义"这一重大的理论和现实问题而勇于探索、敢于创新的马克思主义理论家。特别是在列宁去世后，苏联面临着"在第一个无产阶级革命胜利不久、脱胎于落后基础的社会主义大国，在极端错综复杂的国际国内环境下，究竟应该如何建设社会主义"的重大而紧迫的课题。在审慎思考和调查研究的基础上，布哈林从当时苏俄落后的社会现实情况出发，认真研究苏俄社会主义建设中遇到的理论与实践问题，在坚决捍卫、完整阐释、不懈宣传、坚持推行列宁新经济政策的基础上，对过渡时期的社会主义发展规律进行不懈探求，对如何在新的历史条件下进行社会主义建设提出了很多令后人称道的开创性、系统性见解，在马克思主义发展史上对社会主义建设理论做出了深刻而卓越的贡献。从执政党领导社会建设的视角看，布哈林的社会主义建设理论证明了他不愧为创造性地接受马克思主义理论的布尔什维克理论家，使马克思主义一系列基本论点更明确了，而且提出了不少新问题，推进了政治经济学的马克思主义方法论的研究，是马克思主义发展史上积极探索社会主义建设规律、不懈传播、创新、发展马克思列宁主义的理论家、宣传家、学识卓越的马克思主义经济学家。

布哈林曾提出："精心思考，该作怎样的结论就作怎样的结论。"当遵循这一实事求是的思想，避开夸大和苛求，把布哈林的社会主义建设思想同他的实践，同他当时所处的苏联历史条件结合起来，进行客观研究，笔者认为，不管是布哈林社会主义建设思想中被证明对社会主义建设有益的观点，还是他对社会主义的不清醒认识及盲目乐观、激进追求社会主义建设速胜的急躁、片面或错误的观点，都给后来的社会主义建设以诸多启示和警醒。特别是布哈林对社会主义的正确认识和社会主义建设理论中的那些有价值的观点和合理因素，那些被后人称道、吸收借鉴的"新东西"，已经或正在被多个社会主义国家付诸实践，具有很高的当代价值。

处在 21 世纪的今天，回顾近 100 年前布哈林的众多论著，可以发现，其中存在着大量与我们目前正在思考和进行的社会主义建设问题相关的东西，其中既有经过实践检验的真知灼见，也有囿于时代条件局限而产生的荒谬言行。如何以历史的、辩证的眼光客观审视布哈林的社会主义建设思想，对其做出实事求是的评析，为中国特色社会主义建设伟大事业提供镜鉴作用，是一个严肃的问题。一方面，布哈林社会主义建设思想以其独特的理论贡献，为中国特色社会主义建设提供了很多理论和实践启示；另一方面，我们在分析思考布哈林社会主义建设思想中存在的局限性及错误时，可以发掘出这些局限性及错误出现的原因。本书写作的目的正是以史为鉴，从中汲取对中国特色社会主义建设有益的元素，避免其中的偏差和错误，尽可能理性而智慧地缩短现实社会主义与理想社会主义之间的距离。

一　布哈林社会主义建设思想的理论贡献

"判断历史的功绩，不是根据历史活动家没有提供现代所要求的东西，而是根据他们比前辈提供了新的东西。"① 布哈林的可贵之处就在于，他勇于立足现实进行思想调整，结合实践的变化不断发展创新理论，既不回避退缩，也不粉饰现状；他并不固守马克思、恩格斯的个别结论，而是勇敢地接受实践的裁决，提出了很多马克思、恩格斯和列宁没有提出来的，关于社会主义和社会主义建设的"新东西"。布哈林社会主义建设思想的理论贡献就在于：他对什么是社会主义提出了自己的新认识，在思考如何进行社会主义建设的过程中提出了自己的"新东西"。

（一）布哈林对社会主义和社会主义建设的正确认识

1. 布哈林对社会主义的正确认识

在实行军事共产主义建设社会主义的幻想破灭后，苏俄于1921年开始推行列宁倡导的新经济政策。在历经了艰难痛苦的反思后，布哈林抛弃了以往对马克思主义理论的片面、僵化和错误理解，告别激进的狂热与盲目的乐观，从落后的国情出发，逐渐对社会主义有了相对清醒和客观的认识。他接受了列宁提出的新经济政策思想，主张社会主义建设建立在适应和支持小农经济发展的基础上，允许农民自由贸易，发展商业；允许资本主义经济的存在和一定程度的发展，并对它们实行国家调节，即实行国家资本主义。

布哈林清醒地指出，由于基础落后，在苏俄，巩固、建设和发展社会主义面临巨大困难，是"一件非常复杂的事情"，它需要依靠共产党领导下的无产阶级专政，依靠先进的科学技术力量，把社会生产作为满足群众需要的手段才能建成。他强调，苏俄社会主义的主要特点就是，它将在一个农民国家内建设起来，因此，吸引农民参加社会主义建设事业极为重要，苏俄只有在和仅仅在工农联盟的条件下才能走向社会主义、只有在和仅仅在实现工人阶级在这个联盟中的领导的条件下才能走

---

① 《列宁全集》第2卷，人民出版社1984年版，第154页。

向胜利……

尤其可贵的是，布哈林提出"普遍贫困和贫穷的平等"不是社会主义，社会主义建设就是"向贫穷和困苦开战"，增加社会和群众的物质财富，提高工农群众的福利和素质，减少各种矛盾达到社会平衡；社会主义的任务是"最大限度地发展生产力，满足广大群众的需要，不懈地努力扩大生产"，"社会主义应以满足群众日益增长的需求为目的"。这体现了他从社会发展目的的角度，对什么是社会主义提出了"目中有人"的正确认识。

2. 布哈林对社会主义建设的正确认识

按照当时流行的传统社会主义观点，社会主义是个没有阶级的社会，布哈林从实际出发，较早地提出了社会主义社会仍存在着阶级区别，还提出了"社会主义初级阶段"的概念。1922 年，布哈林在《资产阶级革命和无产阶级革命》一文中指出："在发达的社会主义和资本主义之间是无产阶级统治。无产阶级是统治阶级，也是生产上的指挥者。这种社会主义初级阶段的特点是还存在阶级的等级制，但它不具有通常的性质：居于上层地位的是无产阶级，关于这个阶级当然不能说是靠剥削为生的……"①

从当时"漂浮在没颈的贫困与文盲的海洋之上"的社会现实出发，布哈林认真分析苏俄社会的经济生产和居民生活状况，在政治、经济、社会、文化、意识形态等众多领域努力探索一条适合苏俄国情、民众乐于接受、具有"民族面貌"的社会主义建设之路，发展了列宁提出的落后国家建设社会主义理论。其要点包括：

社会主义建设本身就是行动中的科学；执政党的任务就是要使国家的财富增加到空前的高度，增加全体人民、全体劳动者的财富；党员干部应成为最优技术、最优耕作方式、最优劳动组织方法的传播者，充当一切经济改进措施的承担者；全体干部每小时、每分钟、每秒钟都应考虑劳动群众的需要和要求，考虑如何正确地满足这些需求，包括当前的需求和长远的需求，主要的需求和具有决定意义的需求，党员干部正确

---

① ［苏］尼·布哈林：《进攻（文集）》，莫斯科 1924 年版，第 197 页。参见郑异凡《布哈林论》，中央编译出版社 2006 年版，第 185 页。

地满足了群众的合理需求，其实就是更快地、更顺利地和尽可能平稳地沿着社会主义建设的道路前进……

概而言之，工农问题是布哈林思考社会主义建设问题的焦点，巩固发展工农联盟和实现社会主义工业化是布哈林社会主义建设思想的"轴心"。他视工业化的实现为苏联建设的"法律"，是"全部经济政策的轴心"，认为在农民占人口很大比例的苏联进行社会主义建设，必须认识到农民问题是社会主义建设的"基本问题"，必须在取得政权的无产阶级领导下，以最小心谨慎的态度，通过工农联盟的巩固和发展，处理好工农关系这一社会主义建设中最重要的"基本问题"。由于清醒地认识到苏联在发展的长时期内将是一种落后的社会主义，围绕上述"轴心"和"基本问题"，布哈林提出，无产阶级在夺取政权后，在工农联盟的基础上进行的社会主义建设是一种无产阶级领导下的和平组织工作，应运用改良主义的方法和科学手段，以利益吸引群众参与社会主义建设，通过合作社、通过市场等途径满足群众的多样需求，解决吸引农民参加社会主义建设事业这一根本问题。

值得称赞的是，在探索社会主义建设的征程上，布哈林把大力促进生产力的顺畅发展、尽量以和平组织的方式理顺生产关系、多方并举推进民主法制发展，在动态平衡中实现国家强盛富足与社会良性发展，提高群众科学文化素质与满足群众日益增长的需要，消除阶级差别与城乡差别等社会不平等现象，统筹纳入衡量社会主义及其建设成效的重要指标，这反映出他在追逐崇高理想的过程中倾注了对"最大多数人民群众利益"的关注，体现了以人为本的思想。

强调从本国具体国情出发进行社会主义建设，是布哈林对社会主义建设的重要贡献。他提出，不同国家通向社会主义的道路是不同的，没有也不可能有一个各国普遍适用的模式。他富有独创性地提出，苏联的社会主义建设是一种"落后型的社会主义"模式，这为落后国家建立从本国国情出发，建立适合本国特点的社会主义提供了最早的理论论据，是布哈林对社会主义理论做出的一大贡献，他提出的这种具有"亚细亚的形式"，属于"进化发展的类型"的社会主义建设模式，在一定程度上保持了落后国家社会主义建设中科学与价值、理想与现实之间适度的张力，维系了政治、经济、文化等领域诸多关系的"平衡"。

历史证明，这些观点都是布哈林对当时苏联社会主义和社会主义建设的创造性认识，是坚持科学社会主义基本原理的、顺应历史发展趋势的正确观点。

（二）布哈林社会主义政治建设思想的闪光点

1. 执政党必须以发展创新的马克思主义理论指导社会主义建设实践

党只有团结在一定的思想政治的轴心周围，才能把事业进行到底。马克思列宁主义就是"思想政治的轴心"。社会主义建设，需要注重社会主义意识形态建设，坚持和发展马克思列宁主义在意识形态领域的指导地位，执政的共产党必须以发展创新的马克思主义理论指导社会主义实践。布哈林强调，作为指导思想的马克思列宁主义不可能永远是现成的处方，共产党领导人民建设社会主义必须以适应新时代特征的、创新发展了的马克思列宁主义作为社会主义建设实践的指导思想。由于生活是永远的运动，不断地产生新的形式、创造新的形势和关系，从实际出发，执政党要领导马克思主义者并和他们一起遵循马克思列宁主义的唯物主义辩证法精神，撕下任何原理、教条等的偶像化外壳，根据时间和条件的变化，认真总结社会主义建设的实践经验，及时察觉分析新时期刚出现的新事物、探寻新事变的运动特征及特殊情况，并给出科学合理的理论回应，从而以最新的、独创性的经验总结推进马克思列宁主义的发展，实现马克思主义理论的逻辑的和历史的完善和发展，以与时俱进的理论指导生动活泼的实践。

执政党必须教育群众、引导群众树立社会主义和共产主义的理想信念，才能建成社会主义。这闪烁着智慧光芒的观点是布哈林用诗一样的语言指出的："人是靠信念而得救的，这种信念就是：事物是向前发展的。……就象一条小河向出口流去一样。……这条小河要经过最难通过的地方，但它还是向前流去。……人民也是不断成长的，并且在成长的过程中壮大起来，最终建立一个新社会。"群众是创造历史的英雄，正在从事社会主义建设的广大人民群众只有以马克思列宁主义作为自己的指导思想，树立共产主义和社会主义的理想信念，才能建成社会主义。

2. 相对和平时期应充分发挥无产阶级专政的经济杠杆和组织管理职能

无产阶级专政实际上是群众本身的巨大组织，是劳动群众意志的体现，因此，它具有历史合理性。从无产阶级专政的历史合理性出发，布哈林提出，无产阶级专政在不同的历史时期担负不同的职能，正确发挥职能必须正确认识当时历史时期的主要任务。在相对和平时期，必须结束军事无产阶级专政状态，使无产阶级专政常态化、民主化，充分发挥无产阶级专政的经济杠杆和组织管理职能，以发展社会生产力，提高人民生活水平，满足人民日益增加的需求。他指出，随着苏维埃政权的日益巩固，无产阶级专政正日益成为社会经济改造和组织管理的工具，成为保障社会主义建设的巨大的"经济杠杆"。由于无产阶级掌握着国家的政治和经济命脉，出于发展生产力和实现民富国强的需要，苏维埃必须发挥经济变革的杠杆作用，转变工作的重心，由前几年直接地、机械地镇压剥削者和那些敌视工人阶级的社会集团残余，转到"对社会进行经济改造的事业，转到进行和平的组织工作，转到对私人企业进行经济改造的事业，转到进行和平的组织工作，转到同私人企业进行经济斗争，转到建立各种社会主义的经济形式（国营企业，合作社等）的事业"。布哈林坚持列宁提出的"无产阶级专政的任务就是使得甚至每一个厨妇都学会管理国家"的观点，倡导苏维埃国家开展好组织和管理工作，吸引广大劳动居民阶层参与国家事务的管理，吸收受过教育的优秀分子去充实无产阶级专政的国家机关，提高国家机关的工作水平。

3. 依凭法制建设加速苏维埃制度"正规化"进程

在和平建设时期，当经济活动处于首位的时候，必须废除战争年代的行政专断，加强经济、政治、文化等领域的法制建设，依凭法制建设加速苏维埃制度"正规化"进程。布哈林指出，应当永远懂得，上边的行政干涉在下边就表现为严重的经济灾难，对经济生活过程的一切朝令夕改、随心所欲、心血来潮、毫无预见的干涉，都可能给社会发展造成非常不幸的后果。社会主义建设事业的顺利开展需要苏维埃制度加速实现"正规化"，应当以民主法制取代行政专断的一切残余，实行以立法方面的决定为根据的管理，确立一套稳定的、人们事先知道的、务必严格和无条件执行的法律，以正确地安排全部管理事务，坚决地以"制度"取代"专横"，依凭法制来取代和消灭单凭行政命令和强制手段管理经济社会的做法，杜绝滥用国家权力、践踏民主、为所欲为的随意做法。布哈林倡导通过法治进行社会管理的理念是非常可贵的，对我们现在全面依法治国依然具有重要的启迪作用。

4. "无产阶级专政的对立物"必须消除

在过渡时期，无产阶级专政是人民当家作主的政治前提。庞大的官僚机构、庞杂的行政管理费用、各种官僚主义和蜕化变质现象都是"无产阶级专政的对立物"。为顺利推进苏联的社会主义政治建设，必须尽快采取有效措施，改革庞大的官僚机构，缩减过分庞杂的行政管理费用，普遍提高工人和农民群众的文化水平，吸收群众参加苏维埃组织，消除官僚主义和蜕化变质现象。布哈林提出，要消除"无产阶级专政的对立物"，必须反对特权，必须在组织上维护全党的团结，反对地方性的本位主义，"大胆地、坚决地"实行党内民主、工会民主和无产阶级民主；必须在文化上提高工作人员的科学文化水平，把机关改造成为办事能力强、工作效率高、能吸引群众的机关，通过普及教育防止工人阶级的蜕化，培养符合社会主义建设需要的"新管理人"，用舆论的刀子切除官僚主义的赘瘤。

值得重视的是，布哈林提出通过提高群众综合素质、提升群众参政指数和能力的方法，消除"无产阶级专政的对立物"。苏维埃国家的建立，使广大群众在政治上成为国家的主人，但他们的落后文化水平却严重制约着他们行使自己的各项权利，无力为消除官僚主义和蜕化变质现象发挥相应的作用。广大民众要真正行使自己的政治自由和民主权利，必须摒弃旧有的封闭意识、陈腐观念和封建思想，突破狭窄眼界和狭小空间，积极而自觉地参加各级苏维埃政府和社会组织，不断加强学习锻炼，提高科学文化水平，提升自己的参政指数，培养自己的参政能力，积极发出普通民众的声音，积极发挥监督作用，在维护广大群众自己利益的同时，为消除"无产阶级专政的对立物"发挥应有的作用。

5. 在农民国家中建设社会主义必须重视三农问题

从农民人口占绝大多数的现实出发，布哈林提出社会主义建设必须重视农业、农民、农村问题。在列宁有关工农联盟、工农业结合的思想基础上，他结合苏俄落后的国情特点，指出苏联社会主义建设的最基本的问题就是工农联盟问题，指出劳动群众必须在无产阶级的领导下建设社会主义。他详细论证了农村、农民和农业的重要性，论证了工农联盟的政治意义和经济意义以及应采取的建设社会主义的战略举措：用合作社而不是集体农庄改造农业，工农业必须协调平衡发展，要尽快改变农村落后面貌，缩小城乡差别。这些思想对于那些农民人口占优势的社会主义国家，如何正确处理工人和农民、工业和农业的相互关系提供了系统而具体的参考意见。

农民问题是布哈林关注的"焦点"，工农联盟是布哈林强调的"轴心"。他把农民问题视为社会主义建设的基本问题，把巩固和发展工农联盟视为社会主义建设思想的"轴心"，主张在落后的农村引入城市先进的生产生活方式，改变农村积贫积弱的落后面貌。他多次强调，在取得政权的无产阶级领导下，在农民占人口很大比例的落后国家进行社会主义建设，最基本的问题、中心问题、"所有问题中的核心问题"就是工农联盟问题，工农联盟是所有这些本身极重大的问题所围绕的轴心，应以最小心谨慎的态度处理好工农关系这一最重要的"基本问题"。即在无产阶级领导下进行和平组织工作，运用改良主义的方法与"和平长入社会主义的方式"，以利益吸引群众参与社会主义建设，通过合作社、通过市场等途径满足群众的多样需求，解决吸引农民参加社会主义建设事业这一根本问题，从而增加群众的物质财富，提升群众的综合素质，提高农业的生产水平，改善农村的落后面貌，增加群众的物质财富和福利保障。

布哈林从政治的高度重视农民问题，关心维护农民的经济和政治利益，认为农民合作社是布尔什维克党在农村地区进行社会主义改造和阶级斗争的有力武器。他清醒地提出：作为革命主力军的人民群众，也应该成为苏联社会主义建设的主力军。无产阶级只有同农民群众打成一片，领导、吸引和动员占人口绝大多数的农民参加社会主义建设事业，社会主义建设才有可靠的保证。为此，他强调要巩固和发展工农联盟，用利益吸引农民参加合作社。他坚决反对以"剪刀差"的方式剥夺农民，批驳把农民农村看作工业殖民地的错误观点；鼓励农民发展生产、消除贫穷、加快积累、发财致富；要求提高农民科学文化技术水平，吸收农民中的先进分子参加苏维埃国家机关；号召无产阶级正确处理工农关系，消除工农利益上的矛盾，通过在农村推广和落实新经济政策引导农民走上社会主义道路。具体途径是：改造和发展农民经济，加速农村市场流通，扩大农民市场容量，推广应用农业技术，提高农业生产力，稳定农产品价格，扩大和满足农民需求，改善农村落后面貌，消灭城乡和工农差别；通过使农民感到简便易行和容易接受、符合农民利益和需求的方法，遵循自愿和民主的原则，组织农民加入合作社，通过合作社把广大农民改造成社会主义"新人"，通过组织合作社把农民经济同无产阶级的国营经济结合起来，使农民经济变成一种新的、高级的形式，即更加大型的、更加文明的和沿着社会主义道路发展的形式，发展成为有组织的社会主义经济的单一链条中的环节，最终"长入社会主义"；他提出加强农村建设，在农村实行工业化，把城市文明和生活方式普及到农村，以科学文明提高农业生产经营的效率和效益，在农村中直接修建遍及全国的高科技工业生产单位，使农民在这些现代工业中的就业比重不断提高，使这些企业成为在全国农民中传播文化和文明、提高政治觉悟的苗圃和基地，培育出建设社会主义农村的新人，逐步把贫穷落后的农村改造成文明富裕的社会主义新农村。

（三）布哈林社会主义经济建设思想的闪光点

布哈林主要因其开创性的社会主义经济建设思想为社会主义政治经济学奠定了理论基础而受到广泛关注和高度赞赏。"布哈林对帝国主义、帝国主义的特征、世界经济、资本主义体系等问题做了较为深刻的研究。这些研究尽管有着某些失误，但仍不失为马克思主义经济思想史上的宝贵的理论遗产。"[①] "面对战时共产主义的现实，布哈林能对社会主义建设中经济管理的形式和管理经济的必要性做出以上这些论述，确是难能可贵的。尽管他的论述大多从逻辑的推论中得出来的，难免掺杂一些主观的臆测，但其中的许多论述仍然是相当出色的，许多构想至今仍能给人以启迪。"[②] "1926年以后，在苏联社会主义工业化时期，随着社会主义经济建设的发展，理论界尽管还不认可社会主义政治经济学理论的存在，但对如何建立和发展社会主义经济的具体问题，做了许多很有意义的探讨。在这些探讨中最有影响的马克思主义理论家显然是布哈林。当时，布哈林尽管还不承认社会主义条件下存在政治经济学这门科学，但他并没有因此而放弃对社会主义经济建设中提出的一些重大理

[①] 顾海良、张雷声：《20世纪国外马克思主义经济思想史》，经济科学出版社2006年版，第99页。

[②] 同上书，第174页。

论问题的探讨，他所提出的经济理论观点与苏维埃经济实践的发展一直密切地联系在一起。"① 布哈林对社会主义经济建设理论的积极探讨，为社会主义政治经济学的建立奠定了重要的理论基础。具体而言，布哈林的社会主义经济建设思想中的主要闪光点如下。

1. 发展社会生产力是社会主义建设的根本途径

生产力是社会发展的动力，是最终决定社会发展的关键因素，社会主义建设应重视发展生产力，把发展生产力作为社会主义建设的根本途径。布哈林认为，从外部自然界汲取物质能量是人类社会存在和发展的必不可少的条件。人类社会从自然界汲取并吸收的能量愈多，就愈能适应自然界，只有在这方面数量有所增长，社会才能发展。因此，社会的发展取决于生产力发展水平，取决于社会劳动生产率，即生产的产品数量和耗费的劳动数量之间的比例。要完成社会主义建设任务，应该制定和执行利用一切经济力量来提高国家生产力、提高生产效率的经济政策，把生产发展到能够满足所有人的需要的规模，结束靠牺牲一些人的利益来满足另一些人的需要的情况，从而消灭落后、贫困、饥荒、肮脏、愚昧、野蛮和因循守旧，使国家和人民的财富增加到空前的高度，实现阶级和社会的平衡，真正使苏联过渡到民富国强、文明平衡的社会主义新社会，展示出社会主义的制度优越性。

布哈林提出，在落后的经济基础上发展社会生产力，应该利用商品货币关系和市场原则，促使国营经济、农民经济、资产阶级经济等各种经济力量、各种经济成分相互繁荣，良性互动，使各种生产要素发挥出积极作用。他提倡经济建设应执行"少一点压制，多一点周转自由，少一点行政影响，多一点经济斗争，更多地发展经济周转"的政策，使生产力有最充分的发展余地，以最大限度地增加产品的数量，把社会主义经济建设成以满足群众需求为准则的经济类型。

2. 群众的需要和利益是社会主义建设的动力

从社会主义生产方式的本质出发，应把满足广大人民群众日益增长的需要作为无产阶级统治条件下的生产目的。布哈林强调，社会主义与

---

① 顾海良、张雷声：《20世纪国外马克思主义经济思想史》，经济科学出版社2006年版，第248—249页。

人民群众相辅相成。一方面，社会主义以满足群众需求为目的；另一方面，人民群众的利益和需求为社会主义建设提供动力。社会主义经济是为消费而生产，群众需求的发展是社会生产的巨大推动力，满足群众需求是社会主义经济的特征之一。遵循社会主义生产方式的本质，社会主义生产本身不过是手段，它要为有计划地满足社会需要的目的服务。社会主义制度的建立把从前以利润为准则的经济类型转到了以满足群众需求为准则的经济类型，把有计划地满足社会需要的增长作为社会主义建设的动力，把满足群众需求当作自己的任务，从而以群众需求的增长推动着社会前进，这就为更多的人提供了发展的可能性，这也是社会主义制度的优越性所在。

通过对比战时共产主义政策和新经济政策实施后的不同结果，布哈林指出，充分关注人民群众的个人利益也是社会主义建设的动力，政府应制定优惠的政策和措施不断改善农民的生活和生产条件。他提出，从现实出发，社会主义建设应注意个人的正当利益，注重发挥私人的个人利益刺激因素和个人的首创精神的巨大作用，让无产者以利益为出发点去促进整个生产的高涨。

3. 围绕和平组织工作选择经济领导和管理的方法

经济建设的过程就是经济管理的过程。遵循技术合理性的规律，经济管理的方法和形式必须根据具体的条件，因时而变、相时而动。一个阶级的统治不会只有一种管理形式，经济管理的方法和形式不是一成不变的，必须根据不同的条件采用不同的方法和形式。在一定的所有制关系和国家政权的一定阶级性质业已确定的情况下，"管理的方法和形式是由技术合理性的标准所决定的，并且不同的形式具有相同的阶级内容"①。布哈林指出，在社会主义经济建设时期，应围绕国家工作的重心——和平组织工作，选择审慎迂回的方法、改良主义的方法、文明管理的方法、以法制保障经济发展的方法、灵活机动的方法进行经济建设和管理。

和平组织时期，无产阶级对经济管理采用的审慎迂回方法，是利用城乡资本主义经济提供的税收为社会主义经济服务。与战时共产主义时

---

① [苏] 尼·布哈林：《过渡时期经济学》，人民出版社1976年版，第97页。

期对非社会主义经济成分采取的"暴力镇压的流血斗争""吞噬""消灭""拆屋顶""打掉门牙的形式"和简单的行政强迫、压制措施相比，改良主义的方法是为缓慢地改造非社会主义经济而采取的一种和平的组织方法。文明的管理方法是指工作人员提高技术素养、技术知识和技术经验，把科学技术思想同物质生产紧密连接，努力进行技术改良和寻求降低成本的各种方法，运用科技的力量增加生产，提高劳动生产率，以科学管理方法肃清经济管理中的混乱、烦琐等现象，通过文明的力量把经济建设推进到一个良性发展的轨道。以法制保障经济发展的方法是建立一套稳定的、人们事先知道的、务必严格和无条件执行的法律，实行以法律为根据的管理，城乡资产阶级必须在法律范围内开展经济活动，依法缴纳税收。灵活机动的方法是改变过分中央集权的经济管理状态，实行适当的权力分散，尽量减少过分集中化，以激发地方的、基层合作社的以及其他的各种各样的主动性。

布哈林把经济管理的方法和形式同国家政权的性质区分开来，这样的观点在今天仍具有重要的现实意义。把经济管理的方法和形式同国家政权的性质区分开，可以帮助我们在中国特色社会主义建设中探索试行不同的管理形式和治理方法，借鉴吸收国外先进的经济管理方法和治理形式，使经济管理更好地服务于提升社会主义经济效益，更好地满足广大人民群众的需要。

4. 计划和市场都是经济发展的调节手段

实现国民经济的按比例平衡发展，规避当时出现的"短缺经济"现象，必须通过市场和计划两种调节手段，既充分发挥计划的宏观调控功能，又努力发挥市场关系的积极作用，通过市场常态化走向计划经济。在当时"计划经济等于社会主义，市场经济等于资本主义"的认识盛行的时候，布哈林非常可贵地指出，要通过市场关系走向社会主义，问题根本就不在于什么东西"一般说来"要好一些，是"计划"还是"无政府状态"，是社会主义还是商品经济。

布哈林认为，市场关系是商品生产的另一面，在某种程度上，市场关系的存在是新经济政策的决定性因素，是确定新经济政策实质的最重要标准。作为农民国度的苏联，在当时的条件下，发展社会主义经济，发展商品生产，最重要的就是建立市场关系，发挥市场的积极作用。但是，不能忽视市场经济本身具有的盲目性和自发性，要对它加以调节，而调节的限度和深度必须由苏维埃国家根据发展需求进行确定。同时，为保证经济的"无危机"高速发展，必须充分肯定计划的作用，要求制订国民经济计划，发挥计划的宏观调控功能。布哈林强调，在过渡时期的社会统一体内，存在多种经济成分，制订国民经济计划的目的就是要把国民经济的各种基本成分尽可能正确地结合起来，消灭比例不协调现象，使经济发展保持动态平衡。可贵的是，布哈林清醒地指出，计划的作用巨大，但不是万能的、绝对的，也不可能是"理想的""完备的"，不能迷信计划的作用。他提出，如果说任何好的计划都不是万能的，那么坏的计划和所有坏的经济调节则会把好事也都办糟。他援引列宁的话说，关于计划，最大的危险就是把国家经济计划问题官僚主义化，完整的、无所不包的、真正的计划等于官僚主义的空想，不要追求这种空想。

布哈林对过渡时期计划和市场关系的认识和理论是社会主义政治经济学中的一个重大进展，是确立社会主义市场经济理论的一个重要理论依据。布哈林指出，在过渡时期，社会主义经济建设需要市场机制，需要培育市场，但是并不存在不受调节的纯粹的自由市场。在无产阶级专政的条件下，简单的商品生产者不是资本家，虽然在市场流通的条件下资本主义因素会有所发展，但不会形成资本主义把控的市场。有了这两种认识，不必因为运用市场机制而担心市场失控、不必因为资本主义因素的某种发展而惊慌失措。对此，布哈林有一段精彩的论述："我首先必须说明，'我国的资本主义市场'一语，即使我没有说坚强的国家调节，也是一种绝对毫无意义的东西，按照马克思的学说，市场是生产关系的反映。比如说，即使在'自由市场'的基础上，也就是在中、贫农和社会主义国家工业之间不受国家调节的市场关系基础上有一种自由市场关系，那么这种市场也不会是资本主义市场，因为国营工厂是'彻底的社会主义类型'的企业，而简单的商品生产者也决不是资本家，另一方面，说由于市场的缘故，资本主义会生长（局部地），这是对的；但是要把这种类型的市场叫做资本主义市场，那需要有非常大胆的想象力，或者不懂得市场关系实质上是生产关系的反映。其次，不言而喻，在我们的条件下谈论'自由市场关系'，这等于说'干的水'一样。请说一说！甚至在垄断资本主义下也不存在自由市场，因为存在生产的高度集中化，而在我们这里，我们的生产更加集中，工厂更加集中，可能有'自由市场'吗？要存在自由市场，需要有'一点小东西'才行：需要取消土地国有化，需要取消工厂国有化，需要取消无产阶级专政——不多不少！这种'解释'，客气点说，是对什么叫做'自由市场'作某种粗浅的理解。"①

5. 社会主义经济必须遵循劳动消耗规律，实现按比例有计划地平衡发展

社会主义经济必须遵循劳动消耗规律，实现按比例有计划地平衡发展，这是布哈林劳动消耗规律的基本思想，也是他在20世纪20年代下半期主张国民经济按一定比例实现平衡发展的指导思想。布哈林把国民经济"动态平衡规律"看作是理论经济学的基本问题，认为社会主义社会应该是平衡的社会，而阶级之间的平衡是以经济利害关系为基础的。他把国民经济看作一个整体，强调国民经济各部门之间必须保持适当的比例，在平衡发展的情况下，整个国民经济才能稳步增长；他论证了工农业协调发展的必要性和具体应采取的措施，提出了工业化应追求长期、协调、稳定的高速度发展，制订工业发展计划要处理好基本建设投资与后备的关系等重要思想。布哈林提出应以"动态平衡规律"分析社会和经济，为实现协调可持续的经济发展模式奠定了方法论基础，也为当今的经济不发达国家选择经济关系的调整和经济发展的战略提供了有益启示。

6. 过渡时期生产资料的"国有化"不等于"社会化"

布哈林认为，生产资料的"社会化"和"国有化"是有区别的，过渡时期生产资料的"国有化"不等于"社会化"。"社会化"指的是把生产资料转入社会之手。在过渡时期，这一时期的经济主体不是全社会，而是有组织的工人阶级，也就是说，生产资料归无产阶级国家所有，还不是归全社会所有，只有无产阶级专政消亡后，无产阶级同全体社会工作者之间没有差别，生产资料的"社会化"才得以实现。因此，生产资料的"国有化"不等于生产资料的"社会化"。

---

① ［苏］尼·布哈林：《社会主义的理论和实践问题》，莫斯科1989年版，第293页。

社会主义建设的实践表明，把社会化同国有化区别开来无疑具有重大的理论意义和实践意义。布哈林要求从"最坚决的社会化"退回来，探寻"社会化"一词所表达的深层次的意义，无疑是个巨大的进步。

7. 利用资本主义发展社会主义

遵循列宁提出的利用资本主义发展社会主义的观点，布哈林重视利用资本主义的先进生产力、先进的科学技术和管理经验为社会主义建设事业服务。社会主义与资本主义进入相对稳定的并存时期后，随着经济建设的展开，苏维埃俄国面临的现实问题越来越具体了。在战争条件下军事力量决定胜负，在和平条件下经济发展成为决定性因素。为了在竞赛中取胜，光讲社会主义必然胜利的历史发展规律是不够的，必须紧紧抓住经济建设这一中心，创造出更高的生产力，生产出更多的财富，满足人民群众的需求。布哈林因此强调，苏联的社会主义建设要积极利用和大力推广资本主义的先进生产力、先进的科学技术和管理经验，在苏联城乡实施新经济政策，恢复商品的贸易和市场的流通，通过改良主义的办法实现经济的动态平衡发展，不断壮大社会主义经济。

(四) 布哈林社会主义文化建设思想的闪光点

整体而言，布哈林以系统论的视角，把苏联社会看作一个生物有机体，把文化建设视为促进和保障整个生物有机体健康发展的关键因素。他充分论证了社会主义文化建设作为苏联"党和苏维埃工作的中心问题"的必要性、紧迫性和重要性，提出一系列大力开展社会主义文化建设的新思想新观点。他把苏联国民的文化成熟看作是与社会主义建设事业的成败、社会主义民主法制的推进和广大人民群众的全面发展密切相关的重要任务。他希望通过文化建设创造民主政治的必要前提，通过提高人民群众的科学文化水平来循序渐进地发展民主法制，为人民群众创造完善自身、全面发展的条件。

由于社会主义制度的建立，提供了比资本主义民主更文明高级的社会主义民主，苏联无产阶级掌握了国内教育机构、文学艺术、新闻舆论工具等传播文化知识的手段，为广大人民群众积极而有觉悟地参与国家事务和公共生活提供了可能和保证，但是，若要把这种可能变为现实，人民群众必须具备一定的文化水平。布哈林认为文化已经成为直接触及人民群众和国家之间联系的纽带，苏维埃政权和社会之间的鸿沟需要文化的发展去填补,社会主义民主的发展和实现需要亿万有文化素养的群众积极参与和自觉推进。布哈林把文化建设视为通向人民群众和国家、社会和政党之间密切联系的桥梁,视为实现人民群众当家作主和全面发展的通途,具有深刻的理论价值和实践价值。

(五)布哈林社会主义社会建设思想的闪光点

在继承列宁社会主义建设思想的基础上,布哈林提供了闪烁着"实事求是"和"以人为本"光彩的"新的东西":在列宁认为苏俄由于其落后而只能间接过渡思想的基础上,布哈林明确提出并论证了"建设社会主义的落后形式的理论"。这一理论论证了落后国家建设社会主义的落后形式的历史必然性,指出了这一模式的基本经济特征是公有制和私有制并存,计划管理和市场调节结合,其发展的特点是过渡时期较长,发展速度较慢,农民问题是必须注意解决的中心问题……从而指出了落后国家建设社会主义的初始阶段所应采取的经济组织形式和所应关注和解决的问题。在列宁主张用经济斗争为主进行阶级斗争的思想基础上,布哈林在马克思主义发展史上首次提出并论证了在无产阶级专政条件下社会"和平长入社会主义"的理论,论证了过渡时期阶级斗争发展的总趋势是逐渐缓和以至静息的理论,为落后国家在建设社会主义的过程中,正确处理阶级斗争和经济建设的关系,提供了正确的理论指导和理论依据。

(六)新经济政策时期布哈林对资本主义的正确认识

1918—1919年的战时共产主义时期,布哈林曾经认为,资本主义已经耗尽它的潜力,已经不可能进一步发展了,这种思想一直持续到1922年。他在1922年的《资产阶级革命和无产阶级革命》中写道:帝国主义战争表明,"在资本主义基础上世界经济不可能进一步发展了"。[①]但是,难能可贵的是,在新经济政策实施后,布哈林注意观察资本主义的发展变化,大量搜集和研究资本主义发展的最新资料,从而得出了对资本主义的相对比较正确的认识:既承认资本主义生产力继续发展的客观现实,又坚信资本主义被社会主义取代的光明前景。

1928年,布哈林把1917年以来的资本主义划分为三个时期:第一

---

① 《布哈林文选》上册,人民出版社1981年版,第38页。

时期（1917—1923年）是尖锐的革命危机时期，这一时期强大的革命浪潮席卷了整个欧洲。第二个时期从1924年开始，是资本进攻的时期，也是资本主义生产力恢复的时期。资本主义依靠自己政治上的胜利，达到某种经济上的稳定。大体上从1927年开始进入了所谓第三时期，即资本主义改造时期。这种改造在质和量上都超过战前的范围。这就是说，资本主义进入了发展的新时期。究其原因，布哈林指出："资本主义生产力的发展，一方面是由于相当巨大的技术进步，另一方面是由于资本主义经济联系的普遍改组。"① 他列举了意味着劳动生产率增长的资本主义先进技术发展在各部门的表现，还指出了帝国主义国家中国家资本主义趋势的发展，认为资产阶级经济组织同国家机关日益密切地结合在一起，大大加强了国家对经济生活的干预，无疑也促进了资本主义经济的发展。他强调，社会主义苏联不能无视资本主义生产关系中的这个新趋势。1929年1月，在《列宁和科学在社会主义建设中的任务》中，布哈林指出资本主义经济在继续发展的事实："总之，毫无疑问，各'先进'资本主义国家已经沿着发展生产力的道路大踏步前进了；毫无疑问，在技术方面……在利用改良主义方面，资本取得了巨大的成就……同样毫无疑问的是，科学在资本主义经济的生产力增长过程中现在发挥着它空前未有过的作用。"②

　　历史证明，布哈林对资本主义的认识在总体上是符合实际的。由于科技的作用，资本主义表现出一定的自我调节能力，在经济上具有继续发展的可能性。布哈林同时辩证地指出，尽管先进的科学技术延续了资本主义的生存时间，但是，资本主义终将被社会主义取代。资本主义社会是一个矛盾的统一体，资本主义社会的运动过程就是资本主义矛盾的不断再生产过程，扩大再生产过程就是这些矛盾的扩大再生产过程，这些矛盾终究有一天会把全部资本主义制度整个炸为齑粉。他坚定地指出："资本主义的全线崩溃必将到来，这不是因为资本主义在其各部门中将变得越来越软弱，而是因为资本主义与自身相联系的和由其整个发展进程所产生的内部和外部的巨大矛盾，将导致越来越强烈的冲突。而

---

① 《布哈林文选》下册，人民出版社1981年版，第368页。
② 《布哈林文选》中册，人民出版社1981年版，第331—332页。

在这些对抗力量冲突时,资本主义社会形态将被炸毁并灭亡。"①

布哈林既承认资本主义生产力发展的可能性和现实,又坚信资本主义必然灭亡、资本主义必然被社会主义取代的社会发展前景,这一正确观点对于我们今天考察当代资本主义仍具有重要的现实意义。

二 布哈林社会主义建设思想的认识局限性及其原因分析

(一)布哈林社会主义建设思想的认识局限性

由于苏维埃俄国是世界上第一个社会主义国家,在怎样建设社会主义的问题上,没有任何经验可资借鉴。在此情况下,科学社会主义理论奠基人马克思与恩格斯关于未来社会主义社会的设想,自然就成为布哈林社会主义建设思想的蓝本和依据。1922年底,列宁在称赞"布哈林不仅是党的最宝贵的和最大的理论家,他也理所当然被认为是全党喜欢的人物"的同时,指出布哈林的缺点是"没有完全理解辩证法"。列宁关于布哈林的这一评价,在某种程度上契合了布哈林社会主义建设思想中的空想、片面和激进特征。客观地说,布哈林在对社会主义建设做出历史贡献的同时,也存在很多空想、片面、偏激、矛盾和错误之处,他在当时特定历史条件下提出的某些正确主张并不具有普适性,有些认识还有待于进一步深化。

1. 某些认识有失偏颇,甚至是错误的

战时共产主义时期,由于思想激进,布哈林做出了很多非常偏颇,甚至是错误的论断。正如布哈林在自传中所指出的,在他政治生活的最主要阶段中,在布列斯特时期领导了左派共产主义者,犯了极大的政治错误——反对签订《布列斯特—立托夫斯克和约》,看不到当时情势的错综复杂,不理解列宁提出的"牺牲空间以赢得时间"的战略。战时共产主义时期,他过分夸大强制在社会主义建设中的作用,提出从更广的角度来讲,即从大的历史范围的角度来看,包括枪毙在内的各种形式的强制,都是把资本主义时代的人改造成为共产主义的人的方法。这种观点显然是错误的。再如,在无产阶级夺取政权之初,布哈林曾经教条主义地提出一整套相当激进的社会主义措施,主张实行彻底的社会化,

---

① 《布哈林文选》下册,人民出版社1981年版,第386页。

把大大小小的工厂统统收归国有,彻底消灭生产关系中的资本主义和封建主义残余,取消商品货币和市场关系,以便立即实行计划经济,表现出明显的急躁冒进情绪。

再如,布哈林在《过渡时期经济学》中做出"社会主义不存在理论政治经济学"的错误判断。他认为,"理论政治经济学是关于以商品生产为基础的社会经济的科学,也就是关于无组织的社会经济的科学"。在生产和分配都是无政府状态的资本主义社会中,社会经济生活的规律才作为一种自发规律、不以人的意志为转移、以盲目的必然性发生作用。但是,"只要我们来研究有组织的社会经济,那么,政治经济学中的一切基本'问题'如价值、价格、利润等问题就都消失了。在这里……社会经济不是由市场和竞争的盲目力量来调节的,而是由自觉实行的计划来调节的。……这里不会有研究'市场盲目规律'的科学的地位,因为市场本身不存在了"。因此,布哈林得出结论说,由于政治经济学是专门研究商品经济的,而社会主义经济不存在商品,"资本主义商品社会的末日也就是政治经济学的告终"①,社会主义不再存在理论政治经济学。这一观点后来在他的《历史唯物主义理论》中再次出现,他在该书中提出政治经济学是"专门研究资本主义经济的一般规律"的科学②,认为在社会主义(共产主义)社会将不存在商品经济,因此与商品经济相联系的各种范畴也将随之消失。历史已经证明,这种观点是错误的。

2. 某些认识自身充满矛盾

布哈林曾经正确地指出,首先要如实地研究真实的生活,只有这样做,才能制定正确的纲领;马克思的学说正在于它的纲领不是从脑子里凭空想出来的,而是从实际生活中产生出来的。如果实际生活发生了巨大变化,纲领就不能一成不变。马克思教导的恰恰在于始终都要细心观察实际生活状况,并采取符合它们的行动。但是,布哈林没有察觉出当时战时共产主义政策的激进倾向,而是写作《共产主义ABC》来宣传这一脱离当时苏俄实际生活的纲领。

---

① [苏]尼·布哈林:《过渡时期经济学》,人民出版社1976年版,第1—2页。
② [苏]尼·布哈林:《历史唯物主义理论》,人民出版社1983年版,第5页。

再如,一方面,布哈林清醒地指出,苏联的社会主义建设基础薄弱,面临许多巨大的困难,需要历经一个相当长的历史阶段才能达到繁荣昌盛。另一方面,他又在发表于1924年的文章中提出,苏联再过5—6年将成为一个最强大的欧洲国家,表现出对社会主义建设的急躁冒进情绪。

再如,布哈林指出,由于苏联已经开始从以利润为准则的经济类型转到以满足群众需求为准则的经济类型上去,社会主义经济建设应满足人民群众不断增长的需求。但他又指出,在苏联不能从国外取得大批贷款的条件下,为了大规模的建设需要,为了早日建成社会主义的工业基础,必须做出许多牺牲,牺牲群众的消费权益,即只能把少量商品投入到消费市场上去。他甚至提出"没有别的抉择,只有牺牲一切"的极端观点。[①] 此外,布哈林多次从本本出发,提出很多教条主义的、脱离当时苏联国情的观点,反映出他对社会主义的矛盾认识。

3. 某些认识是正确的,但还不成熟,有待于深化

布哈林提出应党政分开,但是如何实行党政分开,政权机关如何才能做到独立的立法、执法、司法,他并没有提出具体的可操作的方案。他正确地指出,共产主义的生产方式不是为市场而生产,而是为自己的需要而生产,认为正常的社会主义经济应以满足群众的需求为目的,为消费而生产,群众需求的发展是社会生产的巨大推动力;共产主义不是平均分配,认为普遍的平均分配是不可能的,而且平分不但不会带来什么好处,反而会使人类倒退。但是,如何才能实现社会生产真正满足群众的需求,如何才能实现科学的、令绝大多数人感到满意的分配,他并没有提出可供操作的具体实施方案。而这一问题,也是当前我国亟须研究和解决的重大问题。

再如,苏联在1927—1928年,粮食危机严重,粮食供不应求,以致城市对粮食和生活必需品不得不实行定额配给,出现居民排队购买成为生活常规和生活方式的时候,布哈林提出了提高粮价、稳定谷物业等解决方案。但是,当时苏联社会主义的国营农场和集体农庄经济只占粮食总产量的1.7%和商品粮的6%,在农业中大量存在的是私有经济。

[①] 《布哈林文选》上册,人民出版社1981年版,第155页。

如果在当时国内外形势都十分复杂的状况下，仅仅按照布哈林提出的提高粮价等经济手段去解决由于多种因素造成的复杂的粮食收购危机，能否取得明显成效，值得商榷。

4. 在特定历史条件下提出的某些正确主张并不具有普适性

在推广新经济政策时，布哈林正确地主张，应在苏俄恢复市场流通，发展商品生产，进行商品生产最重要的就是市场关系。市场关系是特种生产关系的表现，这种生产关系的特征是形式上独立的个体小生产者的分散劳动。他认为，苏俄存在市场关系的原因是由于还有分散经济，还有着大量的小生产者，市场关系是小生产者存在的外部表现，从阶级观点看来，是无产阶级和农民之间的相互关系问题。现在我们知道，进行商品生产和参与市场流通的主体并不仅仅局限于布哈林所说的小生产者的分散经济，发展商品经济也不再单纯是无产阶级和农民之间的相互关系问题。

5. 布哈林的某些认识具有空想成分

布哈林认为，"社会主义"这个概念指的是整个经济，即全部经济成分都被组织起来的时候，当小农经济、市场和货币还存在的时候，就没有达到社会主义。他认为，如果在工人阶级领导下使农民合作化了就意味着社会主义的实现。这些观点带有明显的空想色彩。

特别需要指出的是，"纵观20世纪20年代末30年代初的政治形势，国际政治环境十分险恶，帝国主义疯狂扩军备战和歇斯底里地叫嚣战争，不断对新生苏维埃发动武装干涉，稍事歇息又挑起残酷的战争"。在这种形势下，"虽然布哈林所阐述的发展方案在理论上更接近于列宁晚年思想，是以市场经济为取向的、国民经济较为综合平衡发展的方案。但是要使布哈林方案在当时的苏联顺利地实施下去却不是一件容易的事情。实际上，经济问题与政治问题从来都不是截然分开，而是相互制约和影响的。布哈林的方案仅仅是从经济学的角度提出和分析问题，没有将当时严峻的政治环境因素考虑进去。有时在历史的关键时候，即使将政治问题和经济问题同等看待也要犯错误。早在1921年列宁就批评过布哈林，说他把从政治上看问题和从经济上看问题等同起来，在理论上堕落到折中主义立场上去了。'一个阶级如果不从政治上正确地看问题,就不能维持它的统治,因而也就不能完成它的生产任务.'"①

(二)科学对待布哈林社会主义建设思想中的认识局限性

马克思指出,对人类生活形式的思索,从而对它的科学分析,总是采取同实际发展相反的道路。这种思索是从事后开始的,就是说,是从发展过程的完成的结果开始的。在 21 世纪的今天,我们应本着科学的态度,历史地、辩证地重新审视 20 世纪初期布哈林社会主义建设思想中的认识局限性。

一方面,布哈林社会主义建设思想的不足和缺陷乃至错误和当时的历史条件有直接的关系。对此,我们不能苛求,这是布哈林所处的那个历史时代造成的,是当时的历史状况决定的。比如,布哈林认为,社会主义建设就是最终达到计划经济,在社会主义(共产主义)社会将不存在商品经济,因此与商品经济相联系的各种范畴也将随之消失。这些观点只不过是对 20 世纪 20 年代俄共(布)党纲的进一步发挥。

传统的马克思主义一般都把商品生产同资本主义联系在一起,认为消灭资本主义必须同时消灭商品生产。究其原因,主要是由于马克思主义经典作家看到资本主义的两大弊病,一是由商品生产引起的竞争所造成的生产无政府状态,二是由于劳动力成为商品而产生的资本家对工人劳动的剩余价值的剥削。因此,他们提出的解决方案是实现生产资料归全社会所有,消灭商品生产,消灭对剩余价值的剥削,用建立在生产资料公有制基础上的有计划的生产和分配取代资本主义经济的无政府状态和对工人的剥削压迫,实现社会公平正义。恩格斯早在 1847 年就提出,在未来的共产主义社会中货币将消失:"当全部资本、全部生产和全部交换都集中在国家手里的时候,私有制将自行灭亡,金钱将变成无用之物,生产将大大增加,人将大大改变"②,那时,旧社会的各种关系的最后形式将消失。1875 年,马克思在《哥达纲领批判》中写道:"在一个集体的、以生产资料公有为基础的社会中,生产者不交换自己的产品;用在产品上的劳动,在这里也不表现为这些产品的价值,不表现为

---

① 顾海良主编:《马克思主义发展史》,中国人民大学出版社 2009 年版,第 319 页。
② 《马克思恩格斯选集》第 1 卷,人民出版社 1995 年版,第 241 页。

这些产品所具有的某种物的属性，因为这时，同资本主义社会相反，个人的劳动不再经过曲折的道路，而是直接作为总劳动的组成部分存在着。"① 恩格斯写于1879年的《反杜林论》和写于1880年的《社会主义从空想到科学的发展》中用同样的文字表达了同样的思想："一旦社会占有了生产资料，商品生产就将被消除，而产品对生产者的统治也将随之消除。社会生产内部的无政府状态将为有计划的自觉的组织所代替。"② 认为在这种情况下的劳动，从一开始就成为直接的社会劳动。那时一件产品所包含的社会劳动量不必通过迂回的道路予以确定，不必通过第三种产品来确定，社会无须给产品规定价值，而可以用"自然的、相当的、绝对的尺度——时间来表现这些劳动量"。③

由于忽视苏俄当时的落后国情，从马克思和恩格斯在生产力高度发达基础上展望的共产主义设想出发，1919年3月，俄共（布）第八次代表大会通过的新党纲中规定，要"按照一个全国性的计划把国内所有经济活动最高限度地联合起来"，"使生产最大限度地集中起来"，在分配上"用有计划有组织的产品分配来代替贸易"。党纲指出，在从资本主义过渡到共产主义初期这段时间，由于共产主义的生产和产品分配还未完全组织起来，因此取消货币是不可能的。但是俄共可以依靠银行的国有化，采取一系列办法扩大非现金结算的范围和"准备取消货币"。④

在1921年以前，布哈林坚持社会主义同商品经济不能并存的观点，但苏俄的现实使他在实行新经济政策之后很快转变了看法，对商品经济在过渡时期的作用有了新的认识，提出加快城乡的商品流转，利用商品经济为社会主义建设服务。但他还没有认识到商品生产并非资本主义社会所独有，因而同商品生产相联系的一系列经济范畴在社会主义下仍将存在并将继续发挥作用。同时，由于受当时理论和实践的限制，布哈林还没有突破市场同社会主义社会不能相容的理论。他认为，随着社会主

---

① 《马克思恩格斯选集》第3卷，人民出版社1995年版，第303页。
② 同上书，第633页。
③ 同上书，第757页。
④ 《苏联共产党代表大会、代表会议和中央全会决议汇编》第1分册，人民出版社1956年版，第541、546—547页。

义过渡时期的结束,市场和商品经济也会随之消失。"我们恰恰要通过市场关系走向社会主义。可以说,这些市场关系将由于其本身的发展而被消灭。"①他认为,过渡时期之所以需要市场关系,是因为存在大量的小生产,对这些小生产必须通过市场关系来巩固城乡结合和工农结合。另外,国营企业和合作社将通过市场上的竞争排挤私人资本,而这种排挤的结果将使市场本身也消失,最后,"一切都会由国家和合作社进行的产品分配所代替"。这些论述无疑是对当时"市场与社会主义不能相容"观点的阐释。②

另一方面,布哈林社会主义建设思想中的缺陷和不足乃至错误是人们在认识客观事物过程中必然出现的现象,这是任何人都不可避免的。马克思主义认识论认为,由于客观世界的复杂性,人们对客观事物及其规律的认识和掌握不可能一蹴而就,而是需要一个过程。在这个过程中,人们对客观事物及其规律的认识是随着实践的不断深入而逐步深化,直至形成正确的认识。这就意味着,在这个过程中,人们不可避免地会出现不正确的判断和认识。布哈林对社会主义建设的认识和把握也是如此。尤其是,苏俄是世界上第一个社会主义国家,对社会主义实践中出现的问题,没有前例可循,没有现成的经验可以借鉴,无论在理论上还是在实践上都只能在探索中前行。因此,我们既不能把布哈林社会主义建设思想中的所有观点当作普遍真理和金科玉律,也不能过分苛刻地对待布哈林在探索前行中对社会主义建设提出的观点和主张。

三 布哈林社会主义建设思想对中国特色社会主义建设的启示

以史为鉴,使人明智。今天,我国正在进行中国特色社会主义建设,我们必须对社会主义建设过程中应该"做什么"和应该"不做什么"有清醒的认识,重视直接利用苏联"用很高的代价换来的经验",避免苏联"当时往往无法避免的那些错误"。正如1874年恩格斯在分析德国工人运动时指出的:"德国的实践的工人运动也永远不应当忘记,它是站在英国和法国的运动的肩上发展起来的,它能够直接利用英

---

① 《布哈林文选》中册,人民出版社1981年版,第441页。
② 同上书,第442页。

国和法国的运动用很高的代价换来的经验,而在现在避免它们当时往往无法避免的那些错误。"①

前事不忘,后事之师。研究历史终究是为了现实服务。布哈林的社会主义建设思想犹如一面历史之镜,折射出苏联20世纪20—30年代社会主义建设实践的经验和教训,对中国特色社会主义建设提供了很多重要而有益的启示。现择要陈述如下。

(一) 正确认识和建设社会主义

布哈林的社会主义建设思想启示我们,进行社会主义建设必须从本国国情出发,正确认识和建设社会主义,确定合理的价值实现方法,和谐地实现价值目标。

1. 从本国国情出发,正确认识社会主义是科学建设社会主义的前提条件

正确认识社会主义是科学建设社会主义的前提条件。布哈林把"发展社会生产力"和"社会主义目的"作为衡量社会主义的依据,认为社会主义应更有利于发展社会生产力,应更有利于社会成员的发展;认为社会主义应消灭群众一贯消费不足的现象,应使作为基本经济原则的群众需求发展的原则成为发展的真正杠杆,以保证经济的最迅速增长;提出人是"最宝贵和最重要的生产力"②,最能发展生产力的经济制度就是最好的制度,认为一种政治制度越好,它比历史上过去的制度越先进,那么它就能为越多的人提供发展的可能性。他提醒全党,无产阶级是一个为社会命运负责的社会领导者,应给予社会绝大多数成员生存和发展的空间;社会主义的任务是要建立全新的最高的文明社会,社会主义经济的目的是为了满足人们的需要,使人们的生活更加宽广和自由。这样,布哈林就抓住了社会主义本质中两个基本的方面,从而达到了对社会主义的相对正确的认识。

人们对"什么是社会主义、怎样建设社会主义"的认识是一个不断深化和发展的过程,各国社会主义事业的建设和发展是一项必须胸怀共产主义远大理想又必须立足本国国情、一切从实际出发的伟大征程。

---

① 《马克思恩格斯选集》第2卷,人民出版社1995年版,第636页。
② [苏] 尼·布哈林、叶·普列奥布拉任斯基:《共产主义ABC》,生活·读书·新知三联书店1982年版,第363页。

唯物辩证法认为，事物的矛盾具有特殊性。矛盾的特殊性要求解决矛盾时必须具体问题具体分析。各个国家在具体国情上是千差万别的，而各个国家在不同历史时期的国情也是发展变化的。建设社会主义，切忌照搬外国经验和书本的教条主义，必须从本国国情出发，正确认识社会主义，坚持马克思主义关于社会主义的基本立场、观点和方法，采取与本国国情相适应、人民群众乐于接受的社会主义建设方法。

2. 确定合理的价值实现方法，和谐地实现价值目标

当时，在苏联这样一个生产力落后、社会经济成分复杂的国度里，美好的社会主义理想面临着严峻现实的挑战。布哈林在他的社会主义建设思想中，可贵地提出了社会主义建设应采取合理的价值实现手段和方法，和谐地实现社会主义的价值目标。方法服从目的，正是从为了在苏联建立一个既能更好地发展生产力又能更有利于社会成员发展的社会主义制度这个目的上，布哈林强调了应采取合理的价值实现方法：用经济而非行政压制的方法建设社会主义，以群众乐于接受的方式和谐地实现价值目标：实现既能达到更好地发展生产力，同时又更有利于社会成员发展的社会主义社会。

马克思主义关于社会主义的基本立场和观点就是：社会主义是生产力发达，能让社会成员获得全面发展的社会。在社会主义建设过程中，必须坚持以人为本的价值维度，落实社会主义发展的人本化指向。这种社会发展观的理念包括：第一，最大多数人民群众是社会发展的价值主体，最大多数人的利益是社会发展的动力，最大多数人民群众在社会发展中应居于主体地位。第二，确立以人为本的思维方式，在制定政策时确立人的尺度，把尊重人作为一种价值取向落实到社会实践中去，提供人性化的服务。第三，最大多数人民群众的利益和需求是社会发展的目的，是社会发展的检验者，是社会发展的终极目标。社会发展是为了最大多数人的利益和需求，维护社会公正、关爱弱势群体、尊重人的独立人格，提高最大多数人的生活质量，为促进最大多数人的自由全面发展提供宽广的平台。

坚持以人为本的价值维度，落实社会发展的人本化指向，将改革发展成果惠及最大多数人民群众，推进中国特色社会主义建设，这既是落实科学发展观的重要举措，也是中国特色社会主义建设的价值目标。十

八大以来，习近平总书记多次强调，党员领导干部要牢记人民的利益高于一切，与人民同甘共苦，齐心协力共圆中华民族伟大复兴中国梦。在推进中国特色社会主义建设的伟大征程中，我们必须进一步自觉地协调价值目标与价值实现手段之间的关系，采取合理的价值实现方法，不断追求价值目标的和谐实现，必要时采取"有时从外表看来是不太激动人心的，但却是比较正确的、牢固的、与现实紧密结合的"的政策，①以最大限度地实现改革发展成果惠及最大多数人民群众。

(二) 继续加强和改善执政党建设，提高适应新时期变化的能力

布哈林提出，在和平组织时期，苏俄共产党应逐步适应新的变化了的国内外环境，围绕经济建设重心，不断加强自身建设，提高执政能力，更好更快地完成社会主义建设的各项任务。今天，这些思想仍能给我们以深刻的启示。中国共产党执政的本质是支持人民当家作主，推动社会良性发展。在新的时期，必须认真贯彻落实习近平总书记提出的"全面从严治党"要求，加强和改善党的建设，提高驾驭社会主义市场经济的能力、发展社会主义民主政治的能力、发展社会主义先进文化的能力、构建社会主义和谐社会的能力、应对国际复杂局势和处理国际事务的能力，做到科学执政、民主执政、依法执政，不断提高国家治理水平。重要的是要做到以下几点。

1. 进一步提高保障人民民主制度化、法律化的能力

历史证明，民主政治是最能够吸纳社会多元利益、化解社会矛盾和达成社会和谐的制度安排。我国社会结构正日益向多元复杂的结构转变，社会经济成分、组织形式、就业形式、利益关系和分配方式日益多元化，这一切对中国共产党发展社会主义民主政治的能力、实行民主执政提出了更高的要求。人民当家作主是社会主义民主政治的本质和核心。共产党要完成执政为民的历史使命就必须保障人民民主制度化、法律化，全面依法治国，做到："健全民主制度，丰富民主形式，拓宽民主渠道，依法实行民主选举、民主决策、民主管理、民主监督，保障人民的知情权、参与权、表达权、监督权。"②

---

① 《布哈林文选》上册，人民出版社1981年版，第107—108页。
② 胡锦涛：《高举中国特色社会主义伟大旗帜　为夺取全面建设小康社会新胜利而奋斗》，人民出版社2007年版，第29页。

2. 进一步提高协调社会各阶级、阶层关系的能力

加强和改善新时期的执政党建设，必须不断巩固和加强执政的社会基础，根据经济发展和社会建设的实际，协调好社会各阶级、阶层关系。在今天发展社会主义市场经济的条件下，我国社会阶层结构已经发生深刻变化，出现了国家与社会管理者阶层、经理人员阶层、私营企业主阶层、专业技术人员阶层、办事人员阶层、个体工商户阶层、商业服务业员工阶层、产业工人阶层、农业劳动者阶层和城乡无业失业半失业阶层。而且，社会各阶层之间的矛盾和摩擦日益增加。在这种情况下，处理好不同阶层之间的利益矛盾，协调好执政党与不同阶层之间的关系意义重大，是关系中国共产党执政的群众基础巩固的重大问题。作为掌握公共权力的执政党，中国共产党必须在保持自己阶级属性不变的前提下，遵循习近平总书记提出的"推动实现广泛有效的人民民主"，在从根本上把工人阶级、农民、知识分子作为共产党执政的阶级基础的同时，尽最大可能满足社会大多数人的利益，找到"全社会意愿和要求的最大公约数"①，协调共产党与社会各方面的关系，把社会各阶层的积极力量凝聚、团结在一起，进一步巩固和扩大群众基础。

3. 要继续重视马克思主义意识形态的引导作用，进一步提高马克思主义理论宣传的影响力

民众对执政党的认同和支持很大程度上取决于执政党的实际执政成效，但人们对执政党政策的信心、对执政党的信任有时也是决定性的。而这种信心和信任形成的基础就是对执政党所依据的理论、观念和价值的认同，即执政党所代表的意识形态的认同。马克思主义是维护最广大人民群众利益的科学理论，多年来已经取得了我国广大群众的认同，赢得了巨大的号召力和动员力。列宁在十月革命胜利后不久就指出："现在一切都在于实践，现在已经到了这样一个历史关头：理论在变为实践，理论由实践赋予活力，由实践来修正，由实践来检验。"② 新的时期，我党应结合执政过程中出现的新情况、新问题，不断进行理论创

---

① 《习近平在庆祝中国人民政治协商会议成立 65 周年大会上发表重要讲话强调　推进人民政协理论创新制度创新工作创新　推进社会主义协商民主广泛多层制度化发展》，《人民日报》2014 年 9 月 22 日。

② 《列宁全集》第 33 卷，人民出版社 1985 年版，第 208 页。

新，以创新发展的中国特色社会主义理论引导鼓舞群众，增强群众对共产党的信任感和归依感，增加社会的凝聚力和向心力，把群众团结在共产党的周围并为实现共产党的奋斗目标而努力拼搏。

（三）巩固和发展新时期的工农联盟

工农联盟思想是布哈林社会主义建设思想中的核心观点之一，他把工农联盟问题视为苏联社会主义建设中极重大的问题所围绕的"轴心"，反复申言工农联合的战略意义，高度重视工农联盟在社会主义经济、政治、文化建设中的积极作用，认为在一个农民国家里，要保证社会主义事业的最终胜利，必须善于在和平的、非战争的新条件下重新巩固工农联盟，谨慎而耐心地解决吸引占全国人口绝大多数的农民参加社会主义建设的问题。今天，布哈林关于工农联盟提出的见解深刻的观点对巩固和发展我国新时期的工农联盟，完成全面建成小康社会的宏伟目标带来诸多有益的启发。

1. 新时期工农阶级与工农联盟中出现的新变化

工农联盟是工人阶级和农民阶级在根本利益一致的基础上，为了实现共同的目标而结成的经济上、政治上、文化上和军事上的同盟。"利益一致"和"共同目标"是两个阶级联盟的基础。在改革开放和发展社会主义市场经济新的历史条件下，工农联盟的环境、目标和功能都发生了很大变化。随着改革开放的逐步深入，工农阶级的物质文化水平得到改善和提高，工人阶级队伍发生了很大的变化，农民也出现阶层分化现象。而且许多人员在不同所有制、不同行业、不同地域之间流动频繁，人们的职业、身份经常变动。市场经济改变了社会资源配置的方式，在市场机制的作用下，各个社会阶级阶层都是市场主体，工农业之间和城乡之间的交换通过市场来进行，靠价格信号调节供应，工农在市场交换中本应处于平等的地位，但是由于历史和现实的复杂原因，农业、农村与农民和工业、城市与城镇居民在资源占有上并不平等，农村和农民在市场竞争中仍然处于弱势地位。

2. 巩固和发展新时期的工农联盟的具体方法

在新的历史条件下，工农联盟作为我国人民民主专政的基础没有变，工人阶级领导的以工农联盟为基础的人民民主专政的社会主义国家的性质没有变，工农联盟将在新的基础上得到巩固和发展。为此，在社会阶级阶层状况发生变化的情况下，我党应坚持把工人阶级作为始终推动先进生产力发展的基本力量，把农民及其他社会阶层的劳动者作为中国特色社会主义事业建设的重要力量，高度重视工农关系和城乡关系的协调发展，高度重视工农之间在经济上、政治上以及思想文化上的联盟，推动工农联盟在社会主义现代化建设新的基础上更加巩固和发展。具体而言，就是要做到以下四点。

首先，要用发展的眼光，在现代化的大视野中看待工农联盟的双方——工人阶级和农民阶级，正确认识工农阶级的新变化。其次，要用保护的观点对待工人阶级的同盟者——农民，因为农民和农村由于掌握的资源性质不同，市场地位相对不平等。再次，要充分认识到工农之间经济联盟是其他联盟的基础，其实质是利益的联盟。联盟的双方必须互惠互利，要发挥市场在资源配置中的决定性作用，又要发挥政府在经济生活中的宏观调控功能，使工农之间经济利益的实现在有秩序的前提下进行。最后，要正确处理工农之间以及工农同其他社会阶层之间的关系，调动一切积极因素，整合各方面力量，既要建立中国特色社会主义事业建设者大联盟，同时又要发挥工农联盟在大联盟中的主体作用。

（四）重视解决好社会主义市场经济条件下的三农问题

布哈林关于小农改造和发展农业农村的一系列思想至今仍然散发着智慧的光芒，为我国如何更健康顺利地进行农业发展和农村改革，更顺利地推进新农村建设，给农民群众带来更多实惠，让农民群众更多分享社会主义建设成果带来有益的启发和深刻的思考。

1. 积极开展新农村建设中的组织创新

积极开展新农村建设中的组织创新，在发挥家庭经营活力的同时，因地制宜，在农村引导推行适度规模经营，扶持并保障农业产业化的发展。对此，政府应改革宏观管理体制，制定财政、税收等方面的优惠政策。

只有接受现代先进的农业技术和生产方式，小农才会摆脱以往旧有的落后生产生活方式和思维行为习惯，真正成长为适应时代发展的社会主义新农民。在家庭联产承包责任制实际推行的实践中，我国很多地区还有小农经济的遗留，一家一户地采用相对原始的方式从事农业生产。农民的组织化水平很低，缺乏政府对农业的指导和补贴的组织载体。过于分散的农户阻滞了政府对农民政策支持的有效对接渠道，不仅限制了社会主义大农业的进程，而且不利于对农民旧有的心理和习惯的改造。因此，我国的新农村建设中，在充分发挥家庭经营活力的同时，进一步创新农业生产的组织体系，适时地引导和推进农村生产方式和组织制度的变革，完善相关制度规范，有效提高农民的组织化程度，积极引导适度规模经营，实施农业与农村资本联营，促使广大农民的生产方式向农业产业化、集约化、现代化、多元化的方向转变。

农村合作组织是农业产业化的载体。农业产业化是在市场经济条件下，与社会紧密结合，以市场为导向，以科技为依托，以效益为核心，实行区域化布局、专业化生产、市场化经营，将农业生产的产前、产中、产后诸多环节连接成一个完整的产业化系统的一种经营形式。它不仅有利于区域经济效益的大幅度提高和劳动力的优化组合，有利于经济开发向广度、深度挖掘区域内部的潜力，而且能够带动农业结构调整和优化，加速农村劳动力向非农行业转移，推动农村能源、交通、信息、资金、文化、教育、科技的全面发展。农业产业化的重要内容有：培育龙头企业，使之与广大农户在产业化经营的分工与协作中实现共同发展；把分散的农户组织起来，建立和发展农民合作经济组织，比如各种专业合作社、专业协会以及其他形式的合作与联合；把分散的家庭经营活动融入现代化生产体系，优化组合生产要素，延伸产业链，通过提高规模经营效益，克服传统农业的弱质产业特征，实现农副产品向广度深度开发和多层次的转化增值，有效地提高农业比较效益、减少过多流通环节造成的利润流失，真正增加农民的可支配收入，提高农民的消费能力，不断增大农民市场容量，促进农村的良性循环发展。

2. 正确认识和处理非农产业与农业、城市与农村、工人与农民的关系

在新的历史时期和社会条件下，必须正确认识和处理非农产业与农业、城市与农村、工人与农民的关系，有效推动社会主义新农村建设的顺利开展。大工业是社会主义大农业的基础。只有具备了一定的物质基础和技术，在农业中大规模地使用现代农业机械，成千上万的小农们才能摆脱旧有的落后生产方式，真正走上社会主义大农业的道路。同时，也只有在大工业所造就的社会主义大农业的基础上，旧式的小农才会真

正成长为与时俱进的社会主义新农民，从而在根本上改造小农。在当前进行的社会主义新农村建设中，我们必须大力发展工业，生产农民农村需要的各种商品，以工业的发展反哺农业，为农业提供资金、技术、人才等物质基础和智力支撑。同时，必须加快发展第三产业，为农民提供更多的就业机会和创业空间。农村城镇化建设的步伐也应适度加快，在广大农村推广先进文明的技术设施和健康文明的生活方式，以城市文明辐射带动农村自身的协调发展。

从利益的角度看，当代中国农业、农村和农民的问题，因为涉及各种错综复杂的利益关系，以至前进道路上荆棘丛生。习近平总书记强调："全面建成小康社会，不能丢了农村这一头。"破解三农问题，首先必须处理好以下经济利益关系：城乡居民之间的经济利益关系，不同地区农民之间的经济利益关系，中国不同农民群体之间的经济利益关系，中国政府和农民之间的经济利益关系，其他社会群体和农民之间的经济利益关系。要正确处理好上述五组经济利益关系，必须建立一个可操作的、有效的、少数人帮助多数人的利益调控机制。即4亿非农群体在利益增量部分适当让利，通过社会分配和再分配的利益调节杠杆，帮助9亿农民多增加一些增量利益，逐步缩小9亿农民和4亿非农群体之间的利益差距，逐步实现农民和非农群体利益的动态平衡，进而确保社会的和谐稳定。

3. 大力加强农村精神文明建设，培养社会主义新农民

必须大力加强农村精神文明建设，提高农民思想道德素质和科学文化素质，培养社会主义新农民。英格尔斯在《人的现代化》一书中曾指出："许多致力于实现现代化的发展中国家，正是在经历了长久的现代化阵痛和难产后，才逐渐意识到：国民的心理和精神还被牢固地锁在传统意识之中，构成了对经济与社会发展的严重障碍。……人的现代化是国家现代化必不可少的因素，它并不是现代化过程结束后的副产品，而是现代化制度与经济赖以长期发展并取得成功的先决条件。"农民现代化的内涵，最基本的是要实现农民生产方式的现代化、生活方式的现代化和思维方式与价值观念的现代化。由于几千年来小农经济的深刻影响，加之小农思想改造的长期性、艰巨性等原因，在我国的社会主义初级阶段，广大农民仍然不可避免地保存着某些旧社会的思想和习惯。小

农改造不仅是生产方式的变革，更是小农思想和习惯的改变，是为了促使旧生产方式下心理不健全的小农心理逐步健全起来，促使他们能够承担起建设社会主义的重任。在当前我国新农村建设的过程中，要培养既能适应市场经济要求，又能坚定地走社会主义道路的社会主义新农民，必须抓好农村精神文明建设。物质贫乏不是社会主义，精神空虚也不是社会主义。我党在领导广大农民参加社会主义建设的征程上，需要在广大农村深入持久地开展思想政治教育尤其是集体主义思想教育以及党的路线方针政策教育，培育和践行社会主义核心价值观，使集体主义、社会主义思想不断渗透进农民头脑，改造他们传统落后的思想观念。既要加强科学文化教育，使农民成为有文化、懂技术、会经营的实用型人才；又要加强思想道德教育，使农民保持爱党、爱国、爱集体、爱社会主义的优良传统和良好精神风貌。这样才能真正把旧式的小农改造成为有理想、有道德、有文化、守纪律、爱祖国、爱社会主义、爱党、爱集体的社会主义新农民，才能从根本上保证农村集体经济的发展，巩固农村的社会主义阵地。

4. 开展协商民主，推进农村政治文明建设

当前，我们应积极开展协商民主，落实基层民主自治制度，推进农村政治文明建设。目前，农村基层党组织、村民委员会、农民专业合作社和新农村公益事业服务组织，构成了社会主义新农村民主管理"四轮驱动"式的组织形态架构。在这个架构下，应积极推广开展协商民主，推进农村政治文明建设。协商民主作为一种治理形式，是平等、自由的公民在公共协商自身事物的过程中，以追求公共利益为前提，通过对话、讨论等公开方式，使各方充分了解彼此的立场和观点，进而形成决策并付诸实施的民主治理形式。农民把有关自身利益的事情集中讨论，公开地民主协商，平等地参与决策，各种利益在博弈中得出最大公约数。这样，在达成共识基础上形成的决策，可以得到参与者的普遍遵守，能够使公共利益实现最大化。正是由于广泛参与政治活动和社会公共事务，农民会更加认同政府的公共决策，也会锻炼农民作为公民的责任感和自治能力，增加村民的凝聚力，维护农村的稳定和发展，提高农民和农村的现代化水平。

5. 加强农村现代社区建设

加强农村现代社区建设，为农民和农村现代化提供良好的社会基础条件。社会存在决定社会意识。农民的发展变化受制于他们立足其上、人格形成的现实世界，农民和农村现代化的获得需要有一个能够包含各种有效促进现代性成长的外部社会环境。"要想从根本上改造人，使之具有现代化意识，必须改变落后的、非现代化的社会环境。"① 当前，推进我国农民和农村现代化的当务之急是，加强新型的、完整的农村现代社区建设，健全新型社区管理和服务体制，把农村社区建设成为管理有序、服务完善、文明祥和的社会生活共同体。使之具有基本经济生活、社会化、社会控制、社会参与、社会福利等多方面的功能，具有开放性、社会性、民主性、服务性等特征，切实发挥提高农民生活质量和社会保障水平的作用，为农民和农村现代化提供良好的社会基础条件。

（五）正确认识和处理两制关系，科学统筹国际国内两个市场

布哈林的社会主义建设思想中交织着渴望实现社会主义理想与艰难处置现实社会主义实践的困扰。从期盼世界革命的早日到来，依靠世界革命的力量建设苏俄社会主义，到客观地认识到资本主义依然具有强大的科技和生产实力，谋求利用资本主义建设社会主义，表现了布哈林的革命理想主义情怀，也展示出布哈林的现实主义清醒。在帝国主义的攻击打压和封锁包围下，布哈林没有为革命理想所羁绊，而是认真关注客观现实，敏锐把握国内外形势的发展变化，结合现实的发展变化不断调整自己的思想，积极探寻适合苏联国情的社会主义建设道路，努力架设社会主义理想与现实社会主义之间的桥梁，为我们正确认识和处理当代社会主义与资本主义的关系提供了很好的启示。

历史发展到今天已步入"命运共同体"时期，在和平与发展成为时代主题、经济全球化的背景下，我们应对两制和平共处的长期性有充分的认识，一方面，策略上，与资本主义国家和平共处、互利合作；另一方面，原则上，应对资本主义国家的"和平演变"战略保持高度警惕，对两制之间矛盾斗争的复杂性有充分的认识，做好应对各种复杂情况的准备。

经济全球化是生产力寻求更为广阔发展空间的产物，它既大大扩展

---

① 陆学艺：《中国农村现代化基本问题》，中共中央党校出版社 2004 年版，第 162 页。

了世界各国的经济往来和技术文化交流,促进了资源的有效配置和各国经济的相互依赖,又因资本主义的优势地位和扩张性给世界带来了动荡、混乱和危机,致使经济全球化存在着不平衡、不协调、不稳定的风险。但经济全球化的客观性表明:任何国家都无法回避全球化。在经济全球化条件下,我国应积极地适应它,争取发展机会。当前,正确认识和处理两制关系,要求我们在经济领域必须统筹好国际国内两个市场,发展好社会主义市场经济,促进国民经济健康协调稳定地发展。

1. 统筹好国内市场

在国内市场领域,我国必须加快转变经济发展方式,调整优化经济结构,大力推动经济进入创新驱动、内生增长的发展轨道,促进国民经济健康协调发展。为此,党要领导政府做到以下几点:进一步明确市场经济条件下政府的职能定位。在宏观调控上,政府应肩负起熨平经济周期的重任,围绕充分就业,科学控制失业率、稳定物价、控制通胀率,保持一定的经济增长速度。扩大国内群众消费需求,为提高群众消费能力创造条件。确立国际收支平衡等宏观目标和实现收入的相对均等化、提高经济效益、有效配置资源等微观目标,运用财政政策、货币政策、收入政策、产业政策和法律手段进行调控,以维持宏观经济稳定健康增长。在微观领域,在市场缺陷表现得特别严重时,或市场缺陷的某些表现叠加在一起使问题更为复杂和严重时,政府必须介入并采取有关行动和安排。政府应主要进入以下市场失灵领域:合理权衡公平与效率的关系,通过税收和财政的转移支付调节收入分配;通过《反垄断法》等法规创造有效竞争状态,防止单个或少数几个企业垄断市场,反对企业串谋,以影响消费者福利为代价谋取垄断利润;需要政府提供市场制度不能提供的公共产品,将税收作为消费公共产品的代价,介入公共产品的供应和规范;政府应通过法律等途径干预环境污染等有害外部性问题,敦促外部化了的企业成本内部化,由企业自己承担造成的外部化成本。

2. 统筹好国际市场

习近平总书记指出:"人类只有一个地球,各国共处一个世界。"[①]

[①]《习近平出席博鳌亚洲论坛 2015 年年会开幕式并发表主旨演讲 迈向命运共同体 开创亚洲新未来》,《人民日报》2015 年 3 月 25 日。

在当今经济全球化条件下，单个国家的经济发展离不开世界经济的交互运行。特别是由于资本的增殖性、运动性和扩张性使得经济全球化的发展史成为资本不断走向全球化的历史。进入21世纪以来，垄断资本全球化问题愈显突出和重要，对我国的经济影响逐渐加深。所谓垄断资本，就是由资本集中而形成的具有独霸权势的资本。它经常超越经济领域扩展到政治、社会等非经济领域。垄断资本以发达国家的巨型跨国公司为重要载体，借助于跨国公司实现资本控制的全球化。在这样的经济条件下，世界经济对中国的影响越来越广泛和直接，我国必须有效应对垄断资本全球化给我国经济发展带来的影响，既要"引进来"，又要"走出去"，勇于融入世界经济贸易体系，积极参与世界经济运行。

第一，在经济全球化条件下，我国既要坚持社会主义基本经济制度，又要积极参与西方发达国家主导的世界经济运行。一方面，我们不能过分强调世界经济运行的制度因素，简单地对世界经济予以忽视或否定，从而错失发展良机。我们必须理性应对经济全球化带来的冲击和挑战。另一方面，我们也不能一味追求和完全依赖经济全球化的运行，以为全球化会使天下共荣，这样容易陷入发达国家及其意识形态的陷阱，从而丧失有效应对经济全球化的主动权。作为发展中国家，在当今全球竞争十分激烈的格局中，我国一定要把握难得的机会，在参与世界经济运行中争取更多的利益。目前，发达国家和发展中国家基本上是核心与边缘的关系，发达国家在经济全球化过程中所获利益远远大于发展中国家所获利益。但是这不能作为我们不参与或消极应对世界经济运行的理由。相反，在目前条件下，通过积极参与世界经济运行而发展自己才是硬道理。如果不参与世界经济运行，就会丧失改变自己、发展自己的宝贵机会。如果说参与经济全球化的利益损失是相对的，那么，不参与世界经济运行的损失则是绝对的。因此，我们应面对现实，明确目标，坚定不移地积极参与世界经济的运行，认真研究并切实制定各种防范措施，将参与世界经济运行的风险降到尽可能小的程度，把参与全球化过程的损失降低到最低程度。

第二，客观认识跨国公司在垄断全球化中的特殊重要作用，推动利用外资和对外投资协调发展。为牢牢把握发展机遇，并在争取获得更多利益的同时赢得今后长期发展的主动权。一方面，我国应促进"引资"

与"引智"相结合,继续加大对发达国家跨国公司的引进力度,优化利用外资结构,鼓励外资投向高端制造业、高新技术产业、现代服务业、新能源和节能环保产业。鼓励跨国公司在华设立地区总部等各类功能性机构,在严格安全审查制度的前提下,鼓励中外企业加强研发合作,引导外资向中西部地区转移和增加投资,借助发达国家跨国公司之力促进我国经济发展。另一方面,依托"一带一路"等平台,加快实施"走出去"战略,推进跨境贸易人民币结算试点,逐步发展境外人民币金融业务,大力发展服务贸易和服务外包,鼓励符合国外市场需求的行业有序向境外转移产能,积极发展中国自己的跨国公司,深化境外资源互利合作。积极与发达国家的跨国公司合作竞争,形成彼此之间的良性互动,并通过这种互动改善全球化的利益分配格局,促使世界各国经济进入互惠互利、公平正义的良性循环之中,不断提升我国经济增长质量和国家综合竞争实力,进而推进我国经济发展的现代化进程,尽快实现我国由世界经济大国向世界经济强国的跨越。

(六) 依宪发展混合所有制经济

习近平同志指出:"国有资本、集体资本、非公有资本等交叉持股、相互融合的混合所有制经济,是基本经济制度的重要实现形式"和"有效实现形式"。[①] 作为国家经济治理领域推出的一项重大举措,积极发展混合所有制经济是经济领域弘扬宪法精神、实现人民利益的生动实践。我国《宪法》第5条规定:"中华人民共和国实行依法治国。""依法治国,首先是依宪治国。"健康推进、善做善成混合所有制经济这篇大文章,必须依宪推进,恪守宪法原则,强化制度意识,以确保社会主义的改革方向,维护以劳动群众为主体的最广大人民的根本利益。

1. 宪法视角下的社会主义初级阶段基本经济制度分析

我国《宪法》规定:"中华人民共和国的社会主义经济制度的基础是生产资料的社会主义公有制";"国家在社会主义初级阶段,坚持公有制为主体、多种所有制经济共同发展的基本经济制度";"国有经济,即社会主义全民所有制经济,是国民经济中的主导力量。国家保障国有经济的巩固和发展";"在法律规定范围内的个体经济、私营经济等非

[①] 《十八大以来重要文献选编》上,中央文献出版社2014年版,第500页。

公有制经济，是社会主义市场经济的重要组成部分。国家保护个体经济、私营经济等非公有制经济的合法的权利和利益。国家鼓励、支持和引导非公有制经济的发展，并对非公有制经济依法实行监督和管理"；"国家实行社会主义市场经济"。

作为治国安邦的总章程，我国宪法以法律的形式规定了国家的根本制度和根本任务，彰显了我国社会主义的国家性质和价值取向，为推进我国社会主义改革开放和现代化建设事业保驾护航，捍卫了最广大人民的根本利益。正是在这个意义上，习近平总书记强调："我国宪法是符合国情、符合实际、符合时代发展要求的好宪法，是我们国家和人民经受住各种困难和风险考验、始终沿着中国特色社会主义道路前进的根本法制保证"，"依法治国首先要坚持依宪治国"。① 秉持我国宪法上述条文的价值立场，在社会主义法治轨道上发展混合所有制经济，需要准确把握社会主义初级阶段基本经济制度的科学内涵。

"社会主义初级阶段基本经济制度"是我国社会主义初级阶段的基本经济制度，是"公有制为主体、多种所有制经济共同发展的基本经济制度"。科学社会主义基本原则的实际运用，需要"随时随地都要以当时的历史条件为转移"②，"置于现实的基础上"③。我国社会主义初级阶段基本经济制度是社会主义基本经济制度在我国当今"现实基础"和"历史条件"下的具体运用，是社会主义基本经济制度在我国社会主义初级阶段的特殊形态。立足于我国的社会主义性质和初级阶段的现实国情，社会主义初级阶段基本经济制度的基本内涵包括三点：其一，各种所有制经济在社会主义初级阶段共同发展，共同服务于社会主义。其二，多种经济在所有制结构中的地位不一样。我国的社会主义制度性质决定公有制经济居于主体地位。其三，我国的社会主义制度性质决定不同所有制之间的关系不是平行关系，而是国有经济发挥主导作用，引导非公有制经济健康发展。

2. 恪守宪法原则，从人民利益出发推进混合所有制经济发展

习近平总书记多次强调，"凡属重大改革都要于法有据"，"从人民

---

① 《十八大以来重要文献选编》上，中央文献出版社2014年版，第86—87、91页。
② 《马克思恩格斯选集》第1卷，人民出版社2012年版，第376页。
③ 《马克思恩格斯选集》第3卷，人民出版社2012年版，第789页。

利益出发谋划思路、制定举措、推进落实"①,"保证宪法实施,就是保证人民根本利益的实现"②。"社会主义经济制度的完善和发展,在根本上就是社会主义经济体制改革和创新的问题;而经济体制的改革和创新又要在经济运行中实现和矫正、完善。"③ 混合所有制经济是新形势下我国基本经济制度的重要实现形式,是经济领域弘扬宪法精神、实现人民利益、巩固和发展社会主义的生动实践。当今阶段,我们在规划设计混合所有制经济的发展蓝图和进行混合所有制经济的现实探索时,必须恪守宪法原则,坚持社会主义初级阶段基本经济制度,不能南辕北辙,不能犯颠覆性错误。

（1）充分发扬经济领域的人民民主,发挥市场在资源配置中的决定性作用

我国《宪法》第2条规定:"中华人民共和国的一切权力属于人民";"人民依照法律规定,通过各种途径和形式,管理国家事务,管理经济和文化事业,管理社会事务。"习近平总书记强调:"人民民主是中国共产党始终高举的旗帜。"④ 就原则而言,充分发扬经济领域的人民民主,就是在市场运行这个层面上落实经济领域的公平正义,保障各种经济主体根据市场规则平等进行市场竞争。恪守宪法原则,从人民利益出发推进混合所有制经济发展,旨在保障最广大的人民群众依法管理、经营和参与经济事业,推动公有制和非公有制经济在资源配置和市场运行中共同发展,推动我国多层次生产力共同向前发展。

十八届三中全会通过的《中共中央关于全面深化改革若干重大问题的决定》提出,在社会主义初级阶段,积极发展混合所有制经济是"基本经济制度的重要实现形式"⑤,它表明混合所有制经济既是公有制的重要实现形式,也是非公有制经济的重要实现形式,既有利于深化国

---

① 《习近平主持召开中央全面深化改革领导小组第二次会议强调把抓落实作为推进改革工作的重点 真抓实干 蹄疾步稳 务求实效》,《人民日报》2014年3月1日。
② 《十八大以来重要文献选编》上,中央文献出版社2014年版,第87页。
③ 顾海良:《中国特色社会主义经济学的新篇章——习近平系列重要讲话中阐发的经济思想》,《毛泽东邓小平理论研究》2014年第4期。
④ 习近平:《在庆祝全国人民代表大会成立60周年大会上的讲话》,人民出版社2014年版,第14页。
⑤ 《十八大以来重要文献选编》上,中央文献出版社2014年版,第515页。

企改革，搞活和发展公有经济，又利于废除对非公有制经济各种形式的不合理规定，消除各种隐性壁垒，推动非公经济健康发展，是公私两利的经济实现形式，体现了公有制经济和非公有制经济在功能定位、产权保护、政策待遇的平等权利。

积极发展混合所有制经济，首先必须确立正确的认识。发展混合所有制经济既不是要把所有的现存企业都纳入混合所有制，也不是重新回到社会主义改造时期的"公私合营"；它不是"国资侵吞民资"，也不是"民资侵吞国资"；它不是"公资销蚀私资"，也不是"私资销蚀公资"，在发展混合所有制经济的问题上，也没有所谓"国退民进"与"国进民退"之说，没有"谁吃掉谁"的问题，而是为了让"公"与"私"互相取长补短，推动"公""私"经济根据市场规则平等参与市场竞争，以更好统筹社会力量，解放和增强社会活力，平衡社会各方利益，实现效益最大化和效率最优化，更快发展社会生产力，做大社会财富"蛋糕"，扩大促进社会公平正义的物质基础、促进人民生活质量和水平不断提高，实现发展成果更多更公平惠及全体人民，共同服务于发展和完善中国特色社会主义的战略目标。

此处特别强调两点：其一，发展混合所有制经济应坚决贯彻落实习近平总书记在庆祝 2015 年五一国际劳动节暨表彰全国劳动模范和先进工作者大会的重要讲话中指出的："全心全意为工人阶级和广大劳动群众谋利益，是我国社会主义制度的根本要求"，"无论时代条件如何变化，我们始终都要崇尚劳动、尊重劳动者，始终重视发挥工人阶级和广大劳动群众的主力军作用"；在混合所有制企业的各个运行层面都应体现出"社会主义民主，坚持党的领导、人民当家作主、依法治国有机统一，坚持工人阶级的国家领导阶级地位，推进基层民主建设，更加有效地落实职工群众的知情权、参与权、表达权、监督权"[①]。在公司内部人与人的关系上、在公司各项规章制度上切实体现出社会公平正义，体现出工人阶级的国家领导阶级地位，这是混合所有制经济发展的题中应有之义。

[①]《庆祝"五一"国际劳动节暨表彰全国劳动模范和先进工作者大会隆重举行》，《人民日报》2015 年 4 月 29 日。

其二，混合所有制经济应是双向的。也就是说，混合所有制经济是不同所有制之间的相互持股、交叉持股，公有制企业可以通过吸纳非公资本发展成混合所有制经济，同样，非公企业也应通过吸纳公有资本发展成混合所有制，允许公有资本进入非公企业，以公有资本的先进技术和管理经验推动企业建立现代企业制度，增强企业的整体科技含量，改善企业的综合运营水平，提高企业的国际竞争能力。唯此，富有创业精神的非公有制经济人士才能更好"回馈社会，造福人民，做合格的中国特色社会主义事业的建设者"[①]。

（2）坚持社会主义国家性质，保证公有制经济在混合所有制经济中的主体地位

我国《宪法》第1条规定："中华人民共和国是工人阶级领导的、以工农联盟为基础的人民民主专政的社会主义国家"；第6条规定："中华人民共和国的社会主义经济制度的基础是生产资料的社会主义公有制。"生产资料所有权是经济制度的基础，它决定着经济制度的性质、社会生产的目的和人们获取社会产品的分配形式。我国是社会主义性质的国家，实行的是社会主义市场经济，发展多种所有制经济应以确保公有制的主体地位为前提，这是我国社会主义生产关系区别于资本主义生产关系的根本特征。恪守宪法原则，在进行混合所有制经济的顶层设计和实践探索中，应明确积极发展混合所有制经济的目的是为了"更好体现和坚持公有制主体地位"[②]。唯此，才能保持我国的社会主义国家性质，捍卫劳动人民当家作主的经济保障。

问题是顶层设计的出发点。在坚持公有制主体地位问题上，必须澄清几种片面的错误认识。现实生活中，由于体制机制方面尚存的弊端，企业治理结构缺乏有效的监督制约机制，我国公有制经济的优越性尚没有得到充分显现，以致有些人只看到私企老板工作认真，却忽略了非公大企业的代理问题；有些人只看到有的公有企业效益不佳，却忽略了私营企业的大批破产、诸如民工拦路维权自杀讨薪、江苏昆山开发区中荣金属制品有限公司等非公企业漠视职工生产安全、造成大量人员伤亡的

[①]《习近平谈治国理政》，外文出版社2014年版，第42页。
[②]《十八大以来重要文献选编》上，中央文献出版社2014年版，第500页。

悲剧；有些人只看到一些非公企业经营活跃，却忽视了公有制经济造福百姓的社会效益以及承担的维护国家安全的特殊责任；还有些人因对公有企业存在腐败不公等现象而对社会主义理想信念动摇不定，甚至全盘否定公有经济……事实上，市场经济运行过程中出现一些违反社会主义的弊端应辩证分析、客观评价。公有经济一些高管蛀虫"以权谋私""损公肥私"或者"化公为私"损害国民利益，属于"代理人（国企高管）损害委托人（人民群众）"的不法行为，恰恰是需要我们按照公有制经济的内在要求，运用法律制度的手段加以铲除的毒瘤。正如太阳有黑子，但谁也否定不了太阳的光辉，部分违法乱纪的国企蛀虫被查处，恰恰说明了社会主义市场经济条件下，全面深化国企改革必须加强经济立法，"把权力关进制度的笼子"，防止"代理人"（国企高管）损害"委托人"（人民群众）利益的紧迫性。如果用抛弃社会主义的方法去解决弊端，奉行片面的市场至上主义，只能导致贫富分化差距和社会不公鸿沟的加大，个人私有制会迅速集中到掌握巨额财富的少数人手中，而"在雇佣劳动制基础上要求平等的报酬或仅仅是公平的报酬，就犹如在奴隶制基础上要求自由一样"。[①] 于是，生产资料公有制倒退为生产资料私有制，社会主义制度蜕变为资本主义制度。如此倒行逆施，千百万为建立生产资料公有制为基础的社会主义制度而英勇奋斗的革命先烈的鲜血就会白流，中国特色社会主义与共产主义远大理想之间的公有制经济联结就被割裂中断。那就真是走了与"社会主义市场经济"大相径庭的"邪路""不归路"了。

　　根据唯物辩证法，社会主义社会的性质是由公有制的数量和比重决定的，壮大公有经济是我国社会主义经济改革的题中应有之义。发展混合所有制经济既不能简单地对私资国有化，更不能犯国资私有化的颠覆性错误。在混合所有制经济总体中，公有制经济应居于主体地位，真正落实人民在经济运行领域各个环节的主人翁地位，才能体现"明显的公有性"，才能符合我国社会主义初级阶段基本经济制度内涵，从根本上保证我国的社会主义性质。"股份制企业（混合所有制企业）的性质，取决于哪种所有制经济控股。国家和集体控股的股份制企业，虽然

---

① 《马克思恩格斯选集》第 2 卷，人民出版社 1995 年版，第 76 页。

不能说就是公有制（因为其中有私股的一块），但它'具有明显的公有性'。我们应该按照这种性质来考虑如何发展混合所有制以及安排混合所有制企业的管理制度。"① 非公企业家被赋予"社会主义事业建设者"的光荣称号，在对待混合所有制的问题上，理应认识和服从于这一社会主义建设事业大局。这样，通过巩固公有制经济主体地位坚持改革的性质，通过完善公有制实现形式深化改革，促进以公有资本控股的不同所有制之间的相互持股、交叉持股，有利于消除改革过程中"国有企业私有化"的新自由主义的干扰和负面影响。②

（3）更好发挥法治政府作用，维护国有经济在混合所有制经济中的主导地位

我国《宪法》第15条规定："国家实行社会主义市场经济。国家加强经济立法，完善宏观调控。"《宪法》第7条规定："国有经济，即社会主义全民所有制经济，是国民经济中的主导力量。国家保障国有经济的巩固和发展。"《宪法》第11条规定："国家鼓励、支持和引导非公有制经济的发展，并对非公有制经济依法实行监督和管理。"《宪法》第14条规定："完善经济管理体制和企业经营管理制度，实行各种形式的社会主义责任制，改进劳动组织，以不断提高劳动生产率和经济效益，发展社会生产力。"

客观而论，非公有制经济在我国社会主义初级阶段、生产力发展不均衡的条件下，具有两面性：一方面，它具有促进国民经济发展、满足群众多方面需求的积极作用，这决定了我们必须对其鼓励和支持；另一方面，由于非公有制经济的基础是私有制，它的主要组成部分——私营经济、外资经济——还存在雇佣和剥削关系，生产的目的是追逐剩余价值，出于对利润不断膨胀的追逐，不少企业存在着偷税漏税、生产假冒伪劣商品、恶劣的工作条件危害员工健康等不法现象，这些状况都是违背我国社会主义本质的。社会主义市场经济本质上是法治经济，社会主义市场经济体制的需要，非公有制经济的弊端，决定了我们要更好发挥法治政府作用，坚持和发展我们的政治优势，以我们的政治优势来引领

---

① 周新城：《怎样理解混合所有制》，《红旗文稿》2014年第7期。
② 程恩富：《习近平的十大经济战略思想》，《当代社科视野》2014年第1期。

和推进非公有制经济的健康发展。而成本最小的引导路径,就是发展国有经济控股、居于主导地位的混合所有制经济。

属于全民所有的国有企业,是推进国家现代化、保障人民共同利益的重要力量。发展混合所有制经济就是为了有利于国有资本放大功能、保值增值、提高竞争力。积极发展国有经济在混合所有制经济中居主导地位的混合所有制经济,促使非公有制经济依法履行社会责任和义务,是从我国实际的和现实的经济关系和经济问题出发,全面深化经济体制改革新的重大突破,有利于保障整体社会经济沿着符合人民利益的方向发展。这是社会主义本质在经济层面的根本要求,是关涉我国社会制度根本性质的重大问题。

与此同时,国有经济是我国开展重大科研项目和实现创新型国家的主要力量,拥有前沿核心的创新科技资源,是我国实现经济自主发展和参与国际高端竞争的重要经济条件。当前我国经济建设取得巨大成就,但不容忽视的是,"我们仍处于国际分工和产业链的中低端",在"走出去"的过程中尚存在一些企业"自相残杀""打乱仗"的现象。[1] 要在激烈的国际竞争中维护我国经济安全和整体利益,必须发挥政府在党的领导下依法协调规范作用,积极发展国有经济主导的混合所有制经济。政府依法推动国有企业完善现代企业制度,维护国有经济在混合所有制经济中的主导地位,既可以对非公有制经济实现先进技术的有效支持、资金流向的良性整合和资本运营的合理规范,共同服务国计民生共享改革发展红利,又可以通过国有经济引导非公有制经济共建规模经济,形成若干与国外跨国公司抗衡的强大经济合力,在收获"国""民"经济共赢丰硕成果的同时,扬长避短、趋利避害,更加主动地掌控云谲波诡的经济变局,增强经济全球化背景下的经济安全自觉,维护国家经济安全、提高国际竞争力。

3. 以史为鉴,混合所有制经济发展必须有利于党和国家事业长远发展的战略目标

习近平总书记多次强调,全面深化改革旨在破解中国特色社会主义发展过程中面临的各种难题,化解来自各方面的风险和挑战,更好发挥

---

[1] 《十八大以来重要文献选编》上,人民出版社2014年版,第798、800页。

中国特色社会主义制度优势。因此，从全局看问题，从有利于党、国家和人民的事业长远发展要求进行顶层设计，以赢得与资本主义竞争中的比较优势，应是发展混合所有制经济的战略考量。

以史为鉴，使人明智。社会主义发展史上的深刻教训说明，社会主义共和国的命运要靠共产党领导的无产阶级的力量和智慧来决定。共产党取得政权后制定的经济政策，必须既要算好经济账又要算好政治账，切实防范混合所有制经济体中出现非公有制消解公有制的倾向性，避免在"经济方面"犯下"严重的政治错误"。1871年，法国巴黎工人"用鲜血换取了胜利"，建立了被马克思誉为"新社会的光辉先驱"——巴黎公社。它是无产阶级建立自己统治的第一次英勇尝试，最后由于敌对势力的联合绞杀而遭到镇压。巴黎公社失败的主要原因之一就是在"经济方面"犯了"严重的政治错误"，不懂得"银行掌握在公社手中，这会比扣留一万个人质更有价值"。① 苏联由于在改革中放弃公有制的主体地位，逐步推行私有化，致使"在改革的浑水中许多人为自己摸到了金鱼"，"少数俄罗斯人成为亿万富翁，而千百万人民却陷入贫困"。② 方向错误的改革导致江山变色，曾在20万党员时夺取政权、在200万党员时打败法西斯侵略者的苏联共产党，在拥有2000万党员执政74年时，只能"作鸟兽散了，苏联偌大一个社会主义国家就分崩离析了"。

"历史总能给人以深刻启示。"③ 我们在发展混合所有制经济的过程中，要牢牢把握中国特色社会主义改革正确方向，在顶层设计和实践操作中必须以问题意识为导向，既要反"左"，又要反右，依宪进行顶层设计，按照程序和细则办事，做到既充分发挥市场在资源配置中的决定性作用，同时更好发挥政府作用，在原则上坚持公有制的主体地位，坚持国有经济的主导作用，依法增强混合所有制企业治理能力，推动公有制和非公有制经济在资源配置和市场运行中共同发展，制定和落实细则，实现公有资本和非公有资本在混合所有制经济体中的双向流动，切

---

① 《马克思恩格斯选集》第3卷，人民出版社1995年版，第10页。
② 李慎明：《亲历苏联解体二十年后的回忆与反思》，社会科学文献出版社2012年版，第100页。
③ 《十八大以来重要文献选编》上，中央文献出版社2014年版，第85页。

实防范公有资产流失风险和公有资产对合资公司管理失控局面，谨防混合所有制经济体中非公有制消解公有制的可能性，"不能在一片改革声浪中把国有资产变成谋取暴利的机会"。①

---

① 习近平：《不能在一片改革声浪中把国有资产变成谋取暴利的机会》（http：//news. xinhuanet. com/politics/2014—03/09/c_ 119679886. html）。

参考文献

一　著作类

1. 《马克思恩格斯选集》1—4卷，人民出版社1995年版。
2. 《列宁选集》1—4卷，人民出版社1995年版。
3. 《列宁专题文集·论马克思主义》，中共中央马克思恩格斯列宁斯大林著作编译局，人民出版社2009年版。
4. 《列宁专题文集·论辩证唯物主义和历史唯物主义》，中共中央马克思恩格斯列宁斯大林著作编译局，人民出版社2009年版。
5. 《列宁专题文集·论资本主义》，中共中央马克思恩格斯列宁斯大林著作编译局，人民出版社2009年版。
6. 《列宁专题文集·论社会主义》，中共中央马克思恩格斯列宁斯大林著作编译局，人民出版社2009年版。
7. 《列宁专题文集·论无产阶级政党》，中共中央马克思恩格斯列宁斯大林著作编译局，人民出版社2009年版。
8. 《斯大林全集》第4卷，人民出版社1956年版。
9. 《斯大林全集》第7卷，人民出版社1958年版。
10. 《斯大林全集》第8卷，人民出版社1954年版。
11. 《斯大林全集》第11卷，人民出版社1955年版。
12. 《斯大林全集》第13卷，人民出版社1956年版。
13. 《斯大林文选》（上、下卷），人民出版社1962年版。

14. 《斯大林选集》（上、下），人民出版社 1979 年版。
15. 《列宁主义问题》，人民出版社 1964 年版。
16. 《毛泽东选集》1—4 卷，人民出版社 1991 年版。
17. 《邓小平文选》1—2 卷，人民出版社 1994 年版。
18. 《邓小平文选》第 3 卷，人民出版社 1993 年版。
19. 《习仲勋文选》，中央文献出版社 2013 年版。
20. 《江泽民文选》第 1—3 卷，人民出版社 2006 年版。
21. 胡锦涛：《高举中国特色社会主义伟大旗帜　为夺取全面建设小康社会新胜利而奋斗》，人民出版社 2007 年版。
22. 习近平：《中国农村市场化研究》，人民出版社 2001 年版。
23. 习近平：《习近平谈治国理政》，外文出版社 2014 年版。
24. 中国人民大学马列主义发展史研究所编著：《马克思主义史》第 2、3 卷，人民出版社 1995 年版。
25. 袁贵仁、杨耕总主编：《当代学者视野中的马克思主义哲学：东欧和苏联学者卷》上册，北京师范大学出版社 2008 年版。
26. 顾海良主编：《马克思主义发展史》，中国人民大学出版社 2009 年版。
27. 顾海良主编：《斯大林社会主义思想研究》，中国人民大学出版社 2008 年版。
28. 顾海良、张雷声：《20 世纪国外马克思主义经济思想史》，经济科学出版社 2006 年版。
29. 李慎明：《对习近平总书记所讲社会主义的体悟——科学社会主义理论与实践、机遇与挑战》，中国社会科学出版社 2014 年版。
30. 周新城：《关于中国特色社会主义的若干理论问题》，经济日报出版社 2015 年版。
31. 周新城：《改革开放以来中国经济学热点问题探讨》，中国出版集团 2003 年版。
31. 卫兴华：《走进马克思经济学殿堂》，中国财政经济出版社 2014 年版。
32. 陶德麟、石云霞：《马克思主义基本原理概论》，武汉大学出版社 2006 年版。

33. 石云霞：《新中国成立以来中国共产党思想理论教育历史研究》，中国社会科学出版社 2007 年版。

34. 丁俊萍主编：《毛泽东思想、邓小平理论和"三个代表"重要思想概论》，武汉大学出版社 2006 年版。

35. 左亚文、陶笑梅：《列宁晚年社会主义建设理论与中国的改革实践》，武汉大学出版社 1998 年版。

36. 《布哈林问题论文资料汇编》（上下册），上海师范学院历史系资料室，1982 年。

37. 郑异凡：《布哈林论》，中央编译出版社 2006 年版。

38. 郑异凡、殷叙彝主编：《布哈林问题国际学术讨论会论文集》，黑龙江人民出版社 1992 年版。

39. 赵邠方：《布哈林思想评传》，东北师范大学出版社 1993 年版。

40. 闻一、叶书宗：《布哈林传》，吉林教育出版社 1988 年版。

41. 中国社会科学院马列主义毛泽东思想研究所编：《论布哈林和布哈林思想》（译文集），贵州人民出版社 1982 年版。

42. 张伟垣、许林森：《被玷污的岁月——布哈林与布哈林问题》，世界知识出版社 1989 年版。

43. 胡健：《布哈林过渡时期经济思想研究》，陕西人民出版社 1993 年版。

44. 李冠乾：《苏联史研究》，首都师范大学出版社 1996 年版。

45. 范玉传：《布哈林传》，华夏出版社 1987 年版。

46. 苑秀丽：《理想与现实利益·列宁的两制关系思想及当代启示》，新华出版社 2007 年版。

47. 俞良早：《关于列宁学说的论争》，中共中央党校出版社 2006 年版。

48. 刘书林、蔡鹏、张小川：《斯大林评价的历史与现实》，社会科学出版社 2009 年版。

49. 段忠桥主编：《马克思主义史教程》，高等教育出版社 1998 年版。

50. 戴隆斌：《斯大林传》，人民日报出版社 2009 年版。

51. 王进芬：《列宁共产党执政思想研究》，中共中央党校出版社

2008年版。

52. 李传明：《苏联史》，上海外语教育出版社1985年版。

53. 高继文：《新经济政策理论研究》，中国人民公安大学出版社2000年版。

53. 邢广程主编：《列宁对社会主义的探索》，长春出版社2009年版。

55. 张有军：《社会主义多样化发展之路》，中国矿业大学出版社2008年版。

56. 梅醒斌、吕新云：《社会主义发展阶段论》，哈尔滨工程大学出版社2010年版。

57. 张秋锦主编：《毛泽东、邓小平、江泽民关于"三农"问题的部分论述》，农业出版社1983年版。

58. 齐兰：《垄断资本全球化问题研究》，商务印书馆2009年版。

59. 《国际共运史研究资料增刊·布哈林专辑》，人民出版社1981年版。

60. 陈其人：《布哈林经济思想》，上海社会科学出版社1992年版。

61. 中国社会科学院马列主义毛泽东思想研究所编：《论布哈林和布哈林思想》，贵州人民教育出版社1981年版。

62. 路明主编：《新农村建设中的组织创新》，民主与建设出版社2007年版。

63. 孙来斌：《"跨越论"与落后国家经济发展道路》，武汉大学出版社2006年版。

64. 《苏联思想文化模式与苏联剧变》，载《中国学者论苏联剧变》，世界知识出版社1998年版。

65. 《布哈林文选》上、中、下册，人民出版社1981年版。

66. [苏]尼·布哈林：《过渡时期经济学》，生活·读书·新知三联书店1981年版。

67. [英]霍华德等：《马克思主义经济学史（1929—1990）》，顾海良、张新等译，中央编译出版社2003年版。

68. [苏]罗伊·麦德维杰夫：《布哈林的最后岁月》，段稚荃、张敦厚译，世界知识出版社1988年版。

69. ［苏］列·托洛茨基：《斯大林评传》，齐干译，东方出版社2005年版。

70. ［俄］德·安·沃尔科戈诺夫：《斯大林》，张慕良译，国际文化出版公司世纪知识出版社2003年版。

71. ［法］亚历山大·阿德勒等：《苏联和我们》，王林尽、李宝源、陈沂译，湖南人民出版社1982年版。

72. ［美］罗伯特·康奎斯特：《最后的帝国——民族问题与苏联的前途》，刘靖北、刘振前等译，华东师范大学出版社1993年版。

73. ［美］斯蒂芬·F. 科恩：《布哈林政治传记1888—1938》，东方出版社2005年版。

74. ［俄］罗伊·梅德韦杰夫：《让历史来审判》（上、下），何宏江等译，东方出版社2005年版。

75. ［苏］波克罗夫斯基：《俄国历史概要》，贝璋玉等译，生活·读书·新知三联书店1978年版。

76. ［美］舒尔茨：《改造传统农业》，梁小民译，商务印书馆1987年版。

77. ［美］约瑟夫·E. 斯蒂格里茨：《社会主义向何处去——经济体制转型的理论与证据》，周立群等译，吉林人民出版社1998年版。

78. ［英］A. P. 瑟尔沃：《增长与发展》（第六版），郭熙保译，中国财政经济出版社2001年版。

79. ［美］德布拉吉·瑞：《发展经济学》，陶然等译，北京大学出版社2002年版。

二 论文类

1. 顾海良：《习近平经济思想全新内涵》，《人民论坛》2015年第9期。

2. 靳诺：《学习贯彻习近平总书记重要讲话精神 大力培育和践行社会主义核心价值观》，《思想理论教育导刊》2014年第7期。

3. 陈雨露：《共建"一带一路"是中国经济新常态背景下的国家战略》，《政治经济学评论》2015 年第 4 期。

4. 李慎明：《金融、科技、文化和军事霸权是当今资本帝国新特征》，《红旗文稿》2012 年第 20 期。

5. 李捷：《用社会主义核心价值观凝聚中国力量》，《红旗文稿》2015 年第 3 期。

6. 郝立新：《在史与论的统一中拓展马克思主义研究的三个向度》，《理论视野》2014 年第 12 期。

7. 张雷声：《论马克思主义的整体性发展》，《教学与研究》2014 年第 1 期。

8. 杨凤城：《中国共产党对待传统文化的历史考察》，《教学与研究》2014 年第 9 期。

9. 周新城：《关于宣传思想工作的几个认识问题——学习习近平总书记在全国宣传思想工作会议上的重要讲话》，《思想教育研究》2013 年第 10 期。

10. 卫兴华：《遵循共同富裕的原则 促进分配公平》，《新视野》2013 年第 5 期。

11. 陈先达：《社会主义的必然性及其实现》，《中国人民大学学报》2009 年第 4 期。

12. 梁柱：《历史虚无主义思潮的泛起、特点及其危害》，《中共福建省委党校学报》2009 年第 4 期。

13. 梅荣政：《办好中国特色社会主义大学是高校建设的根本目标》，《红旗文稿》2015 年第 3 期。

14. 张晓红：《加强对当代中国社会思潮的研究》，《湖北社会科学》2005 年第 12 期。

15. 吴晓求：《"一带一路"与中国的大国金融构想》，《政治经济学评论》2015 年第 4 期。

16. 张旭：《政府和市场的关系：一个经济学说史的考察》，《理论学刊》2014 年第 11 期。

17. 张宇：《马克思的公平理论与社会主义市场经济中的公平原则》，《教学与研究》2006 年第 2 期。

18. 佘双好：《社会思潮对大学生思想行为影响的特点及对策研究》，《思想教育研究》2013 年第 6 期。

19. 丁俊萍：《党的制度建设和党的建设制度改革之关联》，《探索》2015 年第 1 期。

20. 程恩富：《改革开放与马克思主义经济学创新》，《华南师范大学学报（社会科学版）》2009 年第 1 期。

21. 石云霞：《论马克思主义与时俱进的理论品质》，《武汉大学学报（社会科学版）》2003 年第 5 期。

22. 左亚文：《全球化与马克思的"世界历史"理论》，《武汉大学学报（人文科学版）》2002 年第 6 期。

23. 刘建军：《合理区分层次 准确把握社会主义核心价值观科学内涵》，《思想教育研究》2015 年第 2 期。

24. 李忠杰：《社会主义在一国胜利问题讨论会综述》，《科学社会主义参考资料》1986 年第 18 期。

25. 沈尤佳：《国有资产流失与实际控制权的地方化》，《贵州师范大学学报（社会科学版）》2012 年第 1 期。

26. 袁银传：《毛泽东改造小农意识的思想述论》，《高校理论战线》2012 年第 1 期。

27. 孙来斌：《关于和谐社会的学科对话》，《科学社会主义》2006 年第 6 期。

28. 陈之骅、沈宗武：《制度创新与苏联——斯大林社会主义模式的形成、实行和变革》，《俄罗斯中亚东欧研究》2003 年第 4 期。

29. 郑异凡：《俄共纲领论苏联解体的历史教训》，《国外理论动态》1995 年第 27 期。

30. 郑异凡：《俄国学者 B. A. 梅德维杰夫谈社会主义危机的原因和总结教训问题》，《国外理论动态》1995 年第 27 期。

31. 刘爱泉：《布哈林对无产阶级专政的一些见解》，《科学社会主义参考资料》1987 年第 5 期。

32. 徐运朴、赵建文：《列宁关于苏维埃政权建设的思想》，《苏联问题研究资料》1986 年第 1 期。

33. 叶自成：《影响斯大林时期苏联政治体制的六大因素》，《苏联问题研究资料》1986 年第 3 期。

34. 曹延清:《十月革命后列宁对苏维埃俄国向社会主义过渡道路的探索》,《苏联问题研究资料》1987 年第 5 期。

35. 何剑、郭连成:《苏联对社会主义认识的三个发展阶段》,《苏联问题研究资料》1987 年第 6 期。

36. 高晓惠:《俄罗斯学者谈列宁主义在俄罗斯的命运》,《国外理论动态》1998 年第 4 期。

37. 黄军献:《斯大林主义的根源及其当代意义》,《俄罗斯研究》2004 年第 2 期。

38. 俞良早:《"稳定"的取向:苏联社会主义模式的历史必然性和合理性》,《俄罗斯中亚东欧研究》2004 年第 6 期。

39. 刘克明:《论苏联共产党的官僚特权阶层》,《俄罗斯中亚东欧研究》2003 年第 3 期。

40. 左凤荣:《苏共在农民问题上犯错误的原因探析》,《俄罗斯中亚东欧研究》2003 年第 3 期。

41. 俞良早:《列宁东方理论的精髓及 20 世纪历史的验证》,《俄罗斯中亚东欧研究》2003 年第 5 期。

42. 马龙闪:《文化代表资格的演变与苏共的兴衰》,《俄罗斯中亚东欧研究》2005 年第 1 期。

43. 杜利:《列宁关于社会主义文化的几个理论问题》,《苏联东欧问题》1983 年第 3 期。

44. 马龙闪:《布哈林与俄共 1925 年文学政策的决议》,《世界历史》1990 年第 1 期。

45. 郑异凡:《苏联知识分子问题和布哈林的奇谈怪论》,《当代世界社会主义问题》1997 年第 2 期。

46. 李春隆:《布哈林与俄共〈关于党在文学方面的政策〉的决议》,《吉林大学社会科学学报》1997 年第 6 期。

47. 王振华:《再论国际关系中的意识形态因素》,《社科党建》2006 年第 2 期。

48. 王莉萍:《斯大林对培养青年知识分子的探索与启示》,《前沿》1997 年第 6 期。

49. 刘克明：《苏联共产党与苏联知识分子》，《东欧中亚研究》2002 年第 5 期。

50. 马龙闪：《苏联在文化和知识分子政策上失误的根源何在?》，《俄罗斯文艺》2001 年第 1 期。

51. 朱文显：《斯大林在知识分子问题上的错误及其影响》，《四川师范大学学报》2002 年第 6 期。

52. 马龙闪：《苏联意识形态的"大转变"与斯大林文化领导体制的形成》，《苏联东欧问题》1990 年第 4 期。

53. 罗文东：《关于当代资本主义与社会主义相互关系的理论分析》，《高校理论战线》2004 年第 12 期。

54. 蔡伟：《论斯大林的思想文化模式》，《当代世界社会主义问题》1994 年第 4 期。

55. 张念丰：《评斯大林的文化思想》，《社会科学战线》1989 年第 4 期。

56. 刘立凯：《斯大林的科学政策和苏联建设事业的发展》，《马克思主义研究参考资料》1985 年第 4 期。

57. 司永海：《略论斯大林和联共（布）的科技与人才思想》，《社会主义研究》2004 年第 1 期。

58. 马裕兴：《对布哈林的社会主义建设理论的粗浅看法》，《思想战线》1980 年第 6 期。

59. 蒲国良：《如何建设社会主义：托洛茨基与布哈林方案评析》，《中国社会科学院研究生院学报》2002 年第 5 期。

60. 罗卫东：《布哈林的社会主义经济发展理论》，《俄罗斯中亚东欧研究》1989 年第 1 期。

61. 胡健：《试探布哈林的二元经济结构理论》，《人文杂志》1991 年第 4 期。

62. 吴兴科、邢素军：《到社会主义之路——简论布哈林关于过渡时期的经济思想》，《天津商学院学报》1991 年第 1 期。

63. 刘凤岐：《关于布哈林的几个经济理论观点》，《宁夏社会科学》1989 年第 3 期。

64. 尚伟：《布哈林帝国主义论解析及其现实意义》，《马克思主义研究》2007 年第 10 期。

65. 范玉传：《布哈林悲剧中的理论光彩》，《马克思主义研究》1998 年第 4 期。

66. 张赤卫：《布哈林之路与全盘农业集体化》，《学术界》1996 年第 3 期。

67. 张玉海：《布哈林的"合作制模式"与落后国家通向社会主义之路》，《科学社会主义研究》1989 年第 9 期。

68. 赵占伟等：《布哈林对列宁合作化思想的继承和发展》，《河南大学学报》1997 年第 3 期。

69. 汪太理：《论布哈林的文化思想》，《湖湘论坛》1990 年第 1 期。

70. 田子瑜：《布哈林对中国革命理论的贡献和失误》，《东岳论丛》1990 年第 4 期。

71. 徐敬增：《布哈林关于苏维埃俄国社会主义建设的构想》，《光明日报》1988 年 8 月 15 日。

72. 冯深：《布哈林的社会主义经济思想》，《国际共产主义运动》1988 年第 5 期。

73. 林岗：《布哈林的经济思想及苏联工业化的论战》，《马克思主义研究》1988 年第 2 期。

74. 江时学：《论拉美左派东山再起》，《国际问题研究》2007 年第 3 期。

75. 张镇强：《布哈林的"和平长入社会主义"符合马克思主义理论》，《世界历史》1981 年第 6 期。

76. 周耀明：《布哈林的"和平长入社会主义"决不是马克思主义理论》，《世界历史》1981 年第 6 期。

77. 聂运林：《评对布哈林"发财吧"口号的批判》，《世界史研究动态》1988 年第 11 期。

78. 程玉海：《论布哈林与斯大林关于"第三时期"理论的争论》，《世界史研究动态》1988 年第 2 期。

79. 穆成山：《斯大林与布哈林关于资本主义发展问题的争论》，《昭乌达蒙族师专学报》1990 年第 2 期。

80. 孙景峰：《有关"第三时期"理论两个问题的辨析》，《佳木斯师专学报》1989 年第 3 期。

81. 汪义诚：《布哈林关于防止无产阶级国家蜕化的思想》，《苏联东欧研究》1989 年第 30 期。

82. 万智：《无产阶级政权建设必须重视的一个问题——布哈林关于防止无产阶级政权发生蜕变危险的思想》，《科学社会主义研究》1989 年第 9 期。

83. 徐博涵：《布哈林的社会主义之路》，《社会科学评论》1985 年第 3 期。

84. 俞良早：《评布哈林对列宁建设社会主义理论的阐释》，《湖北大学学报·哲学社会科学版》2004 年第 3 期。

85. 徐干松：《评介布哈林要史实准确》，《世界历史》1991 年第 4 期。

86. 李浩：《苏联社会主义经济建设中的斯大林模式和布哈林模式比较》，《江西师范大学学报·哲学社会科学版》2000 年第 1 期。

87. 徐海燕：《中外学者论苏联二三十年代的社会主义理论与实践》，《俄罗斯中亚东欧研究》2009 年第 3 期。

88. 彭焱、王友群、胡昊：《论新经济政策前后布哈林的思想转变》，《内蒙古大学学报·人文社会科学版》1997 年第 6 期。

89. 向祖文：《通过市场关系走向社会主义——对布哈林几个经济理论问题的再认识》，《俄罗斯研究》2009 年第 2 期。

90. 郑异凡：《有关布哈林的若干问题》，《世界历史》1981 年第 1 期。

91. 程恩富：《科学发展观和新自由主义发展观的论争》，《上海金融学院学报》2006 年第 5 期。

92. 郑异凡：《论布哈林社会主义经济建设思想》，《世界历史》1984 年第 4 期。

93. 林莹：《布哈林关于"落后的社会主义形式"的基本观点》，《广西社会科学》1988 年第 4 期。

94. 国平：《布哈林的几个主要理论观点简介》，《科学社会主义》1989 年第 2 期。

95. 苏戎安：《布哈林的"落后的社会主义"理论》，《科学社会主义》1989年第5期。

96. 梁承碧：《略论布哈林"通向社会主义之路"及其理论特色》，《湖南师范大学社会科学学报》1999年第3期。

97. 马裕兴：《对布哈林的社会主义建设理论的粗浅看法》，《思想战线》1980年第6期。

98. 胡健：《试探布哈林的二元经济结构理论》，《人文杂志》1991年第4期。

99. 吴兴科、邢素军：《到社会主义之路——简论布哈林关于过渡时期的经济思想》，《天津商学院学报》1991年第1期。

100. 刘凤岐：《关于布哈林的几个经济理论观点》，《宁夏社会科学》1989年第3期。

101. 尚伟：《布哈林帝国主义论解析及其现实意义》，《马克思主义研究》2007年第10期。

102. 徐新民：《浅谈布哈林对帝国主义理论的贡献》，《现代哲学》1991年第4期。

103. 曾天雄：《布哈林平衡论的哲学思想研究》，《湖南学院学报》2006年第6期。

104. 赵成文：《布哈林"平衡运动论"简介》，《甘肃社会科学》1981年第4期。

105. 孙国徽：《论布哈林系统之动态平衡思想》，《西北民族大学学报》2006年第5期。

106. 赵新文：《布哈林"平衡论"的实质是非平衡论》，《外国问题研究》1989年第1期。

107. 蔡恺民：《布哈林的经济平衡发展观点初探》，《当代世界与社会主义》1981年第2期。

108. 林英：《布哈林关于综合平衡的社会主义建设理论》，《俄罗斯中亚东欧研究》1983年第2期。

109. 涂赞虎：《布哈林哲学思想初探》，《武汉大学学报》1989年第3期。

110. 胡健：《布哈林过渡时期经济思想对东欧现代经济学家的影

响》,《北京大学学报》1990年第6期。

111. 赵邶方、侯文富:《布哈林"通过市场走向社会主义"的思想》,《东北师大学报》1988年第5期。

112. 曹英伟:《市场:调节工农关系的机制——布哈林的经济思想》,《东北师大学报》1997年第2期。

113. 蔡恺民:《普列奥布拉任斯基和布哈林关于过渡时期经济规律的争论》,《当代世界与社会主义》1981年第2期。

114. 马龙闪:《布哈林的无产阶级文化论与列宁的文化革命思想》,《俄罗斯中亚东欧研究》1984年第6期。

115. 刘淑春:《美国学者布劳特撰文捍卫列宁的帝国主义理论》,《国外理论动态》1998年第4期。

116. 赵新文:《布哈林的思想和政策是列宁主义的继续》,《广西社会科学》1988年第6期。

117. 田国良:《布哈林的民主法制思想初探》,《理论前沿》1989年第78期。

118. 任思明:《布哈林的文学艺术活动》,《国际观察》1991年第3期。

119. [俄]伊·努·温达瑟诺夫:《苏联20年代关于社会主义模式和发展阶段的议论》,俄罗斯《政治研究》杂志1995年第3期。

120. [苏]什卡林科夫:《尼古拉·伊万诺维奇·布哈林》,杜立克摘译,苏联《历史问题》杂志1988年第7期。

121. [乌克兰]格奥尔吉·克留奇科夫:《社会主义在苏联失败的若干教训》,邢艳绮、李京洲、曲延明译,《国外理论动态》2003年第2期。

122. [法]托尼·安德烈阿尼:《作为肯定辩证法的社会主义》,黄晓武摘译,《国外理论动态》2003年第12期。

123. [德]格·施罗德:《塑造未来需要变革的勇气》,殷叙彝摘译,《国外理论动态》2003年第12期。

124. [希腊]迈克里斯·斯勃德拉克斯:《社会主义运动亟待解决的若干问题》,羊蕾摘译,《国外理论动态》2003年第6期。

125. [苏]E.伊万诺娃:《苏联20年代的租赁制》,于海波、张百惠译，苏联《经济报》1989年第36期。

126. ［英］E. H. 卡尔：《新经济政策初期的苏联工业》，丁迪文摘译，刘国柱校，《苏维埃俄国历史》丛书《布尔什维克革命1917—1923》第2卷第4篇第19章第2节，1978年版。

127. ［苏］B. 梅尼希科夫：《列宁论与官僚主义的斗争》，丁沙译，《苏维埃国家与法》1984年第5期。

三　英文文献

1. Bendix, Rein Hard, *Nation—Building and Citizenship*, Wiley & Sons, 1964.

2. Marshall, T. H., *Class, Citizenship and Social Development*, Greenwood Press, 1997.

3. John Gooding, *Socialism in Russia: Lenin and His Legacy*, 1890—1991, NY: Palgrave, 2002.

4. Teodor Shanin, *Late Marx and the Rusian Road: Marx and "the peripheries of capitalism"*, NY: Monthly Review Press, 1983.

5. Klaus Nürnberger, *Beyond Mzrx and Market: Outcomes of a Century of Economic Experimentation*, NY: Zed Books Ltd., 1998.

6. John E. Roemer, *A Future for Socialism*, Cambridge, Mass.: Harvard University, 1994.

致　谢

在博士论文《布哈林社会主义建设思想研究》即将付梓之际，心潮澎湃、感念甚多。

2006年，花香鸟鸣的季节，我步入了心仪已久的武汉大学，开始攻读马克思主义基本原理专业的硕博学位。5年里，陶醉于珞珈山优美如画的自然环境，熏陶于武汉大学浓厚的学术氛围中，享受着百年名校浓郁的人文气息。武汉大学马克思主义学院各位老师以高尚的师德修养、渊博的专业知识、活跃的学术思想、创新的思维方法阔我视野、启我心智、助我进步，使我的专业学识和人生境界都得到很大提升。

在论文的写作过程中，我非常荣幸地得到了治学态度严谨、理论功底深厚、专业学识渊博的顾海良教授、张雷声教授、佘双好教授、梅荣政教授、张晓红教授、左亚文教授、石云霞教授、颜鹏飞教授、孙来斌教授、袁银传教授等老师们的谆谆教导和热心指点，衷心感谢你们对我论文写作的指导和帮助！同时，我特别感谢中国人民大学著名经济学家、教育家卫兴华教授、顾海良教授、张雷声教授、中央编译局著名的苏联历史研究专家郑异凡先生、中央文献研究室张贺福研究员等专家学者，感谢你们不仅对我的论文写作提出了宝贵的指导意见，而且给予我非常宝贵的文献资料帮助！

如今，在珞珈山樱园的读研生活已化为我记忆中风景美好的一段珍藏。衷心感谢母校武汉大学的培养和教育！衷心感谢武汉大学前校长顾海良教授、马克思主义学院院长佘双好教授和前院长丁俊萍教授及各位老师的辛勤工作！

中国人民大学，俊彦云集，名师辈出，是我国人文社会科学高等教育领域的一面旗帜，也是我孩提时就景仰向往的精神殿堂，多年来一直梦寐以求的学习圣地。由于心中总是萦绕着对学术理想的追求，我向中国人民大学提出从事博士后研究的申请，非常幸运，2013年6月，美梦成真！我收到了中国人民大学博士后流动站的录取通知书，师从中国人民大学马克思主义学院著名专家周新城教授。从此，我在周老师的带领下步入了理论经济学的研究领域，开始了马克思主义研究的新行程。在此，我谨向周新城老师致以真诚的谢意！周老师，正是您对马克思主义理论的坚守和捍卫，让我更加明白马克思主义理论工作者肩负的社会责任！正是您的推荐帮助，让我有机会聆听到国内外著名学者的精彩学术报告！正是您的指导鼓励，我的学业不断进步，科研成果在《求是》内参、《红旗文稿》、《中国社会科学院世界社会主义研究中心动态》、《环球时报》、《当代世界与社会主义》、《思想理论教育导刊》、《政治经济学评论》等刊物上发表，并被人民网、新华网、光明网、中国党史网、中国文献网、新浪网、搜狐网等网页转载。

在博士论文出版期间，中国社会科学院世界社会主义运动中心李慎明主任、《求是》杂志社李捷社长、《红旗文稿》李菱社长等老师赞同布哈林社会主义政治建设思想中关于加强党建的内容，将其发表在《求是》内参等刊物；中国人民大学马克思主义学院院长郝立新教授为本书内容的修改、行文的完善提出了宝贵的指导意见；武汉大学马克思主义学院左亚文教授百忙之中为著作认真写作序言；中国人民大学经济学院院长张宇教授、马克思主义学院副院长张旭教授、武汉大学马克思主义学院梅荣政教授、张晓红教授、中国社会科学出版社王茵老师等师长也对本书的出版给予了宝贵的指导和帮助，在此，谨向你们致以真诚的谢意！

时光飞逝，不知不觉，从事博士后研究已近两年。衷心感谢中国人民大学给我提供了宝贵的学习机会，让我有更多机会深切感受到马克思主义学科"站世界高端，纵观变幻风云；立时代前沿，引领发展潮流"的理论魅力！衷心感谢中国人民大学党委书记靳诺教授、校长陈雨露教授、马克思主义学院院长郝立新教授、党委书记杨凤城教授及各位老师，正是你们的辛勤工作，为人大莘莘学子托起了"经纬间穿梭，国家事域外事事事皆知；天地内畅想，自然理人文理理理都通"的思想桥梁和实践平台！

  回首往昔，饮水思源，师恩永铭心！尊敬的中国人民大学、武汉大学的师长，衷心感谢你们对我的栽培、鼓励和帮助！你们的教导既是对我的殷切期望，更是催我继续前行的强大精神动力！谁言寸草心，报得三春晖？展望未来，我会用精彩的课堂教学和丰硕的科研成果向你们汇报！

  家是温暖的港湾。在我求学期间，我的父母、家人以支持慰我心灵、解我忧虑，以关爱助我前行、促我奋发。在此，我谨向我的父母、家人致以衷心的感谢和真诚的祝福！

  是为心声，谨以纪念。

李先灵

2015 年 6 月